税理士業務

で知っておきたい

法律知識

弁護士 森 章太
MORI Shota

日本実業出版社

はしがき

　税理士向けの、民法などの法律を解説する本は何冊も出版されていますが、税理士や税理士事務所職員、税理士試験受験者（以下「税理士業界の方々」）にとって気軽に手を伸ばせる内容かというと、残念ながらそのような内容の本ばかりではないように思われます。

　その原因として、税理士業界の方々の目線、問題意識、悩みを意識した解説になっていないことが挙げられます。

　私は、現在、弁護士として働いていますが、税理士法人での実務経験があり、また、税理士試験も5科目（簿記論・財務諸表論・法人税法・相続税法・消費税法）合格しています。さらには、税理士業界に数多くの友人や知り合いがいますので、税理士業界の方々の悩みなどを十分に理解しています。

　これらのことを活かして、税理士業界の方々が興味をもって読み進めることができる法律の本を作りたいと思い、本書を執筆しました。

　本書では、税理士業界の方々にとってお馴染みの税理士試験の過去問や租税法・通達などを取っ掛かりにして、税理士業務を行ううえで知っておくと役立つ民法などの法律について解説しています。試験勉強のときは記憶するだけで精一杯だったかもしれない法律用語などについて一歩踏み込んで理解することができるようになりますし、実務にも役立ちます。また、税理士業界の方々だからこそ特に興味のある事項についてコラムなどで取り上げており、法律や本書の記載内容によりいっそう関心をもつことができるように工夫しています。

　本書が、税理士業界の方々にとって、民法などの法律を学ぶ最初の一歩になれば、幸いです。

令和4（2022）年2月　森　章太

カバーデザイン／志岐デザイン事務所（萩原 睦）
本文DTP／一企画

《凡例》

〈法令等〉

遺失	遺失物法
会社	会社法
刑	刑法
憲	日本国憲法
戸	戸籍法
借地借家	借地借家法
消税	消費税法
所税	所得税法
所税令	所得税法施行令
製造	製造物責任法
税徴	国税徴収法
税通	国税通則法
税理士	税理士法
相税	相続税法
破産	破産法
弁護士	弁護士法
法税	法人税法
法税令	法人税法施行令
民	民法
民再	民事再生法
民執	民事執行法
民訴	民事訴訟法

〈通達〉

消基通	消費税法基本通達
所基通	所得税基本通達
税通基	国税通則法基本通達
相基通	相続税法基本通達
徴基通	国税徴収法基本通達
評基通	財産評価基本通達
法基通	法人税基本通達
耐通	耐用年数の適用等に関する取扱通達

〈判例〉

裁判所Web	裁判所ホームページの「裁判例情報」に掲載されている判例（誰でも無料で全文を読むことができる）
判時	判例時報
判タ	判例タイムズ

第2章　法人税に関連する実務のために知っておきたい法律知識

第3章 相続税・贈与税に関連する実務のために知っておきたい法律知識

第4章 国税の徴収に関連する実務のために知っておきたい法律知識

第 *1* 章

所得税に関連する
実務のために
知っておきたい法律知識

取得時効
―既に私のもの

　所得税の一時所得の具体例の1つとして挙げられるなどしており、「**取得時効**」という制度があることは知っているものの、どのような場合に適用されるのか詳しくは知らないという方も多いのではないでしょうか。

　本節では、所有権などを取得する（喪失する）という大きな効果が生じる取得時効（民法）について解説します。

1　取得時効とは？

　取得時効とは、権利者であるかのような状態が継続した場合に、その権利の取得を認める制度です。時効による権利の取得は、承継取得（前主の権利にもとづく取得）ではなく、原始取得（前主の権利に依存しない取得）です（1-2☞25頁）。

　時効による権利取得と相容れない他の権利は、反射的に消滅します。例えば、時効により所有権を取得すれば、前主は所有権を喪失します。

　なお、時効には消滅時効（3-2☞168頁）という制度もあります。こちらは、権利が行使されない状態が継続した場合にその権利の消滅を認める制度です。

◎取得時効と消滅時効	
取得時効　➡	権利者であるかのような状態が継続した場合に、その権利の取得を認める制度
消滅時効　➡	権利が行使されない状態が継続した場合に、その権利の消滅を認める制度

2　取得時効が認められる根拠

　取得時効という制度が認められている理由として、長期間継続した事実状態

を尊重する、期間の経過により過去の事実の立証が困難になることから当事者を保護するなどが挙げられます。

3 取得時効の対象になる権利

　取得時効の対象になる権利は、所有権（民162条）及び所有権以外の財産権（民163条。例. 不動産賃借権、地役権〔民283条。1-4のCOLUMN ☞ 45頁〕）です。ただし、取得時効は、権利の継続的行使を前提とする制度であるため、財産権であっても、1回的な給付行為を目的とする金銭債権や抵当権などは、取得時効の対象になりません。

　動産には即時取得（本節のCOLUMN2）があるため、取得時効の成否が争われることが多いのは、不動産の所有権です。

4 取得時効の要件

　所有権の取得時効が認められるための要件は、①ある時点で占有していたこと、②ア）①の時から20年経過した時点で占有していたこと、またはイ）①の時から10年経過した時点で占有しており、占有開始時に善意であることについて無過失であること、③当事者が相手方に対して時効援用の意思表示をしたことです（民162条、145条）。

　①②の占有とは、自己のためにする意思をもって物を所持することです（民180条）。民法162条では継続した占有が要件となっていますが、占有開始時及びその後の一定時点の両時点において占有した証拠があるときは、占有はその間継続したものと推定されるので（民186条2項）、前後2つの時点での占有を証明すれば足ります。

　②イ）の（善意であることについて）無過失とは、自分に所有権があると信じることについて過失がないことをいいます。

　③の援用とは、時効の利益を受ける旨の意思表示をすることです。20年間（または10年間）継続占有したからといって、時効による権利を当然に取得できるわけではなく、援用によって権利取得の効果が生じます。

　なお、民法162条をみると、上記以外に要件として、所有の意思、平穏、公然、善意（自分に所有権があると信じること）が挙げられています。しかしながら、民法186条1項によってこれらは占有していれば推定されるので、取得時効の

成立を争う側が、所有の意思のないこと、強暴、隠秘、悪意（所有者でないことを知っていたこと、または所有者であることを疑っていたこと）を主張・立証しなければなりません。

民法162条（所有権の取得時効）

1項 20年間、所有の意思をもって、平穏に、かつ、公然と他人の物を占有した者は、その所有権を取得する。

2項 10年間、所有の意思をもって、平穏に、かつ、公然と他人の物を占有した者は、その占有の開始の時に、善意であり、かつ、過失がなかったときは、その所有権を取得する。

---

5 取得時効の効果

時効による権利の取得の効力は、時効援用時からではなく、起算日（起算点）に遡って生じます（民144条）。起算点を任意に選択することはできず、占有開始時が起算点となります。

取得時効により所有権を取得した場合、占有開始時から所有者だったことになり、前主に対して、占有開始後から時効援用時までの使用利益や法定果実（民88条2項。例. 賃料）を返還する必要はありません。

6 取得時効の課税関係

個人が時効により所有権を取得した場合、時効援用時の属する年分の一時所得になるとされています。取得時効による所有権取得の効果は、時効援用時に確定するため（本節の**4**）、時効援用時に収入すべき権利が確定したといえるからです（1-5☞51頁）。

これに対して、当事者間に取得時効の成立をめぐって争いがあるときは、判決確定時を収入計上時期とすべきという見解があります。また、時効援用時に収入計上するとなると、援用時期をずらすことで、収入計上時期を恣意的に調整できてしまうのではないかとも考えられます。

COLUMN 1 要件事実

　要件事実とは、一定の法律効果（権利の発生、障害、消滅、阻止）を発生させる法律要件に該当する具体的事実をいいます。例えば、売買契約に基づく代金支払請求権という権利を発生させるための要件事実は、財産権移転約束と代金支払約束です（民555条参照）。

　民事訴訟においては、当事者のいずれが主張責任・立証責任を負うかを踏まえて民法などの実体法規を分析し、当事者の求める法律効果を発生させるために必要な法律要件を明らかにしたうえで要件事実に関する主張をしていくことになります。

　要件事実を意識すると、民法などの実体法規を立体的に理解することができるようになります。

　本節の**4**は、要件事実を意識した解説になっています。

COLUMN 2 即時取得

［1］　即時取得とは？

　売主が動産の所有権を有しているか調査が必要だとすると、日常頻繁に行われる取引が困難になります。スーパーの食品や中古本屋の本を購入するときに、店が各商品の所有権を有しているか買主が調査しなければならないのであれば、日常生活に支障をきたします。

　そこで、動産を占有している取引相手が権利者であると信頼して取引した場合において、取引相手が無権利者であったときに、引渡しを受けた者が動産の権利を即時に（取得時効のような一定期間の経過は不要）取得できる即時取得という制度が設けられています（民192条）。

> **民法192条（即時取得）**
> 　取引行為によって、平穏に、かつ、公然と動産の占有を始めた者は、善意であり、かつ、過失がないときは、即時にその動産について行使する権利を取得する。

取引が売買契約なのであれば、買主は所有権を取得することができ、それにともない真の権利者は所有権を失います。

[2]　即時取得の要件

　即時取得が認められるためには、民法192条に記載された要件をすべて充たす必要があります。

　まず、「動産」を「取引行為によって」取得することが要件です。不動産は即時取得の対象になりません。また、他人の傘を誤って自宅に持ち帰った場合は、取引行為ではなく事実行為によって取得しているので、この要件を充たしません。

　次に、「動産の占有を始めた」こと、すなわち引渡しを受けたことが要件です。

　さらに、占有の取得が「平穏」「公然」「善意」「過失がな」く（無過失）行われることが要件です。

　「善意」とは、取引相手が動産について権利者であると誤信したことをいいます。日常生活では、善意は「他人のためと思う心」などという意味ですが、ここでは誤信したという意味です。民法の他の条文では、「知らなかった」という意味で用いられることもあります。

　無過失とは、その誤信に過失がなかったことをいいます。

　平穏、公然、善意、無過失は、即時取得を主張する者は主張・立証する必要がありません。「平穏」「公然」「善意」については、民法186条1項の推定により、また、無過失については、民法188条により推定された取引相手の権利を信じたことに無過失の推定が働くため、主張・立証が不要になります。

　民法188条は、占有者は占有を正当化する権利（本権）を有することが推定されるという趣旨であり、推定される本権は、民法186条1項により所有の意思があると推定されるので、通常は所有権です。

POINT❗

● 取得時効とは、権利者であるかのような状態が継続した場合にその権利の取得を認める制度である。原始取得の一種である。

● 所有権の取得時効が認められるための要件は、①ある時点で占有していたこと、②ア）①の時から20年経過した時点で占有していたこと、またはイ）①

の時から10年経過した時点で占有しており、占有開始時に善意であることについて無過失であること、③当事者が相手方に対して時効援用の意思表示をしたことである。

- 時効による権利の取得の効力は、起算日に遡って生じる。

1-2 遺失物と埋蔵物
─拾ったもの、埋まっていたもの

　所得税基本通達34-1に「一時所得」に該当するものが例示されており、税理士試験の所得税法を受験するときに暗記された方も多いかと思います。この例示の中に、「**遺失物**拾得者又は**埋蔵物**発見者が受ける報労金」（10）と「遺失物の拾得又は埋蔵物の発見により新たに所有権を取得する資産」（11）が挙げられています。

　本節では、「遺失物・埋蔵物や報労金とはなにか？」「新たに所有権を取得できるのはどのような場合なのか？」など（民法、遺失物法）について解説します。

1 遺失物と埋蔵物

（1）遺失物とは？

　占有者の意思によらずに、その所持を離れた物を「遺失物」といいます。例えば、落とし物です。

　遺失物法という法律があり、拾得者（拾った者）は、速やかに、遺失物を遺失者（失くした者）に返還するか、警察署長に提出しなければなりません。ただし、電車など施設において拾得した場合は、警察署長ではなく鉄道事業者など施設占有者に遺失物を交付しなければなりません（遺失4条）。

　拾得者は、拾得日から1週間以内に警察署長に提出しないと（施設で拾得した場合には拾得時から24時間以内に施設占有者に交付しないと）、（本節の**2**の）所有権を取得する権利などを失います（遺失34条2号・3号）。

　遺失物を返還・提出せずに自分のものにしてしまうと、刑法の遺失物横領罪（254条）などに該当します。

（2）埋蔵物とは？

　土地その他の物（包蔵物）のなかに、外部からは容易に目撃できないような

状態に置かれ、しかも現在誰が所有しているかわかりにくい物を「埋蔵物」といいます。誰のものかは判明しないものの所有者が存在する点で、化石などの「無主物」とは区別されます。

埋蔵物についても遺失物法が適用されます。ただし、埋蔵されていたのが文化財（有形の文化的所産で歴史上または芸術上価値の高いもの、遺跡で歴史上または学術上価値の高いものなど）であるときは文化財保護法が適用されます。

2 所有権の取得

（1）承継取得と原始取得

皆さんの身の回りには、パソコンなど自己が所有権を有するものが数多くあるかと思います。"どのように、その所有権を取得したか？"を思い出していただくと、売買や贈与などの契約により取得したり、親から相続により取得したりしたものが多いのではないでしょうか。これらのように、前主が有する物権に基づいて物権を取得することを「承継取得」といいます。

所有権の取得には、承継取得以外に、前主の権利に依存しない取得である「原始取得」があります。具体的には、取得時効（1-1☞18頁）や遺失物拾得、埋蔵物発見、無主物先占などです。

なお、無主物先占とは、所有者のない動産（例．海や川の魚、化石）については、所有の意思をもって占有することによって、その所有権を取得することができるということです（民239条1項）。

◎所有権（物権）の取得方法

承継取得 ➡ 契約、相続など
原始取得 ➡ 取得時効、遺失物拾得、埋蔵物発見、無主物先占など

（2）民法240条と241条

遺失物の提出を受けた警察署長は、遺失者を知ることができないときなどは、警察署の掲示場に公告をします（遺失7条）。遺失者は所有権を根拠として返還請求をすることができますが、公告後3ヵ月以内に遺失者から届出がないときは、拾得者が遺失物の所有権を取得し（民240条）、遺失者は所有権を失います。

なお、拾得者は、携帯電話など個人情報が記録された物件の所有権を取得することはできません（遺失35条）。それらは警察署長などが原始取得したうえで、廃棄されます（遺失37条2項）。また、拾得者は、あらかじめ申告して、所有権を取得する権利を放棄することができます。

　一方、埋蔵物の場合は、公告後6ヵ月以内に所有者から届出がないときは、発見者が所有権を取得します。ただし、他人の所有する包蔵物の中から発見されたときは、発見者とその他人が2分の1ずつの割合で埋蔵物の所有権を取得し、両者の共有（3-4☞176頁）になります（民241条）。

　課税関係として、個人がこれらの新たな所有権を取得したときは、一時所得に該当します。

3　報労金

　遺失者が遺失物の返還を受ける場合、遺失者と拾得者の法律関係は事務管理（民697条）なので、本来は、"拾ってあげたのだから報酬を支払ってほしい"という拾得者の請求は認められません。しかしながら、遺失物法に規定があり、拾得者は、遺失者に対し、報労金（遺失物の価格の5～20％）を請求することができます（遺失28条1項）。

　報労金の割合（5～20％）は、①物件の価格、②拾得者が拾得から届け出るまでに要した期間、③それによる遺失者の損失回避への貢献などにかんがみて判断されるべきものとされています（『論点体系 判例民法 2物権〔第2版〕』第一法規、平成25〔2013〕年、280頁）。報労金の割合などについて合意できなければ、訴訟提起などをするという方法があります。

　ただし、遺失物が遺失者に返還された後、1ヵ月を経過すると、拾得者は報労金を請求することができなくなります（遺失29条）。

　埋蔵物の場合も、所有者が判明したときは、発見者は報労金を請求することができます。なお、包蔵物所有者は、報労金を請求することができません。

　課税関係として、個人が受け取る報労金は、一時所得に該当します。

COLUMN 1　埋蔵文化財包蔵地の評価

　埋蔵されている文化財を包蔵する土地を「埋蔵文化財包蔵地」といいます。
　その評価方法は、財産評価基本通達に定めはありませんが、裁決をもとに下記

のとおり評価する方法があります（笹岡宏保『具体事例による財産評価の実務
〜相続税・贈与税〜Ⅰ』清文社、平成25〔2013〕年、701頁）。

　土地評価額が相続税評価額となり、市場価格の80％相当額となることとの均
衡から、控除する発掘調査費用も見積額の80％相当額となります。

埋蔵文化財包蔵地の評価額
　＝ 埋蔵文化財包蔵地でないものとした場合の土地の評価額
　　 − 発掘調査費用の見積額×80％

COLUMN 2 　租税法の合憲性

　仮に、性別や思想によって所得税の税率が異なるという法改正がされた場合、
自己の利害に関係する者が、訴訟の中で、当該法律は憲法に違反して無効であ
ると主張すると、（特別に設けられた憲法裁判所ではなく、）通常の裁判所が、
具体的な訴訟事件の解決に必要な限度で、法律の違憲審査を行います（憲81条）。

　旧所得税法が必要経費の控除について事業所得者等と給与所得者との間に設
けた区別が憲法14条１項（法の下の平等）に違反するかが争われた事件があり
ます。

　憲法14条１項には、「すべて国民は、法の下に平等であって、人種、信条、
性別、社会的身分又は門地により、政治的、経済的又は社会的関係において、
差別されない」と規定されています。

　最高裁昭和60（1985）年３月27日判決・裁判所Webは、憲法14条１項は「国
民に対し絶対的な平等を保障したものではなく、合理的理由なくして差別する
ことを禁止する趣旨であって、国民各自の事実上の差異に相応して法的取扱い
を区別することは、その区別が合理性を有する限り、何ら右規定に違反するも
のではない」。

　「租税は、今日では、国家の財政需要を充足するという本来の機能に加え、
所得の再分配、資源の適正配分、景気の調整等の諸機能をも有しており、国民
の租税負担を定めるについて、財政・経済・社会政策等の国政全般からの総合
的な政策判断を必要とするばかりでなく、課税要件等を定めるについて、極め
て専門技術的な判断を必要とすることも明らかである。したがって、租税法の

定立については、国家財政、社会経済、国民所得、国民生活等の実態についての正確な資料を基礎とする立法府の政策的、技術的な判断にゆだねるほかはなく、裁判所は、基本的にはその裁量的判断を尊重せざるを得ないものというべきである。そうであるとすれば、租税法の分野における所得の性質の違い等を理由とする取扱いの区別は、その立法目的が正当なものであり、かつ、当該立法において具体的に採用された区別の態様が右目的との関連で著しく不合理であることが明らかでない限り、その合理性を否定することができず、これを憲法14条1項の規定に違反するものということはできない」とし、立法府の広い裁量を認めました。

　そのうえで、給与所得者は、使用者から「の給付の額はあらかじめ定めるところによりおおむね一定額に確定しており、職場における勤務上必要な施設、器具、備品等に係る費用のたぐいは使用者において負担するのが通例であり、給与所得者が勤務に関連して費用の支出をする場合であっても、各自の性格その他の主観的事情を反映して支出形態、金額を異にし、収入金額との関連性が間接的かつ不明確とならざるを得ず、必要経費と家事上の経費又はこれに関連する経費との明瞭な区分が困難であるのが一般である。その上、給与所得者はその数が膨大であるため、各自の申告に基づき必要経費の額を個別的に認定して実額控除を行うこと、あるいは概算控除と選択的に右の実額控除を行うことは、技術的及び量的に相当の困難を招来し、ひいて租税徴収費用の増加を免れず、税務執行上少なからざる混乱を生ずることが懸念される。また、各自の主観的事情や立証技術の巧拙によってかえって租税負担の不公平をもたらすおそれもなしとしない。旧所得税法が給与所得に係る必要経費につき実額控除を排し、代わりに概算控除の制度を設けた目的は、給与所得者と事業所得者等との租税負担の均衡に配意しつつ、右のような弊害を防止することにあることが明らかであるところ、租税負担を国民の間に公平に配分するとともに、租税の徴収を確実・的確かつ効率的に実現することは、租税法の基本原則であるから、右の目的は正当性を有する」。

　そして、「給与所得者において自ら負担する必要経費の額が一般に旧所得税法所定の前記給与所得控除の額を明らかに上回るものと認めることは困難であって、右給与所得控除の額は給与所得に係る必要経費の額との対比において相当性を欠くことが明らかであるということはできない」。

したがって、「旧所得税法が必要経費の控除について事業所得者等と給与所得者との間に設けた前記の区別は、合理的なものであり、憲法14条1項の規定に違反するものではない」と判示しました。

　各所得間の必要経費の控除についての区別ではなく、仮に性別や思想による税率の区別であれば、立法目的が正当なものではない、または区別の態様が立法目的との関連で著しく不合理であることが明らかであるとして、合理性が否定され、憲法14条1項に違反する可能性が高いです。

POINT ❗

- 拾得者は、速やかに、遺失物を遺失者に返還するか、警察署長に提出しなければならない。1週間以内に提出しないと、所有権を取得する権利などを失う。
- 公告後3ヵ月以内に所有者が判明しないときは、拾得者が遺失物の所有権を取得する。
- 拾得者は、遺失物の返還を受けた遺失者に対し、報労金（遺失物の価格の5〜20％）を請求することができる。

抵当権
―担保物権の花形

抵当権は、税理士試験の様々な税法において出題されています。

令和3（2021）年度の所得税法の計算問題では、不動産を譲渡するにあたり、売主は抵当権の抹消費用5万5000円を支払っているという記述があります。また、平成29（2017）年度の所得税法の計算問題では、取得価額に関する資料に、マンション購入に伴う借入れの際に行った抵当権設定の費用20万8300円を負担したと記述されています。

平成29（2017）年度の法人税法の計算問題では、貸倒引当金を計算するための資料の中に、会社に対する貸付金1300万円について、時価2000万円の「土地の担保提供を受け、この土地に抵当権を設定している」という記述があります。

令和2（2020）年度の相続税法の理論問題では、「Xは、金銭債権の保全のためYが所有する土地Zに抵当権を設定した」、そしてその後、「Yは、土地Zの譲渡をもって代物弁済を行い、Xは、Yに対して有する金銭債権の残額を消滅させた」と記述されています。

国税徴収法においても、よく出題されます。

平成30（2018）年度の問題では、「税務署長は、換価の猶予に係る所得税について、次の財産に抵当権の設定を受けている」と記述され、評価額500万円の土地に、第1順位として銀行の被担保債権300万円、第2順位として税務署長の被担保債権180万円とする抵当権が設定されています。

平成27（2015）年度の問題では、抵当権が設定された不動産が火災で焼失したことにより受け取る損害保険金への物上代位に関する知識が問われています。

平成26（2014）年度の問題では、銀行による極度額を900万円とする根抵当権が建物に設定されていると記述されています。

本節では、抵当権（民法、民事執行法）について解説します。

1 抵当権とは？

　抵当権は、債務者または第三者の不動産を占有移転せずに担保とし、債権の弁済が受けられない場合には他の債権者に優先してその不動産から弁済を受けることができる権利です（民369条1項）。地上権などが抵当目的物となることもありますが（民369条2項）、主となるのは不動産所有権なので、不動産所有権を目的とする抵当権について解説します。

　抵当権は、抵当権者（被担保債権の債権者）と抵当権設定者（債務者または第三者）との間の契約によって設定される約定担保物権です。第三者が抵当権設定者の場合は、第三者は債務を負担しないものの、責任を負うことになり、「物上保証人」（本節のCOLUMN1）と呼ばれます。また、抵当権の目的となった不動産を「抵当不動産」といいます。

　抵当権を設定しても法務局で登記をしなければ、抵当不動産の譲受人などの第三者に抵当権を対抗（主張）することができません（民177条。本節のCOLUMN2）。

◎抵当権の設定

```
債権者（抵当権者）━被担保債権 ➡ 債務者
　　　　　　　　　　　　　　　　　抵当不動産
━━━━━━━━━━━━━━━━━━➡（所有者（抵当権設定者）は
　　　　　　　　　　　　　　　　　 債務者または第三者（物上保証人））
```

---

2 抵当権の法的性質

　抵当権は、抵当目的物の「占有を移転しない」担保です。抵当権が実行されるまで、抵当権設定者は抵当目的物を引き続き使用収益することができます。例えば、住宅ローンを組んで購入した不動産に抵当権を設定した後も、設定者は不動産に居住することができます。占有移転を要件としない点で、質権（民342条）とは異なります。

　また、抵当権者は、抵当目的物から「他の債権者に先立って自己の債権の弁済を受ける」ことができ、抵当権は優先弁済的効力を有します。

さらには、被担保債権が存在しなければ抵当権も存在しません（付従性）。ただし、根抵当権（本節の**8**）では付従性が緩和されています。

被担保債権が移転すると、抵当権も当然に移転します（随伴性）。ただし、根抵当権では随伴性が緩和されています。

3 抵当権の順位

特定の不動産に抵当権が設定されていても、不動産の交換価値の残余について、順位の劣後する抵当権が成立する余地があります。

複数の抵当権が設定されたときは、抵当権の順位は、登記の前後によります（民373条）。最初に登記されたものを第1順位の抵当権と呼び、以下、第2順位、第3順位となっていきます。先順位の抵当権が被担保債権の弁済などによって消滅すると、後順位の抵当権の順位が昇進します（順位昇進の原則）。

本節の冒頭で紹介した国税徴収法の平成30（2018）年度の試験問題では、評価額500万円の土地に、第1順位として銀行の被担保債権300万円とする抵当権が設定され、交換価値の残余について、第2順位として税務署長の被担保債権180万円とする抵当権が設定されています。

なお、国税及び地方税の法定納期限以前に納税者の不動産に設定・登記された抵当権の被担保債権は、不動産の換価代金につき、これらの租税債権に優先します（税徴16条、地税14条の10）。これに対し、法定納期限後に設定・登記された抵当権の被担保債権は、租税債権に劣後するので、抵当権を設定して貸付けを行う場合には、抵当権設定者の税金滞納の有無を確認するべきです。

4 優先弁済を受けられる債権の範囲

抵当権によって優先弁済を受けられる債権の範囲は、利息（元本弁済期まで）と遅延損害金（元本弁済期後）については、（満期となった、または配当期日から遡って）最後の2年分のみです。利息と遅延損害金の双方の未払いが発生しているときは、通算して2年分に限られます（民375条）。制限の理由は、後順位抵当権者などを保護するためです。

通常は、遅延損害金のほうが高率であるので、後順位抵当権者などは、先順位抵当権者の（残元金及び）2年分の遅延損害金を覚悟しておけばよいことになります。

なお、債務者は、当然のことにはなりますが、利息及び遅延損害金の全額を含めた被担保債務を弁済しなければなりません。

5 物上代位 ── 抵当権の効力が及ぶ範囲

（1）物上代位とは？

　抵当権は、抵当不動産の滅失または損傷などによって債務者などが受けるべき金銭など（例．損害賠償請求権、火災保険金請求権）に対しても、行使することができます（民372条が準用する304条1項）。目的物の価値代替物や目的物から派生するものに抵当権の効力が及ぶことを「物上代位」といいます。

　本節の冒頭で紹介した国税徴収法の平成27（2015）年度の試験問題では、抵当不動産が火災で焼失したことにより受け取ることができる損害保険金への物上代位が出題されています。

（2）物上代位の対象

　抵当権設定者が抵当不動産を売却したことによる売買代金債権に対しては、物上代位は認められないと考えられています。抵当不動産が売却されても、抵当権は存続し（追及力）、新所有者は、抵当権付きの不動産を取得することになるので、抵当権者は新所有者が現れても抵当権を実行できるからです。

　本節の冒頭で紹介した令和3（2021）年度の所得税法の計算問題では、不動産を譲渡するにあたり、売主は抵当権の抹消費用5万5000円を支払っているという記述があります。この問題の例では、抵当不動産を譲渡したことによって抵当権が当然に消滅するのではなく、譲渡に伴い弁済するなどして被担保債権を消滅させたために、抵当権が消滅し、抹消できるわけです。

（3）差押え

　抵当権者は、目的物の価値代替物や目的物から派生するものが抵当権設定者に払渡しまたは引渡しされる前に差押えをしなければ物上代位をすることができません（民372条が準用する304条1項但書）。

　差押えが必要なのは、第三債務者（抵当権設定者に対して価値代替物などの支払義務を負う者）を二重払いの危険から保護するためです。

6　抵当権の実行

（1）2つの選択肢

　被担保債権の弁済期が到来したにもかかわらず、債務が履行されない場合に抵当権の優先弁済権を実現する（裁判所を利用した）手続として、抵当不動産を競売する手続（担保不動産競売）と抵当不動産から収益を上げる手続（担保不動産収益執行）があります。

（2）担保不動産競売

ア　担保不動産競売とは？

　担保不動産競売とは、抵当権者が抵当不動産を差し押さえて、競売により換価し、換価代金（売却代金）から配当を受けて債権回収する方法です。抵当権者は、他の債権者が抵当不動産について執行をしたときも、差押えの登記前に抵当権設定登記がされていれば、配当手続において優先弁済を受けることができます（民執188条が準用する87条1項4号）。

　換価代金は、まず第1順位の抵当権者の被担保債権に充当されるように配当され、残余があれば第2順位、さらに残余があれば第3順位というように順に配当されます。配当額が被担保債権を全額弁済するに足りなかった場合には、被担保債権の残額は無担保債権として存続します。

　なお、金銭債務の不履行があるときに時間と費用がかかる競売を経ずに抵当権者が抵当不動産の所有権を取得する合意（抵当直流）も代物弁済（3-8 ☞206頁）などとして有効とされています。抵当直流を登記することはできないため、代物弁済の予約の仮登記などが行われます。この場合、「仮登記担保契約に関する法律」が適用され、抵当不動産の価額が被担保債権額を超える場合には、抵当権者は、抵当権設定者に対し、清算金の支払義務を負います。

　本節の冒頭で紹介した令和2（2020）年度税理士試験の相続税法の理論問題では、抵当権設定者Yは抵当不動産Zによって代物弁済を行っています。

イ　抵当建物の賃借人

　抵当権が実行され、競売によって売却されると、不動産上の抵当権は消滅し、消滅する抵当権に対抗できない賃借権も消滅します。そのため、建物に抵当権設定登記がなされた後に賃借して入居した場合、賃借人は、競売によ

り（抵当権に対抗できない）賃借権が消滅するので、買受人（新所有者）から明渡請求をされたら退去しなければなりません。

　もっとも、抵当権設定登記後に入居した建物賃借人であっても、競売手続の開始前から建物を使用収益していた場合は、建物買受人が競売により買い受けた時から6ヵ月間は建物の明渡しを猶予されます（民395条1項1号）。

（3）担保不動産収益執行

　担保不動産収益執行とは、執行裁判所が選任した管理人が抵当不動産から生じる収益を抵当権者に配当することによって優先弁済を受けさせる方法です（民執180条2号）。

7　抵当権の消滅

　抵当権は、抵当不動産が滅失すると、原則として消滅します。例外は物上代位（本節の**5**）です。

　また、抵当権は、弁済などによって被担保債権全額が消滅すると、消滅します。さらには、抵当不動産が競売された場合には、被担保債権全額が消滅しなくても、抵当権は消滅します（民執59条1項。消除主義）。

8　根抵当権

（1）根抵当権とは？

　根抵当権とは、設定行為で定めた一定の範囲に属する不特定の債権を極度額の限度において担保する抵当権です（民398条の2第1項）。普通の抵当権のように、特定の被担保債権が消滅するたびに、抵当権も消滅するのではなく、付従性（本節の**2**）が否定されています。

　普通の抵当権は住宅ローンなどの際に利用されるのに対して、根抵当権は企業間の継続的取引などで利用されます。

（2）不特定の被担保債権の範囲

　抵当権者と債務者の間に生じた一切の債権を根抵当権の対象とする包括根抵当権は認められておらず、不特定の債権が発生する基礎となる原因関係は特定されなければなりません。

　根抵当権の担保すべき不特定の被担保債権の範囲は、債務者との特定の継続的取引契約（例．当座貸越契約）によって生じる債権や、債務者との一定の種

類の取引（例．売買取引）によって生じる債権などに限定されます（民398条
の２第２項・３項）。

（3）根抵当権の極度額

　根抵当権の設定にあたっては、根抵当権者が抵当不動産から優先弁済を受け
る限度額（極度額）を定めなければなりません。後順位抵当権者などは、先順
位抵当権者が設定した極度額によって、抵当不動産の交換価値の残余を予測す
ることができます。

　根抵当権には民法375条（本節の**4**）が適用されず、（確定した）元本のほか、
すべての利息その他の定期金及び遅延損害金が極度額の範囲内で担保されます
（民398条の３第１項）。

　本節の冒頭で紹介した平成26（2014）年度税理士試験の国税徴収法の問題で
は、極度額を900万円とする根抵当権が設定されています。

（4）根抵当権の確定

　根抵当権により優先弁済される被担保債権の元本が確定期日の到来などによ
って確定することを「根抵当権の確定」といいます。

　確定後は、普通抵当権と同じように、弁済などによって被担保債権が消滅す
れば、根抵当権も消滅します。

9　抵当権の課税関係

（1）所得税

　抵当権が実行された場合、抵当不動産の所有者（個人）には、所得税（譲渡
所得）が課されます。

　ただし、抵当不動産の所有者が債務者であり、資力を喪失して債務を弁済す
ることが著しく困難である場合には、抵当権の実行による資産の譲渡による所
得は、非課税となります（所税９条１項10号。1-14☞94頁）。譲渡から得られ
た所得は納税や弁済に充てられ、所有者は実質的には使えないからです。

　また、抵当不動産の所有者が物上保証人であり、債務者に対する求償権を行
使することができないこととなったときには、行使することができないことと
なった金額は、所得の金額の計算上、なかったものとみなされます（所税64条
２項、所基通64-4(5)）。

（2）相続税

抵当権のような従たる権利は、主たる権利（被担保債権）の価値を担保し、または増加させるものであって、独立して財産を構成しないと定められています（相基通11の2-1(3)）。

COLUMN 1 **物上保証人による物上保証料の受取り**

国内において行われる資産の譲渡等のうち消費税が非課税になるものとして、物上保証料が挙げられています（消税6条1項、別表1第3号、消基通6-3-1(14)）。

物上保証料とは、債務者から物上保証人に対して支払われる物上保証としての役務の提供の対価です。

COLUMN 2 **不動産に関する物権変動の対抗要件**

物権（例. 所有権、抵当権）の設定及び移転（物権変動）は、当事者の意思表示のみによって効力が生じます（民176条）。登記や登録は不要です。

しかしながら、物権変動を（当事者以外の）第三者に対抗（主張）するためには、物権変動を公示しなければなりません。物権は第三者にも効力が及びますが（1-4☞42頁）、公示があることにより第三者は"誰が、どのような物権を有しているのか"がわかります。不動産に関する物権変動は、法務局での登記（民177条）が公示として必要になります。

> **民法177条（不動産に関する物権の変動の対抗要件）**
> 不動産に関する物権の得喪及び変更は、不動産登記法（略）その他の登記に関する法律の定めるところに従いその登記をしなければ、第三者に対抗することができない。

1 製造業を営む滞納者Aは、平成24年分申告所得税の確定申告分2000万円（平成25年3月15日申告）を滞納していた。

6 X税務署長は、平成26年2月18日、Aが工場として使用していた建物（評価額1500万円）を差し押さえた。なお、本件建物の権利関係は次のとおりであった。

(1) 平成20年7月15日付根抵当権設定

（根抵当権者：H銀行、債務者：A）

・極度額900万円、被担保債権額（差押通知書送達時）200万円

(2) 平成24年9月5日付抵当権設定

（抵当権者：I銀行、債務者：A）

・被担保債権額300万円

8 平成26年6月16日、差し押さえていた本件建物が火事で焼失した。

9 本件建物は火災保険に付されていたため、J損害保険会社は、平成26年7月23日、X税務署長に対し保険金1200万円を支払った。

10 徴収職員は、H銀行の現在の被担保債権額が500万円であることを確認した。

［1］ 設例を解くための前提知識

上記設例を前提として、支払われた保険金1200万円について各債権者に対する配当額の解答が求められています。

X税務署長による本件建物の差押えの効力は、物上代位的な効力として、本件建物に係る火災保険金の支払いを受ける権利にも及び（税徴53条1項）、X税務署長は、J損害保険会社から火災保険金の支払いを受けることができます。

それでは、（根）抵当権者であるH銀行とI銀行は、配当を受けることができるのでしょうか。抵当権者は、保険金の支払い前に差押えをしなければ物上代位をすることができないところ（本節の**5**）、H銀行とI銀行による差押えの有無が明らかでないため問題となります。

この点については、徴収職員が差押えに係る保険金の支払いを受けた場合に

おいて、差押財産が保険事故発生時に抵当権の目的となっていたときは、抵当権者は、物上代位権の行使のため保険金をその支払い前に差押えをしたものとみなされます（同条2項）。

設例の場合、平成26（2014）年6月の火事のときには、本件建物にH銀行とI銀行の抵当権が設定されていましたので、両行は、支払い前に差押えをしたものとみなされ、保険金に物上代位権を行使することができます。

[2]　設例の解答

（1）適用条文

解答するにあたって、国税徴収法16条と18条1項が重要となります。

まず、本節の**3**でも説明したとおり、国税の法定納期限以前に納税者の不動産に設定・登記された抵当権の被担保債権は、不動産の換価代金につき、租税債権に優先します（税徴16条）。そして、徴収職員が、差押財産に係る保険金の支払いを受けた場合において、その財産上に抵当権があったときのその抵当権の被担保債権と差押えに係る国税との優先関係については、保険金が差押財産の換価代金に相当するものとして、上記規定が適用されます（徴基通53-18）。

設例では、平成24（2012）年分の所得税の法定納期限以前に、H銀行とI銀行の（根）抵当権が設定・登記されているため、H銀行とI銀行の抵当権に係る被担保債権が所得税に優先します。

次に、国税に先だつ抵当権により担保される債権の元本の金額は、抵当権者が国税に係る差押えなどの通知を受けた時における債権額が限度となります（税徴18条1項本文）。したがって、根抵当権の確定前であっても、根抵当権の被担保債権は、国税との関係では、差押えなどの通知を受けた時の金額について優先するにすぎず、（通知を受けた時から）元本確定時までの間の増額分については劣後します。

ただし、抵当権の優先額の限度を適用すると、国税に優先する他の債権を有する者の権利を害することとなるときは、国税徴収法18条1項本文は適用されません（同条1項但書）。設例のI銀行は、後述のとおり、権利を害されることになります。

（2）解答の道筋

ア　第1段階

国税徴収法18条1項本文を適用すると、配当額は以下のとおりとなります。

　　①第1順位　H銀行　200万円（差押通知書の送達時）

　　②第2順位　I銀行　300万円

　　③第3順位　所得税　700万円（＝1200万円－①－②）

イ　第2段階

第1段階の私債権に対する配当額（合計500万円）は、民法373条（本節の**3**）によって、先に抵当権を設定・登記したH銀行が優先するため、H銀行の配当額は500万円となります。

　　①第1順位　H銀行　500万円

　　②第2順位　I銀行　　0万円

　　③第3順位　所得税　700万円

ウ　最終配当額

I銀行は、抵当権の優先額の限度を適用すると、国税に優先するにもかかわらず権利を害されることとなるため（第2段階）、国税徴収法18条1項本文は適用されません。

その結果、国税徴収法16条によって配当額を計算することになります。

　　①第1順位　H銀行　500万円

　　②第2順位　I銀行　300万円

　　③第3順位　所得税　400万円（＝1200万円－①－②）

なお、令和3（2021）年度税理士試験の国税徴収法第2問にも、抵当権などの競合が出題されています。非常に複雑な設例となっていますが、ぜひ挑戦してみてください。

POINT❗

- 抵当権は、設定者（債務者または第三者）の不動産を占有移転せずに担保とし、債権の弁済が受けられない場合には他の債権者に優先してその不動産から弁済を受けることができる権利である。
- 抵当権は、付従性、随伴性及び物上代位性という性質を有し、優先弁済的効

力を有する。

- 抵当権は、抵当不動産の滅失または損傷などによって債務者などが受けるべき金銭などに対しても、行使することができる。
- 抵当権の優先弁済権を実現する手続として、抵当不動産を競売する手続（担保不動産競売）と抵当不動産から収益を上げる手続（担保不動産収益執行）がある。
- 抵当権は、抵当不動産の滅失、被担保債権全額の消滅、競売によって消滅する。
- 根抵当権とは、設定行為で定めた一定の範囲に属する不特定の債権を極度額の限度において担保する抵当権である。

1-4 譲渡担保
―担保として売る

所得税基本通達33-2は、**譲渡担保**に係る資産の移転と譲渡所得課税について定めています。

譲渡担保は、税理士試験にも出題されています。

令和2（2020）年度の相続税法の計算問題では、「宅地Ｖは、上記（9）の友人Ｕに対する金銭の貸付に当たって、Ｕから譲渡担保として所有権を移転されたものであ」ると記述されています。また、令和元（2019）年度の国税徴収法の問題では、譲渡担保権者の物的納税責任を規定した国税徴収法24条について言及することが求められています。

本節では、譲渡担保について解説します。

1 物権の特徴・種類

物を支配する権利のことを「物権」といいます。それに対し、物権とよく対比される「債権」は、債務者に対して一定の行為を要求できる権利です。

物権の特徴として、すべての人に対して主張することができます。債務者に対してのみ主張できる債権とは異なります。また、物権には排他性があり、同じ物の上に同一内容の複数の物権が存在することはできません。

物権の種類として、所有権、占有権、用益物権（例. 地役権。本節のCOLUMN）、担保物権（例. 抵当権。1-3☞30頁）があります。

2 物権法定主義

物権は、民法などの法律に定めるもののほか、創設（内容変更を含む）することができません（民175条。物権法定主義）。債権における契約自由の原則とは異なります。

創設できない理由は、行動の自由と取引の安定性を確保するためです。物権

は第三者に対しても主張できるところ、自由に創設できてしまうと、第三者の行動の自由が制約されます。また、第三者に対しても主張できるので物権はその存在と内容を公示させることが望ましいところ、存在と内容が限定されていないと公示が困難となり、取引の安定性が確保されません。

　ただし、物権法定主義には例外があり、判例は、民法などに定められていない、いくつかの権利に物権と同様の効力を認めてきました。その1つが「譲渡担保」です。

3　譲渡担保

（1）譲渡担保とは？

　譲渡担保とは、債権の担保のために設定者（債務者または第三者）が自己の有する財産権（主として所有権）をあらかじめ債権者に移転し、債権の弁済があれば財産権は設定者に戻り、弁済がなければ財産権は債権者に確定的に帰属するという契約によって設定される担保物権です。

　多くの譲渡担保において、設定者が目的物を引き続き使用収益する旨の約定がなされます。

```
◎譲渡担保
債権者（譲渡担保権者） ■━ 被担保債権　　➡　　債務者
　　　　　　　　　　⬅　　目的物の財産権 ■━ 譲渡担保権設定者
```

（2）譲渡担保の対象

　譲渡担保の対象（目的物）となるのは、不動産、動産その他の権利（例．債権）です。以下では、不動産または動産を目的物とする場合について解説します。

　不動産を担保とする担保物権として抵当権がありますが、抵当権は債務が履行されない時の実行（競売）手続に時間と費用がかかるのに対し、譲渡担保は私的実行（下記（6））が可能です。また、動産（例．工作機械、コンピューター）を担保とする担保物権として質権がありますが、質権は債権者に対して設定時に目的物を引き渡さなければならないのに対し、譲渡担保であれば設定者は、設定後も約定によって目的物を使用することができます。

（3）譲渡担保の対抗要件

譲渡担保を第三者に対抗（主張）するための要件は、不動産譲渡担保の場合は、登記（民177条。登記原因は「売買」または「譲渡担保」。1-3のCOLUMN2☞37頁）、動産譲渡担保の場合は、引渡し（民178条。譲渡担保権設定者が譲渡担保権者のために以後占有するという占有改定が可能）などです。

（4）譲渡担保の法的性質

判例は、「譲渡担保は、債権担保のために目的物件の所有権を移転するものである」が、「所有権移転の効力は債権担保の目的を達するのに必要な範囲内においてのみ認められる」とします。譲渡担保権者には目的物の所有権が確定的に帰属しておらず、譲渡担保権設定者のもとになんらかの物権的地位が留保されていると考えられています。

（5）譲渡担保の課税関係

所得税基本通達33-2は、債務の弁済の担保として資産を譲渡した場合において、譲渡がなかったものとするには、契約書への一定の記載及び課税庁への申立書の提出という形式的要件の具備を求めています。しかしながら、形式的要件を具備していなくても債権担保目的であれば、譲渡はなかったものとして取り扱われるべきです。

また、冒頭の相続税法の試験問題では、債権者（譲渡担保権者）の相続の取扱いが問われています。課税価格計算の基礎に、友人Uに対する金銭の貸付金額を算入し、譲渡担保の目的物である宅地Vの価額は算入しないことになります（相基通11の2-6(1)）。

◎所得税基本通達33-2（譲渡担保に係る資産の移転）

債務者が、債務の弁済の担保としてその有する資産を譲渡した場合において、その契約書に次のすべての事項を明らかにしており、かつ、当該譲渡が債権担保のみを目的として形式的にされたものである旨の債務者及び債権者の連署に係る申立書を提出したときは、当該譲渡はなかったものとする。略。

(1)　当該担保に係る資産を債務者が従来どおり使用収益すること。
(2)　通常支払うと認められる当該債務に係る利子又はこれに相当する使用料の支払に関する定めがあること。

（6）私的実行と清算

ア　私的実行

　弁済期が到来したにもかかわらず債務が履行されないときは、譲渡担保権者は、裁判所による執行手続を経ずに、譲渡担保の目的物の処分権限を取得し、目的物から優先的に債権回収することができます（私的実行）。

　私的実行の方法として、譲渡担保権者が目的物を適正に評価したうえでその所有権を確定的に取得し、代物弁済（3-8☞206頁）的に債権の満足を得る帰属清算型と、譲渡担保権者が目的物を第三者に売却し、その売却代金を債権の弁済に充てる処分清算型があります。

イ　清算

　目的物の価額が被担保債権の額を超えるときは、譲渡担保権者は、譲渡担保権設定者に対して差額を返還しなければなりません（清算義務）。譲渡担保権者の清算金の支払いと、譲渡担保権設定者の目的物の引渡しは、同時履行の関係（4-1☞287頁）になります。

（7）受戻権

　譲渡担保権設定者は、下記の一定時点までに被担保債権の弁済をすることによって、目的物の所有権を取り戻すことができます（受戻権）。

　帰属清算型の場合、目的物の価額が被担保債権の額を超えるときは、清算金の支払いなどの時、目的物の価額が被担保債権の額を超えないときは、その旨の通知時です。一方、処分清算型の場合、処分時です。

　譲渡担保権設定時に譲渡がなかったものとされた場合であっても、この受戻権を行使できなくなる時（消滅時）に資産の譲渡があったものとして、課税関係が生じます。

COLUMN　地役権

　平成25（2013）年度税理士試験の相続税法の計算問題では、「敷地の一部には高圧線が架けられており、その部分には地役権が設定されている」と記述され、地役権に関する知識が問われています。

　地役権とは、他人の土地を自己の土地の便益のために使用する用益物権です（民280条）。地役権の便益を受ける自己の土地を「要役地」、要役地の便益に供される他人の土地を「承役地」といいます。承役地は、要役地の所有者だけ

でなく、承役地の所有者も利用することができます。

　他に、賃貸借契約（1-7☞55頁）によって承役地を利用するという選択肢もありますが、賃借権は債権であるため、物権である地役権よりも効力が弱いという欠点があります。また、賃借権の場合は、賃貸人が利用することができなくなります。

　地役権の成立原因として、当事者の契約による設定のほか、時効による取得（民283条。1-1☞18頁）などがあります。

　地役権の目的である便益の内容は限定されていません。例えば、幅員が狭い要役地に建物を建てるときに建築確認を得るためや通行のために地役権（通行地役権）を承役地に設定することがあります。

　なお、このCOLUMNの冒頭で紹介した試験問題の例では、高圧線を架けるために地役権が設定されていますが、他の選択肢として、区分地上権（民269条の２）を設定する方法があります。区分地上権とは、工作物を所有するため、他人の土地の地下または上空の一定の範囲を使用する物権です。土地所有者は、地下または上空の空間以外の土地部分を利用することができます。令和3（2021）年度税理士試験の相続税法の計算問題では、「宅地には、下水管理（ママ）設数を目的として区分地上権が設定されている」と記述されており、地下を使用する区分地上権が出題されています。

◎他人の土地を利用する権利

・地役権（物権）
・賃借権、使用借権（債権）
・地上権、区分地上権（物権）　　　など

POINT❗

● 譲渡担保とは、債権の担保のために設定者（債務者または第三者）が自己の有する財産権をあらかじめ債権者に移転し、債権の弁済があれば財産権は戻るが、弁済がなければ財産権は債権者に確定的に帰属するという契約によっ

て設定される担保物権である。物権法定主義の例外である。

- 譲渡担保は、債権担保のために目的物件の所有権を移転するものであるが、所有権移転の効力は債権担保の目的を達するのに必要な範囲内においてのみ認められる。譲渡担保権者には目的物の所有権が確定的に帰属しておらず、譲渡担保権設定者のもとになんらかの物権的地位が留保されている。
- 譲渡担保権者は、裁判所による執行手続を経ずに、譲渡担保の目的物の処分権限を取得し、目的物から優先的に債権回収することができる。私的実行の方法として、帰属清算型と処分清算型がある。
- 譲渡担保権設定者は、一定時点までに被担保債権の弁済をすることによって、目的物の所有権を取り戻すことができる。

弁済供託
―保管しておいて

　所得税基本通達36-5には、不動産賃貸借契約において賃貸料が「**供託**」された場合などの収入計上時期が定められています。また、相続税・贈与税の納税猶予の担保として供託することがあります。

　供託は、税理士試験にも出題されています。令和3（2021）年度の所得税法の試験問題では、損益計算書上の家賃収入には、供託金の引出額150万円が含まれており、「家賃の値上げの係争に伴い法務局に供託された家賃の引き出し額である」と記述されています。また、同問題には、「甲は賃借人Cに対し前年2月の契約更新時に家賃を10万円から10.5万円に値上げする申入れを行ったが、Cの合意が得られず旧家賃を供託された。前年2月分から本年5月分までの供託家賃を引き出したものである。この係争は本年末現在係属中であり、6月分以降の家賃も供託されているが、損益計算書上の家賃収入には計上していない」と記述されています。

　本節では、弁済供託（民法）について解説します。

1　供託とは？

　供託とは、法令の定める一定の場合に、金銭などを供託所などに寄託することをいいます。

　供託には、①弁済のためにする供託（弁済供託）、②担保のためにする供託（担保保証供託。民366条3項など）、③強制執行のためにする供託（執行供託。民執156条1項など）、④保管のための供託（保管供託。民578条など）などがあります。

　本節の冒頭で紹介した不動産賃貸料の供託は①弁済供託、納税猶予の担保としての供託は②担保保証供託に該当します。

　本節では、民法に規定されている弁済供託について解説します。

2 弁済供託とは？

　弁済供託とは、弁済者（債務者だけでなく弁済をなし得る第三者を含む）が債権者のために弁済の目的物を供託所に寄託することによって、債務を消滅させることをいいます（民494条）。弁済者と供託所との間で締結される寄託契約（民657条）であって、第三者である債権者のためにするものです（民537条）。

　弁済供託がよく利用されるのは、本節の冒頭で紹介した不動産賃貸借契約においてです。賃貸人からの賃料増額請求（1-7☞56頁）を受け入れられない賃借人が相当と認める額の賃料を支払おうとしたら、賃貸人が受け取らないときなどに利用されます。

　債務者は、弁済供託によって債権者の協力がなくても賃料支払債務を消滅させることができ、債権者への支払いに備えて支払うことができる態勢を取り続ける必要がなくなります。弁済供託によって弁済の目的物の保管義務を免れる点は、目的物が金銭以外の場合に特にメリットになります。債権者にとっても、供託所に預けられるので、債権が消滅しても不利益は生じません。

　弁済の目的物について価格低落のおそれがあるとき（例．生鮮食品）などは、裁判所の許可を得て、目的物を競売に付し、その代金を供託所に供託することもできます（民497条）。

◎供託所
・（目的物が）金銭・有価証券の場合　➡　法務局など
・その他の物品の場合　➡　法務大臣の指定する倉庫営業者など
・不動産の場合　➡　裁判所の選任した保管者

---

3 供託の原因

　どのような場合にも弁済供託できるわけではなく、供託できる場合は限定されています。

　まず、弁済の提供をしても債権者が受領を拒むときです（民494条1項1号）。また、債権者が弁済を受領できないときです（同条1項2号）。例えば、債権者が不在のときです。

　さらには、債権者を確知できないときです（同条2項）。例えば、死亡した

債権者の相続人が不明であるときです。ただし、確知できないことにつき弁済者に過失があるときは、供託できません。

4 弁済供託の効果

　弁済供託時に債務は消滅します（民494条1項）。供託した場合、遅滞なく、債権者に対して供託の通知を行い（民495条3項）、知らせなければなりません。債権者は、供託所から供託物を受け取ることができます（民498条1項）。

　一方で、弁済者は、債権者が供託を受諾せず、または供託を有効と宣告した判決が確定しない間は、供託所から供託物を取り戻すことができます（民496条1項）。取り戻したときは、供託をしなかったものとみなされ、債務は消滅しなかったことになります。

COLUMN 不動産所得の収入計上時期

［1］ 所得税基本通達36-5

　不動産所得の収入計上時期が所得税基本通達36-5に定められています。

　不動産所得の収入計上時期は、原則として、支払日が定められているものについてはその支払日とします。前月末日が支払日であり、翌年1月分の賃料を前年12月に受け取った場合、前年の収入となります。前受収益として処理し、翌年の益金に算入する法人税とは異なります。

　例外として、解除の有効性に争いがあるなどして、解除後の不動産賃貸借契約の存否などについて係争がある場合において、賃貸人が判決や和解などにより既往の期間に対応する賃貸料相当額を受けることとなったときは、判決や和解などのあった日が収入計上時期となります。本来は過去の支払期に支払いを受けるべきものであったとしても、客観的に認識し得る状態にあったとはいえないからです。

　ただし、賃料増減額請求（1-7☞56頁）に関する係争がある場合において、賃料の弁済供託がなされたときは、供託された金額は、支払日の収入となります。賃貸人が判決や和解などにより差額（供託不足額）の支払いを受ける場合は、差額は、判決や和解などのあった日に収入計上します。

　冒頭で紹介した試験問題では、法務局から供託金を引き出した時に収入計上しており、誤った処理です。

なお、継続的な記帳に基づいて不動産所得の金額を計算しているなどの一定の要件に該当する場合には、その年の貸付期間に対応する賃貸料の額をその年分の総収入金額に算入することが認められています。

［2］　権利確定主義・管理支配基準

　所得税法36条1項は、「その年において収入すべき金額」を収入金額に算入するとします。「収入すべき金額」とは、原則として、収入すべき権利が確定した金額であり、権利確定時に収入計上すると解されています（権利確定主義）。

　ただし、例外的に、金銭を受け取るなどして現実の収入があった場合において、権利確定の蓋然性があるなどして、納税者の管理支配に属しているときは、収入する権利が確定していなくても、受取り時が収入すべき時期になります（管理支配基準）。

　上記［1］に挙げた例（前月末日が支払日であり、翌年1月分の賃料を前年12月に受け取った場合、前年の収入となる）は、管理支配基準によるものです。

POINT❗

- 弁済供託とは、弁済者が債権者のために弁済の目的物を供託所に寄託することによって、債務を消滅させることをいう。
- 弁済供託できる場合は限定されている。
- 弁済供託時に債務が消滅する。
- 債権者は、供託所から供託物を受け取ることができる。

1-6 手付
—手付を打つ

所得税基本通達34-1に「一時所得」に該当するものが例示されています。この例示の中に、「民法557条《手付》の規定により売買契約が解除された場合に当該契約の当事者が取得する手付金又は償還金（業務に関して受けるものを除く）」(8)が挙げられています。

手付は、税理士試験にも出題されています。平成29（2017）年度の法人税法の計算問題では、「期末の債権等の明細」に、「土地購入のための手付金1000万円」と記述されています。

本節では、不動産売買契約などで授受される手付（民法）について解説します。

1 手付とは？

手付とは、契約のときに当事者の一方から相手方に対して交付される金銭などのことをいいます。手付は、契約に付随して締結される手付契約に基づき交付され、契約が履行された場合には、通常、代金の一部に組み込まれます。

手付の金額や内容については、原則として、当事者が自由に決めることができます。

手付は、代金の一部払いである内金とは異なります。また、申込証拠金とも異なります。申込証拠金は、不動産売買に関し、購入希望者が売主に対して優先的購入権を取得するために交付する金銭であり、売買契約の不成立の場合は原則として返還する必要があります。

2 手付の種類

民法上、手付は解約手付と推定されます（民557条1項）。解約手付とは、契約の解除権が留保されているという意味での手付です。買主は、手付金を放棄

して契約を解除することができ、売主は、手付金の倍額（交付された手付金と、さらに同額の金銭）を償還して契約を解除することができます。

　課税関係として、解除された場合に個人が取得する手付金または償還金は一時所得に該当します（所基通34-1(8)）。ただし、業務に関して受け取ったときは、事業所得になります。

　当事者の合意により、解約手付ではなく（または解約手付に加えて）、損害賠償額の予定（当事者による損害賠償額のあらかじめの合意）としての手付の意味をもたせることもできます。さらに、手付は違約金であり、別に実損害の賠償請求をし、または違約金を超える実損害の賠償請求をできるという違約手付の意味をもたせることもできます。

　民法557条は売買契約に関する規定ですが、賃貸借契約などの有償契約（当事者が互いに対価的給付をする契約）にも準用されます（民559条）。

民法557条（手付）
　1項　買主が売主に手付を交付したときは、買主はその手付を放棄し、売主はその倍額を現実に提供して、契約の解除をすることができる。ただし、その相手方が契約の履行に着手した後は、この限りでない。

◎手付の種類
- 解約手付
- 損害賠償額の予定としての手付
- 違約手付

3　履行の着手

　相手方が契約の履行に着手した後は、相手方が不測の損害を被ることを防止するため、契約を手付解除することはできません（民557条1項但書）。この場合の、履行の着手とは、相手方が代金を支払う準備をして、履行の催促をしたことなどをいいます。

4　損害賠償との関係

　解約手付による契約解除をした場合、債務不履行による損害賠償請求は認め

られません（民557条2項、545条4項。1-9☞67頁）。手付解除の相手方は、手付放棄または倍戻しによって損害が補填されているので、損害賠償請求を認める必要がないからです。

COLUMN　契約の解除

　民法の「契約の解除」とは、契約当事者の一方が契約または法律の規定により、相手方に対して一方的な意思表示をすることによって契約を終了させることをいいます（民540条1項。2-2☞120頁）。手付解除も、契約の解除の一形態です。

POINT

- 手付とは、契約のときに当事者の一方から相手方に対して交付される金銭などのことをいう。内金や申込証拠金とは異なる。
- 民法上、手付は解約手付と推定される。買主は、手付金を放棄して契約を解除することができ、売主は、手付金の倍額を償還して契約を解除することができる。
- 当事者の合意により、解約手付ではなく（または解約手付に加えて）、損害賠償額の予定としての意味を手付にもたせることもできる。
- 相手方が契約の履行に着手した後は、契約を手付解除することはできない。

1-7 不動産の賃貸借1
─賃料増減・サブリース・敷金

　不動産経営をしている個人から、所得税の確定申告の依頼を受けることがあるのではないでしょうか。また、相続税申告の依頼を受けたときに、被相続人が相続税対策として借入れをして建物を建て、**サブリース**を採用していることがあるのではないでしょうか。

　本節では、不動産の賃貸借契約のうち、**賃料増減額請求**、**サブリース**、**敷金**（民法、借地借家法）について解説します。

1　賃貸借契約

　賃貸借契約とは、賃貸人がある物の使用収益を賃借人にさせることを約し、賃借人が賃料を支払うこと及び引渡しを受けた物を契約が終了したときに返還することを約することによって成立する契約です（民601条）。

　レンタカーのような動産もありますが、社会的に特に重要なのは不動産賃貸借契約です。

2　借地借家法

　民法には賃貸借の規定（601〜622条）がありますが、不動産賃貸借については民法の特別法である借地借家法が優先的に適用されます。借地借家法は原則として、建物所有を目的とする土地賃借権及びすべての建物賃借権に適用されます。

　本来は、契約内容をどのようなものにするかは契約当事者の自由（契約自由の原則）ですが、一般的に弱い立場にある不動産賃借人の利益を保護するための規定が借地借家法には設けられています。その規定に反する特約で賃借人に不利なものは無効とされます（借地借家9条、16条、21条など）。

3 賃料増減額請求

　契約期間が長期となる不動産の賃貸借契約（1-8☞62頁）においては、途中で賃料額が不相当になることがあります。例えば、新型コロナウイルスの感染拡大などの予測できなかった事情によって近隣の賃料相場が下がり、従前の賃料が高額となって不相当となることがあります。そこで、借地借家法では賃料額の変更を認めています。

　借家については、契約期間中に賃料額が不相当となったときは、当事者は、将来に向かって賃料額の増減を請求することができます（借地借家32条1項）。不相当となったかどうかは、①土地もしくは建物に対する租税その他の負担の増減、②土地もしくは建物の価格の上昇もしくは低下その他の経済事情の変動、③近傍同種の建物の賃料との比較によって判断します。この増減額請求権の規定は、強行法規であり、当事者の合意で排除することはできません。

　賃料増額請求を受けた賃借人は、相当と認める額を支払えば、結果的に支払額不足になっても、債務不履行にはならず、賃貸借契約を解除されません。ただし、賃借人が不足額を賃貸人に支払うときは、年10%の利息を付して支払わなければなりません（同条2項）。

　一方、賃料減額請求を受けた賃貸人は、相当と認める額の賃料の支払いを請求することができます。ただし、超過額（適正賃料額を超過して受け取った額）があるときは、年10%の利息を付して賃借人に返還しなければなりません（同条3項）。

　なお、借地についても同様の規定が設けられています（借地借家11条1項）。

4 転貸借契約

（1）転貸借契約とは？

　賃借人は、賃貸人の承諾を得れば、賃借物を転貸することができます（民612条1項）。賃借人（転貸人）と転借人との間の賃借物の使用収益に関する契約を「転貸借契約」といいます。賃貸人と転借人との間には直接の契約関係は生じません。

　不動産を転貸するのに賃貸人の承諾が必要なのは、借地借家法によっても修正を受けていません。

（2）賃貸借契約が終了した場合の転貸借契約

　賃貸借契約が終了した場合に転貸借契約は存続するのでしょうか。転貸借契約は、賃貸借契約を前提とするため問題となります。なお、賃貸借契約が終了したときは、転貸人の地位を賃貸人が引き継ぐという地位承継規定が契約にないことを前提とします。

　賃貸借契約が終了しても、別個の契約である転貸借契約が自動的に終了するわけではありません。しかしながら、転貸借契約はその前提が失われるのであり、賃貸借契約の終了原因によって存続するのかが異なります。

　賃借人の債務不履行（例．賃料不払い）を理由として賃貸借契約の解除（2-2 ☞121頁）をしたときは、賃貸人は、転借人に対抗することができ、転借人を退去させることができます（民613条3項但書参照）。転貸借契約は、賃貸人が転借人に対して返還を請求したときに、賃借人（転貸人）の債務の履行不能により終了します（判例）。

　一方、賃借人との合意により賃貸借契約を解除したときは、賃貸人は、転借人に対抗することができず、転借人を退去させることができません（同条3項本文）。理由は、契約は相対的な効力しかもたないのが原則であるから、合意解除（解除契約。2-2 ☞121頁）をすることによって合意成立前に現れた第三者（転借人）の権利を害することはできないからなどです。

5　サブリース

（1）サブリースとは？

　サブリースとは、不動産所有者が（転貸目的の）不動産賃貸・管理業者（サブリース業者）に建物を賃貸し、サブリース業者が不動産所有者の承諾のもと転貸するという契約です。不動産所有者は、サブリース業者から勧誘を受け、収支予測をしたうえで資金を金融機関から借り入れて建設することが多いです。

　不動産所有者がサブリースを採用するメリットとして、賃料保証期間中、サブリース業者から契約で定めた賃料を受け取ることができる、つまり、入居率（空室率）にかかわらず安定的に収入が得られるので、借入金の返済計画を立てやすいということがよく挙げられます。

　一方、サブリース業者側のメリットは、転貸料と賃料の差額が利益になることです。また、建物の建設や修繕にも関与することによって利益が生まれるこ

とです。

```
                    ◎サブリース
    不動産所有者（賃貸人）
        ↓ －《賃貸借契約（マスターリース）》
    サブリース業者（賃借人・転貸人）
        ↓ －《転貸借契約（サブリース）》
    入居者（転借人）
```

（2）賃料減額請求

　サブリースの場合に、賃借人であるサブリース業者は、賃貸人である不動産所有者に対して、賃料保証期間中に賃料減額請求（本節の**3**）ができるでしょうか。サブリースは、賃貸借契約ではなく、事業委託契約や共同事業契約であるとも考えられるため、また、不動産賃貸を専門とする業者の予測の誤りによる損失を賃貸人に転嫁することになるため、問題となりました。

　判例は、サブリースは賃貸借契約であるため、借地借家法の適用があり、同法32条（借賃増減請求権）が適用されることを認めています。サブリースであることは、衡平の見地に照らし、賃料減額請求の当否及び相当賃料額を判断するときに、重要な事情として考慮されます。

（3）賃貸借契約が終了した場合の転貸借契約

　サブリースは、転貸借なので、本節の**4**（2）に記載のとおり、賃貸借契約が終了した場合に転貸借契約も終了し、転借人は退去しなければならないことがあります。転借人にとっては、寝耳に水の事態です。

　それでは、サブリースの場合において、賃借人からの更新拒絶により賃貸借契約が終了したときに、転貸借契約も終了するのでしょうか。

　賃貸人が、転貸借を承諾したにとどまらず、転貸借の締結に加功し、転貸部分の占有の原因を作出したものというべきときは、賃借人が更新拒絶の通知をして賃貸借が期間満了により終了しても、賃貸人は、信義則上、賃貸借の終了をもって転借人に対抗することはできず、転借人は、転貸借に基づく転貸部分の使用収益を継続することができます（判例）。

　なお、上記判例については、サブリースの事案ですが、判例の射程（適用範囲）を考えるに際しては、ことさらにサブリースと結びつけて考える必要はな

い（サブリースではない転貸借事案にも適用される）と考えられています。

6 敷金

（1）敷金とは？

　敷金とは、「いかなる名目によるかを問わず、賃料債務その他の賃貸借に基づいて生ずる賃借人の賃貸人に対する金銭の給付を目的とする債務を担保する目的で、賃借人が賃貸人に交付する金銭」のことをいいます（民622条の2第1項）。

　敷金は、敷金設定契約という賃貸借契約とは別個の契約により交付されます。

（2）担保される債務の範囲

　敷金は、賃借物を返還するまでに生じた一切の債務を担保します。賃貸借契約継続中の債務のみならず、契約終了後の不法占拠による賃料相当額の損害賠償債務も、敷金からの控除対象になります。

（3）敷金返還請求権の発生

　敷金返還請求権は、「賃貸借が終了し、かつ、賃貸物の返還を受けたとき」に発生します（同条1項1号）。明け渡した後に敷金の返還を請求できるのであり、敷金が返還されなければ明け渡さないという主張は認められません。

　敷金返還請求権の金額は、「敷金の額から賃貸借に基づいて生じた賃借人の賃貸人に対する金銭の給付を目的とする債務の額を控除した残額」です（同条1項）。

（4）敷金の充当

　賃貸人は、賃貸借契約の存続中に賃借人が賃料を支払わないときは、敷金を賃料債務の弁済に充当することができます。他方、賃借人が賃貸人に対し、敷金を賃料債務の弁済に充当してほしいと請求することはできません（同条2項）。

　賃借物が明け渡された場合、敷金は残債務へ当然に充当されます。賃借人が相殺などの意思表示をする必要はありません。

（5）敷金の課税関係

　所得税基本通達36-7は、敷金について、次に掲げる金額は、それぞれ次に掲げる日の属する年分の不動産所得の金額の計算上、総収入金額に算入するものとします。権利確定主義（1-5のCOLUMN☞51頁）を前提として、返還を要しないことが確定した都度、確定した金額を収入として計上します。

①	敷金のうちに不動産等の貸付期間の経過に関係なく返還を要しないこととなっている部分の金額がある場合における当該返還を要しないこととなっている部分の金額	引渡しのあった日など
②	敷金のうちに不動産等の貸付期間の経過に応じて返還を要しないこととなる部分の金額がある場合における当該返還を要しないこととなる部分の金額	貸付けに係る契約に定められたところにより返還を要しないこととなった日
③	敷金のうちに不動産等の貸付期間が終了しなければ返還を要しないことが確定しない部分の金額がある場合において、その終了により返還を要しないことが確定した金額	不動産等の貸付けが終了した日

　税理士試験の令和3（2021）年度所得税法の計算問題では、損益計算書上の家賃収入には敷金45万円が含まれており、このうち本年中に返還不要が確定したものが20万円であると記述されています。

　なお、令和2（2020）年度所得税法の計算問題では、敷金を支払った側についての取扱いが出題されています。「新店舗を賃借するにあたってＣビルのオーナーへ支払った敷金」300万円は、「建物賃貸借契約書によると、敷金は1年以内に解約すると30％、2年以内に解約すると20％、3年以内に解約すると10％が返還されない」としたうえで、繰延資産に該当するかどうかの判断が求められています。

COLUMN サブリースの規制

　賃貸住宅の管理業務の実施をめぐり、管理業者と所有者あるいは入居者との間でトラブルが増加しており、特にサブリース業者については、家賃保証などの契約条件の誤認を原因とするトラブルが多発し社会問題となっています。そこで、令和2（2020）年12月に「賃貸住宅の管理業務等の適正化に関する法律」が施行されました。

　トラブルを未然に防止するため、すべてのサブリース業者の勧誘時や契約締結時に一定の規制を導入するとともに、違反者に対しては、業務停止命令や罰金などの措置により、実効性を担保します。

　サブリース業者・勧誘者によるマスターリース契約の勧誘時に、家賃の減額リスクなど相手方の判断に影響を及ぼす事項について故意に事実を告げず、ま

たは不実を告げる行為が禁止されます。

　また、マスターリース契約の条件について広告するときは、家賃支払、契約変更に関する事項などについて、著しく事実に相違する表示、実際よりも著しく優良・有利であると人を誤認させるような表示が禁止されます。

　さらに、国土交通省は、法施行を前に、サブリース業の契約指針を策定しました。

　「家賃保証」などの誤認を生じやすい文言を広告に使用する場合は、その文言に隣接する箇所に、定期的な家賃の見直しがある場合にその旨及び借地借家法の規定により家賃が減額され得ることを必ず表示しなければならないこととしました。また、契約の締結前に、所有者に対し、契約条件にかかわらず借地借家法に基づき家賃が減額され得ることなどを書面に記載して説明しなければならないことを明確化しました。

POINT !

- 民法には賃貸借の規定があるが、不動産賃貸借については民法の特別法である借地借家法が優先的に適用される。
- 借地借家法では、契約期間中の賃料額の変更を認めている。
- 賃借人は、賃貸人の承諾を得れば、賃借物を転貸することができる。
- 賃貸借契約が終了した場合に転貸借契約が存続するのかどうかは、賃貸借契約の終了原因によって異なる。
- サブリースとは、不動産所有者がサブリース業者に建物を賃貸し、サブリース業者が不動産所有者の承諾のもと転貸するという契約である。
- サブリースは賃貸借契約であるため、借地借家法32条（借賃増減請求権）が適用される。
- 敷金とは、賃貸借に基づいて生ずる賃借人の賃貸人に対する金銭の給付を目的とする債務を担保する目的で、賃借人が賃貸人に交付する金銭である。

1-8 不動産の賃貸借2
―契約更新・立退料

　令和2（2020）年度税理士試験の所得税法の計算問題では、「店舗立退きに伴い支払いを受けた**立退料**の所得区分と所得計算」が出題されています。受け取った立退料1500万円の内訳は下記のとおりとなっています。

- 「家屋の明渡しによって消滅する借家権の対価の額に相当する金額」…150万円
- 「店の休業による収入金額を補填する金額」…300万円
- 「店の休業期間中に支払う使用人の給与等の必要経費を補填する金額」…200万円
- 「新店舗の敷金及び設備造作費用等を補填する金額」…850万円

　本節では、不動産賃貸借契約の**契約更新**及び**立退料**（民法、借地借家法）について解説します。

1 契約の法定更新・更新拒絶・解約申入れ

（1）借地

ア　存続期間

　借地権には最短存続期間が定められており、30年です（借地借家3条）。そして、最初の更新後の存続期間は20年、その後は10年です（借地借家4条）。ただし、当事者がこれより長い期間を定めたときは、その期間となります。

イ　法定更新・更新拒絶

　借地権者を保護するため、存続期間満了後に契約が更新されたものとみなす法定更新制度が設けられています。

法定更新が認められるのは、存続期間が満了する場合において、借地権者が契約の更新を請求したときや、存続期間が満了した後、借地権者が土地の使用を継続するときです。ただし、借地権設定者（地主）が遅滞なく異議を述べたときは、法定更新されません（借地借家5条1項但書）。

　借地権設定者が契約を更新拒絶する（異議を述べる）には、正当事由が必要です（借地借家6条）。存続期間が満了するので土地を返還してほしいと地主から言われたら、必ず返還しなければならないわけではなく、地主に正当事由が認められない場合は、契約は法定更新されます。

　法定更新されたときは、存続期間以外は、従前の契約と同一の条件で契約を更新したものとみなされます（借地借家5条）。

（2）借家

ア　存続期間

　建物賃貸借契約については、存続期間の定めがあるものと、ないものとがあります。定めがあっても1年未満の期間の場合は、存続期間の定めがないものとみなされます（借地借家29条1項）。

イ　法定更新・更新拒絶・解約申入れ

①　期間満了による更新拒絶（存続期間の定めあり）

　建物賃貸借契約の期間満了の1年前から6ヵ月前までの間に、相手方に対して更新拒絶の通知をしなかったときは、従前の契約と同一の条件で契約更新したものとみなされます。ただし、存続期間は定めのないものとなります（借地借家26条1項）。

　賃貸人からの更新拒絶には、正当事由が必要です（借地借家28条）。これに対し、賃借人からの更新拒絶には、正当事由は不要です。

　なお、存続期間の定めがあるときは、契約書に中途解約の特約がなければ、建物賃貸借契約を中途解約することはできません（民618条参照）。存続期間中は契約に拘束されます。中途解約の特約がないときに、存続期間中の退去を望むのであれば、建物賃借人は賃貸人と協議して合意解約をするしかありません。新型コロナウイルスの感染拡大の影響などで存続期間中に事務所を移転しようとする場合には、注意が必要です。

②　解約申入れ（存続期間の定めなし）

　建物賃借人は、存続期間の定めがないとき（法定更新されたときを含む）

は、いつでも解約の申入れをすることができ、建物賃貸借契約は、申入れ日から3ヵ月を経過することによって終了します（民617条1項2号）。

　一方、建物賃貸人が、存続期間の定めがない場合において、解約の申入れをしたときは、建物賃貸借契約は、申入れの日から6ヵ月を経過することによって終了します（借地借家27条1項）。もっとも、解約申入れには、正当事由が必要です（借地借家28条）。

2　正当事由

（1）正当事由の判断

　借地権設定者及び建物賃貸人が契約の更新拒絶や解約申入れをするには、上記のとおり、正当事由が必要です（借地借家6条、28条）。

　正当事由の有無は、借地権の場合、①借地権設定者及び借地権者が土地の使用を必要とする事情、②借地に関する従前の経過、③土地の利用状況、④借地権設定者が借地権者に対して給付をする旨の申出をした立退料から判断します。

　一方、建物賃貸借契約の場合、①建物の賃貸人及び賃借人が建物の使用を必要とする事情、②建物賃貸借に関する従前の経過、③建物の利用状況、④建物の現況、⑤建物賃貸人が建物賃借人に対して給付をする旨の申出をした立退料から、正当事由の有無を判断します。

（2）立退料

　立退料を支払うことは、正当事由を補完する役割を果たします。あくまでも補完する役割なので、高額の立退料を申し出ても、正当事由が否定されることがあります。

　立退料の算定にあたって定型的な計算方法はありませんが、立退料には、3つの性質があるとされています。

　まず、消滅する借地権または借家権の補償という性質です。

　2つ目は、居住権及び営業権の侵害に対する補償という性質です。居住していたのであれば、精神的苦痛などに対する補償、事業をしていたのであれば、休業損害などの補償です。

　3つ目は、移転費用の補償という性質です。移転先に対して支払う敷金や賃料増加分を補償することもあります。

（3）立退料の課税関係

　個人が、事務所などを明け渡して立退料を受け取った場合、所得税法上の各種所得の金額の収入金額になります。所得区分は下記のとおりです。

　まず、明渡しによって消滅する権利の補償としての性格を有する立退料は、譲渡所得となります。冒頭の税理士試験の「家屋の明渡しによって消滅する借家権の対価の額に相当する金額」150万円は、譲渡所得となります。

　次に、収入金額または必要経費の補塡としての性格を有する立退料は、事業所得等となります。本節の冒頭で紹介した税理士試験の「店の休業による収入金額を補塡する金額」300万円、「店の休業期間中に支払う使用人の給与等の必要経費を補塡する金額」200万円及び「新店舗の敷金及び設備造作費用等を補塡する金額」850万円は事業所得となります。

　さらに、上記以外の性格を有する立退料は、一時所得となります。

COLUMN 1　建物買取請求権・造作買取請求権

［1］　借地の建物買取請求権

　存続期間が満了した場合において、契約の更新がないときは、借地権者は、借地権設定者に対し、建物などを時価で買い取るべきことを請求することができます（借地借家13条）。借地権者は投下資本を回収することができます。

　建物買取請求権は形成権であり、借地権者の一方的意思表示により、売買契約が成立したのと同一の法律効果が生じます。強行法規であり、特約で建物買取請求権を排除することはできません（借地借家16条）。

［2］　借家の造作買取請求権

　建物賃貸人の同意を得て建物に付加した造作がある場合には、賃借人は、建物賃貸借が期間満了または解約申入れによって終了するときに、賃貸人に対し、その造作を時価で買い取るべきことを請求することができます（借地借家33条。2-1☞115頁）。

　造作買取請求権も形成権です。任意法規であり、特約で造作買取請求権を排除することができます。

COLUMN 2 **定期建物賃貸借**

　更新のない建物賃貸借として、定期建物賃貸借があります（借地借家38条1項）。賃貸人が貸しやすくすることで、借家供給を促進させることを目的としています。なお、更新のない借地権として、定期借地権（借地借家22条）があります。

　定期建物賃貸借の要件は、①建物賃貸借契約に期間を定めること、②契約更新がないとの特約をすること、③契約を公正証書などの書面で行うこと、④契約前に契約更新がないことを記した書面を賃借人に交付して説明をすることです。

COLUMN 3 **サブリースと更新拒絶などの正当事由**

　賃貸人である建物所有者が、維持管理費が当初想定していたよりもかさむことなどを理由として、不動産を売却しようと考え、そのために賃貸借契約を更新拒絶または解約しようとしても、賃借人であるサブリース業者が正当事由（借地借家28条）がないことを理由として応じないというケースが数多く生じています（1-7☞57頁）。

POINT❗

- 借地借家法には、契約の法定更新制度が設けられている。
- 借地権設定者及び建物賃貸人が契約の更新拒絶や解約申入れをするには、正当事由が必要である。
- 立退料を支払うことは、正当事由を補完する役割を果たす。

1-9 損害賠償
―金銭による償い

所得税法9条1項18号に非課税所得として、**損害賠償金**で、心身に加えられた損害または突発的な事故により資産に加えられた損害に基因して取得するものその他の政令で定めるものと規定されています。

本節では、損害賠償（民法）について解説します。

1 損害賠償

（1）損害賠償とは？

損害賠償とは、他人に与えた損害を金銭で補填することです。

（2）損害賠償の根拠

民法上の損害賠償の根拠を大別すると、債務不履行による損害賠償（民415条）と不法行為による損害賠償（民709条）の2つがあります。

前者は、債権者が契約などによる債務の本旨に従った履行をしない債務者に対して行う損害賠償です。一方、後者は、被害者（債権者）が権利を侵害した加害者（債務者）に対して行う一般的な損害賠償です。

（3）債務不履行と不法行為の相違点

債務不履行による損害賠償と不法行為による損害賠償の相違点は、下記のとおりです。

まず、証明責任です。債務不履行構成では、債務者が債務不履行が債務者の責めに帰することができない事由によるものであること（債務者の帰責事由によるものでないこと）を立証する必要があるのに対し、不法行為構成では、被害者が加害者の故意または過失を立証する必要があります。

もっとも、債務不履行構成であっても、債権者が具体的な債務内容を明らかにしなければならないため、実務上は、証明責任の点で債権者にとって債務不履行構成のほうが有利であるわけではないと解されています。

2点目は、過失相殺です。過失相殺とは、損害の公平な分担を図るため、債権者側の減額を適当とする事情を考慮することです。不法行為構成の場合、債務不履行構成（民418条）とは異なり、損害賠償責任の有無は対象とならず、過失相殺の結果、賠償額なしとすることはできません（民722条2項）。また、過失相殺することは義務ではなく、裁判所の裁量が認められます。

　もっとも、条文上は上記の相違点がありますが、解釈上は同じに解するべきであると考えられています。

　3点目は、消滅時効期間です。下記表のとおり、起算点及び消滅時効期間が異なります（3-2☞169頁）。ただし、人の生命または身体の侵害の場合は、債務不履行構成であっても不法行為構成であっても主観的起算点から5年間、または客観的起算点から20年間です。

　不法行為構成の場合に主観的起算点からの消滅時効期間が債務不履行構成よりも短い3年間となっているのは、不法行為は通常、未知の当事者間において偶発的な事故に基づいて発生するものであり、不安定な立場に置かれる加害者を保護するためです。

◎損害賠償請求権の消滅時効期間

	債務不履行による損害賠償請求権（民166条1項）	不法行為による損害賠償請求権（民724条）	人の生命または身体の侵害の場合の債務不履行または不法行為による損害賠償請求権（民167条、724条の2）
主観的起算点	債権者が権利行使できることを知った時から5年間	被害者らが損害及び加害者を知った時から3年間	左記各起算点から5年間
客観的起算点	権利行使できる時から10年間	不法行為時から20年間	左記各起算点から20年間

（4）請求権の競合

　債務不履行による損害賠償と不法行為による損害賠償のいずれも選択できそうな場合があります。例えば、使用者が職場環境を十分に整えなかったために被用者が負傷した場合や、医師が医療過誤により患者に後遺症を負わせた場合です。

判例は、請求権の競合を認めており、いずれの損害賠償も選択することができます。

2　不法行為

（1）不法行為制度の役割

　不法行為制度は、物権的請求権や債務不履行責任を補充する役割を果たします。物を奪われた場合、物権的請求権（返還請求権）を根拠として、その物の返還を請求することはできますが、一定期間奪われたことにより生じた損害の賠償請求を行うことはできません。また、契約関係がない相手方から権利の侵害を受けた場合、債務不履行による損害賠償請求をすることはできません。これらのような場合であっても、不法行為による損害賠償請求であれば被害回復を図ることができます。

民法709条（不法行為による損害賠償）

　故意又は過失によって他人の権利又は法律上保護される利益を侵害した者は、これによって生じた損害を賠償する責任を負う。

（2）不法行為の要件

　不法行為による損害賠償請求の要件は、①権利侵害（＝被侵害利益の存在＋加害行為）、②①についての相手方の故意または過失、③損害の発生、及び④①と③の間の因果関係です。

（3）故意または過失

　不法行為制度においては、過失責任の原則が採用されています。過失のない者は（不可抗力による）結果について責任を負わないとすることにより、個人の行動の自由が保障されています。

　不法行為の要件となっている故意とは、侵害結果の発生を意欲し、または認容していたことをいいます。

　また、過失とは、侵害結果の発生を予見することができたが、それを回避するために必要とされる行為をしなかったことをいいます。いわゆる不注意です。

　過失は、さらに軽過失と重過失に分けられます。注意義務を少しでも欠くときは軽過失であり、軽過失さえあれば不法行為の要件である過失を充足します。

それに対し、重過失とは、「通常人に要求される程度の相当な注意をしないでも、わずかの注意さえすれば、たやすく違法有害な結果を予見することができた場合であるのに、漫然これを見すごしたような、ほとんど故意に近い著しい注意欠如の状態」をいいます（判例）。

（4）損害

ア　損害とは？

損害とは、不法行為がなければ被害者が置かれていたであろう財産状態と実際の財産状態との差額をいいます。差額を計算するには、財産的損害と非財産的損害に分けて考えます。なお、現実損害を超える賠償を認める懲罰賠償は、日本では認められていません。

財産的損害には、被害者が支払いを余儀なくされる積極的損害（例. 治療費、弁護士費用。1-11☞79頁）と、被害者が利益を得られなくなる消極的損害（例. 休業損害、後遺症などによる逸失利益）があります。

非財産的損害とは、肉体的・精神的苦痛のことです。苦痛を補填する慰謝料は、生命または身体や人格的な利益の侵害を受けた場合には認められますが、財産権の侵害の場合（例. 愛車を壊された場合）には一般的に認められません。ただし、愛犬などのペット（法律上は物）が侵害を受けた場合には、慰謝料が認められることがあります。

慰謝料は、肉体的・精神的苦痛だけでなく、財産的損害を補填する役割もあるとされています。財産的損害が低額となった場合に慰謝料額を増額させることによって全体の損害額が調整されることがあります。もっとも、制裁を与えるために慰謝料額を増額させることは認められておらず、不法行為者（加害者）には、刑事上及び行政上の制裁が与えられるにとどまります。

イ　損害賠償の範囲

損害賠償の範囲は、権利侵害と相当因果関係のある損害に限られ、債務不履行の損害賠償の範囲を定める民法416条が類推適用されます。すなわち、不法行為によって通常生ずべき損害と、加害者が行為時に予見すべきであった特別の事情によって生じた損害が、損害賠償の範囲になります。

（5）不法行為の効果

不法行為に対する救済手段は損害賠償であり（民709条）、原則として（原状回復ではなく）金銭賠償です（民722条1項が準用する民417条）。

3 損害賠償の課税関係

（1）個人が受け取る場合

　個人が損害賠償金を受け取る場合、損害を補填するものであり、純資産の増加をもたらさないため、所得税は非課税とされています。例えば、心身に加えられた損害につき支払いを受ける治療費、休業損害金、慰謝料などや、資産に加えられた損害につき支払いを受ける損害賠償金は、非課税です。

　ただし、必要経費を補填する金額に相当する部分（例．仮店舗の賃料）及び収入金額に代わる部分（例．棚卸資産の損害に対する部分）は、課税されます（所税令30条）。

（2）個人が支払う場合

　個人が支払う家事費や家事関連費に該当する損害賠償金は、必要経費に算入できません。また、事業に関連して、故意または重過失により他人の権利を侵害した場合に支払う損害賠償金については、所得税の負担を減少させ、支払者の損害賠償による負担を軽減するのは適当ではないため、必要経費に算入できません（所税45条1項8号、所税令98条2項）。

　一方、事業に関連して、軽過失により他人の権利を侵害した場合に支払う損害賠償金は、必要経費に算入することができます。

COLUMN 1　貨幣の呪術的機能と『古事記』

　犯罪の加害者による金銭の支払いは、時代によって意味が異なります。

　法と宗教が分化されておらず、宗教的な世界（非合理的・呪術的な思考世界）の中に人々が生きていた時代においては、犯罪が起こったときは、被害者に対する損害賠償よりも、秩序の回復が優先されました。裁判によって貨幣による賠償を命じられるのは、必ずしも近代的な意味での経済的賠償ではなく、貨幣の呪術的機能により、犯行の結果生じた秩序の毀損が再建されると考えられたからです（阿部謹也『刑吏の社会史』中公新書、昭和53〔1978〕年参照）。

　『古事記』において、八百万の神々は一同相談して、高天原で乱行に及んだスサノオに対し、たくさんの贖罪の品物を負わせ、また髭と手足の爪を切って罪を贖わせ、スサノオを高天原から追放しました。

　スサノオが贖罪の品物を負わされたのは、乱行の結果生じた高天原の秩序の

毀損を呪術的機能により再建するためであったと考えることができます。

COLUMN 2　税理士の損害賠償責任

[1]　債務不履行責任

（1）善管注意義務

　税理士は、依頼者に対して債務不履行による損害賠償責任を負うことがあります。

　税理士は、「納税者から税務申告の代行等を委任されたときは、委任契約に基づく善管注意義務として、委任の趣旨に従い、専門家としての高度の注意をもって委任事務を処理する義務を負」います。そして、「委任者の作成した資料に基づき、委任者の指示に従って申告書等を作成する場合には、」「委任契約に基づく善管注意義務の一環として、税務の観点から委任者の作成した資料を確認し、その内容に不適切な点があり、これに依拠すると適切な税務申告がなされないおそれがあるときには、不適切な点を指摘するなどして、これを是正した上で申告を代行する義務を負」います（東京地裁平成22〔2010〕年12月8日判決・判タ1377号123頁）。この義務に違反すれば債務不履行となります。

　税理士は、報酬を受け取らない無償の税務代理であっても、善管注意義務を負います。

（2）付随的義務

　税理士は、委任者が明示的に依頼しなかった事項であっても、債務不履行による損害賠償責任を負うことがあります。

　税理士には、相続税の申告において、相続税の納付がいつ必要であるかを依頼者に説明し、その納付が可能であるかどうかを確認し、これができない場合には、延納許可申請の手続をするかどうかについて依頼者の意思を確認するなど納付についての指導・助言を行う義務が、相続税の確定申告に伴う付随的義務としてあるとした判例（東京高裁平成7〔1995〕年6月19日判決・判タ904号140頁）があります。この義務に違反すれば、債務不履行となります。

（3）法令の調査義務

　税理士は、一般的には租税に関する法令以外の法令について調査すべき義務を負いません。しかしながら、日本国籍を有しないことが制限納税義務者の要

件として規定されている以上は、一般人であれば相続人が日本国籍を有しない制限納税義務者であるとの疑いをもつに足りる事実を認識した場合には、相続税の申告などに先立ち、相続人が日本国籍を有するか否かについて確認すべき義務を負うとした判例（東京地裁平成26〔2014〕年2月13日判決・判タ1420号335頁）があります。この義務に違反すれば、債務不履行となります。

（4）通達と異なる税務処理

通達は、国民に対して法的拘束力を持つものではなく（3-6のCOLUMN☞192頁）、また、個々の具体的事案に妥当するかどうかの解釈を残すものであるから、形式上通達に反する税務処理をすることが許されないわけではありません。

しかしながら、「税務行政が基本通達に基づいて行われている現実からすると、当該具体的事案について基本通達と異なる税務処理をして確定申告をすることによって、当初の見込に反して結局のところ更正処分や過少申告加算税の賦課決定を招くことも予想されることから、」税理士は、「依頼者にその危険性を十分に理解させる義務があ」ります（大阪高裁平成10〔1998〕年3月13日判決・判時1654号54頁）。この義務に違反すれば、債務不履行となります。

［2］ 不法行為責任

税理士は、契約関係にない第三者に対して不法行為による損害賠償責任を負うことがあります。

税理士が、顧問先会社の代表取締役が会社の虚偽の確定申告書などを利用して融資先を欺いて金融を得ることを知りながら、会社の実情を粉飾して虚偽内容を記載した書類を作成したことは、融資先が損害を受けるかもしれないことを予見しながらあえて作成したのであるから、税理士は、作成書類の記載を信用して融資をし、損害を受けた者に対して、不法行為による損害賠償責任を負うとした判例（仙台高裁昭和63〔1988〕年2月26日判決・判タ663号141頁）があります。

POINT❗

● 民法上の損害賠償の根拠を大別すると、債務不履行による損害賠償と不法行為による損害賠償の2つがある。両者は、消滅時効期間が異なる。

- 請求権の競合が認められており、債務不履行による損害賠償と不法行為による損害賠償のいずれも選択することができる。
- 不法行為に基づく損害賠償請求の要件は、①権利侵害（＝被侵害利益の存在＋加害行為）、②①についての相手方の故意または過失、③損害の発生、及び④①と③の間の因果関係である。
- 過失は、軽過失と重過失に分けられる。軽過失さえあれば、不法行為の要件である過失を充足する。
- 損害とは、不法行為がなければ被害者が置かれていたであろう財産状態と実際の財産状態との差額をいう。差額を計算するには、財産的損害（積極的損害と消極的損害）と非財産的損害に分けて考える。
- 不法行為に対する救済手段は損害賠償であり、原則として金銭賠償である。

1-10 使用者責任
—雇い主の責任

　所得税基本通達45-6に、被用者の行為に基因して損害賠償金などを支払った場合に使用者が必要経費に算入することができるかどうかが定められています。

　本節では、「使用者が被用者の行為について損害賠償責任を負うのか？」「負うとした場合に、どのようなときに負うのか？」など、**使用者責任**（民法）について解説します。

1 使用者責任とは？

　被用者が事業の遂行について第三者に不法行為（例．権限濫用による手形振出し、自動車事故）により損害を加えた場合、使用者は第三者に対して損害賠償責任を負います（民715条1項。使用者責任）。使用者が責任を負う根拠は、被用者を用いて利益を上げていること（報償責任）と、侵害の危険をつくりだしていること（危険責任）です。第三者（被害者）からすると、被用者（民709条）だけでなく、使用者に対しても損害賠償請求をすることができます。被用者の債務と使用者の債務は、連帯債務（3-6☞190頁）の関係に立ち、いずれかが被害者に賠償すれば、他方の債務も消滅します。

　なお、被害者は、使用者と契約関係にあるときは、使用者に対して債務不履行による損害賠償請求をすることもできます（民415条。1-9☞67頁）。この場合、被用者の行為に対する評価は、使用者の免責事由（同条1項但書）の有無などにおいて考慮されます。

```
◎損害賠償請求の根拠
1  被害者 ➡ 被用者    ・不法行為責任（民709条）
2  被害者 ➡ 使用者    ・使用者責任（民715条）
                      ・契約（債務不履行）責任（民415条）
```

> **民法715条（使用者等の責任）**
>
> **1項** ある事業のために他人を使用する者は、被用者がその事業の執行について第三者に加えた損害を賠償する責任を負う。ただし、使用者が被用者の選任及びその事業の監督について相当の注意をしたとき、又は相当の注意をしても損害が生ずべきであったときは、この限りでない。
>
> **3項** 前2項の規定は、使用者又は監督者から被用者に対する求償権の行使を妨げない。

2 使用者責任の要件

　被害者が使用者に対して使用者責任に基づく損害賠償請求をする場合の要件は、①被用者の行為が不法行為責任（民709条）の要件を充たすこと、②使用者と被用者との間に不法行為時に使用関係があったこと、③被用者の不法行為が使用者の事業の執行について行われたことです。

　②の使用者には、個人事業者（自然人）だけでなく、法人（本節のCOLUMN 1）も含まれます。また、②の使用関係は、契約関係の有無は重要ではなく、実質的にみて使用者が被用者を監督すべき関係にあれば足りるとされています。例えば、元請負人と下請負人の被用者との間に使用関係が認められることがあります。

　なお、使用者が相当の注意をしたときなどは損害賠償責任を免責されると規定されていますが（民715条1項但書）、実際に免責されることはほとんどありません。

3 使用者から被用者に対する求償権

　損害賠償の支払いをした使用者は、被用者に対して求償権（償還を求める権利）を行使することができます（同条3項）。もっとも、被用者を用いることによって侵害の危険をつくりだし、利益を上げている使用者は、信義則により求償権の行使が制限されます。使用者が損害全額を負担すべき場合もあり得ます。

「使用者は、その事業の性格、規模、施設の状況、被用者の業務の内容、労働条件、勤務態度、加害行為の態様、加害行為の予防若しくは損失の分散についての使用者の配慮の程度その他諸般の事情に照らし、損害の公平な分担という見地から信義則上相当と認められる限度において」、被用者に対して、求償することができます（判例）。

4 被用者から使用者に対する求償権（逆求償）

損害賠償の支払いをした被用者は、損害の公平な分担という見地から相当と認められる額について、使用者に対して求償することができます（最高裁令和2〔2020〕年2月28日判決・裁判所Web）。

理由は、①報償責任及び危険責任の考え方は、使用者と被用者との内部関係にも及ぶ、②使用者が第三者に対して使用者責任に基づく損害賠償義務を履行した場合と、被用者が第三者の被った損害を賠償した場合とで、使用者の損害の負担について異なる結果となることは相当でないからです。

なお、被用者が損害全額を負担すべき場合もあり得ます。

COLUMN 1　法人の不法行為

法人に対して、使用者責任によって損害賠償請求するという迂遠（うえん）な方法ではなく、直接、法人の行為として不法行為による損害賠償請求（民709条）をすることはできるのでしょうか。

法人に対する不法行為による損害賠償請求には、被害者が具体的な被用者の不法行為を問題とする必要がないというメリットがあります。

裁判所の判断は分かれており、法人に対する不法行為による損害賠償請求について、肯定するものと否定するものとがあります。否定する学説は、法人については心理状態を観念できず法人の過失を論ずることができないことなどを理由として挙げています。

COLUMN 2　交通反則金

令和3（2021）年度税理士試験の法人税法の計算問題では、交通反則金に関する出題があり、損金経理処理した租税公課として、「取締役A氏の業務外の

交通違反による交通反則金1.8万円」、「使用人Ｂ氏の業務中の交通違反による交通反則金1.5万円」があると記述されています。交通反則金は、令和元（2019）年度及び平成27（2015）年度においても出題されています。

交通反則通告制度とは、自動車などの運転者の道路交通法違反行為のうち、飲酒、無免許運転など特に悪質な一部の違反を除いたもの（反則行為）は、一定期間内に反則金を納めると、刑事裁判などを受けないで事件が処理されるという行政上の特別の仕組みです。反則行為は犯罪であり、本来は刑事手続となりますが、大量発生する事件の処理の迅速化を目的として、この制度が設けられています。

反則行為者は、交通反則通告制度の適用を受けるか、拒否するかを選択することができます。拒否して反則金を納めなかった場合、必ずしも起訴されるわけではなく、不起訴処分になることもあり得ます。

交通反則金を支払った場合の課税関係として、所得税法上、必要経費に算入することはできません（45条１項７号）。また、法人税においては、業務遂行に関連してされた行為に係る交通反則金は損金不算入、その他に係るものは給与と定められています（法基通9-5-8）。

POINT❗

● 被用者が事業の遂行について第三者に不法行為により損害を加えた場合、使用者は第三者に対して損害賠償責任を負う。

● 使用者責任の要件は、①被用者の行為が不法行為責任の要件を充たすこと、②使用者と被用者との間に不法行為時に使用関係があったこと、③被用者の不法行為が使用者の事業の執行について行われたことである。

● 損害賠償の支払いをした使用者は、損害の公平な分担という見地から信義則上相当と認められる限度において、被用者に対して求償することができる。また、損害賠償の支払いをした被用者は、損害の公平な分担という見地から相当と認められる額について、使用者に対して求償することができる。

弁護士費用
―私が負担するの!?

所得税基本通達37-25及び37-26に、業務遂行上支出した民事事件と刑事事件の**弁護士費用**などを必要経費に算入できるかどうかが定められています。

弁護士費用の取扱いは、税理士試験にも出題されています。令和3 (2021) 年度の所得税法の計算問題では、損益計算書上の経費には、滞納家賃の回収のために要した弁護士報酬30万円が含まれていると記述されています。

弁護士費用の必要経費該当性も重要ですが、法律相談でよく質問を受けるのが、「民事事件の弁護士費用を相手方に負担させることができるのかどうか?」です。

本節では、「民事事件の弁護士費用を相手方に請求できるのかどうか?」（民法、民事訴訟法）について解説します。

1 弁護士費用の請求方法

民事事件の弁護士費用を相手方に請求する方法として、訴訟費用として請求することと、損害として請求することが考えられます。

2 訴訟費用として請求

民事訴訟では、訴訟費用は原則として敗訴当事者が負担します（民訴61条）。判決の主文に「訴訟費用は、被告の負担とする」と記載されたりします。この主文を読んで、相手方に弁護士費用を請求できると思われる方がいますが、この訴訟費用とは、訴え提起時に支払った印紙代や尋問時の日当などであり、弁護士費用は原則として含まれません。

したがって、訴訟費用に該当することを理由として、敗訴した相手方に弁護

士費用を請求することはできません。

3 損害として請求

　訴訟は、弁護士に依頼せずに本人が行うことも認められているので、弁護士に委任しなければ十分な訴訟活動をすることが困難な類型に属する請求権に限り、弁護士費用を損害として相手方に請求することができます（判例）。

　一般的には、不法行為（例．交通事故）による損害賠償請求の場合（民709条）は損害として請求できるのに対して、債務不履行（例．金銭債務の不履行）による損害賠償請求の場合（民416条）は請求できないとされています。ただし、医療訴訟や建築訴訟などの専門的な訴訟の場合は請求することができます。

　弁護士費用を相手方に請求できるかどうかを検討する際には、①債務不履行の場合は、契約締結時などに弁護士費用を敗訴者が負担するという取決めをしておけば敗訴者に請求できるので、上記の議論は、取決めがない場合の取扱いであるのに対し、不法行為の場合は、契約関係がない相手方などから権利の侵害を受けるので、弁護士費用の負担について事前に取決めをすることができないこと、②債務不履行の場合は、一般的には、債務の内容が一義的に決まり、債務の履行請求権の立証が難しくないこと、③被告が勝訴した場合（原告が敗訴した場合）に、被告の弁護士費用を原告に負担させる制度はないので、上記の議論は、原告が勝訴した場合の弁護士費用の取扱いであることが前提となります。

　もっとも、弁護士費用を請求できる場合であっても、事案の難易、請求額、認容額などを斟酌して相当と認められる範囲内のものに限られるので、弁護士に支払う報酬の全額が損害として認められるわけではありません。実務上、認容額（請求額のうち裁判所が損害として認めた金額）の1割程度を目安に認容されることが多いです。

COLUMN **弁護士費用に関する最近の判例**

　最高裁令和3（2021）年1月22日判決・裁判所Webは、「契約当事者の一方が他方に対して契約上の債務の履行を求めることは、不法行為に基づく損害賠償を請求するなどの場合とは異なり、侵害された権利利益の回復を求めるものではなく、契約の目的を実現して履行による利益を得ようとするものである。

また、契約を締結しようとする者は、任意の履行がされない場合があることを考慮して、契約の内容を検討したり、契約を締結するかどうかを決定したりすることができる（著者注1）。

　加えて、土地の売買契約において売主が負う土地の引渡しや所有権移転登記手続をすべき債務は、同契約から一義的に確定するものであって、上記債務の履行を求める請求権は、上記契約の成立という客観的な事実によって基礎付けられるものである（著者注2）。

　そうすると、土地の売買契約の買主は、上記債務の履行を求めるための訴訟の提起・追行又は保全命令若しくは強制執行の申立てに関する事務を弁護士に委任した場合であっても、売主に対し、これらの事務に係る弁護士報酬を債務不履行に基づく損害賠償として請求することはできないというべきである」と判示しています。

　注1は、契約上の債務の履行請求一般に当てはまる理由であるのに対し、注2は、土地売買契約による引渡債務などの履行請求に関する固有の理由です。

POINT❗

- 弁護士に委任しなければ十分な訴訟活動をすることが困難な類型に属する請求権に限り、弁護士費用を損害として相手方に請求することができる。
- 一般的には、不法行為に基づく損害賠償請求の場合は、弁護士費用を損害として請求できるが、債務不履行に基づく損害賠償請求の場合は請求できない。医療訴訟や建築訴訟などの専門的な訴訟の場合は請求できる。
- 弁護士費用を相手方に請求できる場合であっても、事案の難易、請求額、認容額などを斟酌して相当と認められる範囲内のものに限られる。実務上、認容額の1割程度を目安に認容されることが多い。

1-12 財産分与
—夫婦どちらのものか？

　日本における離婚は、令和元（2019）年においては20万8496組となっています（厚生労働省「人口動態総覧」）。なお、同年の婚姻は59万9007組です。

　会社経営者が離婚する場合、その有する会社株式が**財産分与**の対象となることがあります。また、不動産などを財産分与する場合には課税関係が問題となります。

　本節では、財産分与（民法）について解説します。

1　財産分与とは？

　財産分与とは、離婚の際に、財産名義を有する配偶者から他方配偶者へ財産を分与することをいいます（民768条1項）。

> **民法768条（財産分与）**
> **1項**　協議上の離婚をした者の一方は、相手方に対して財産の分与を請求することができる。
> **2項**　前項の規定による財産の分与について、当事者間に協議が調わないとき、又は協議をすることができないときは、当事者は、家庭裁判所に対して協議に代わる処分を請求することができる。ただし、離婚の時から2年を経過したときは、この限りでない。
> **3項**　前項の場合には、家庭裁判所は、当事者双方がその協力によって得た財産の額その他一切の事情を考慮して、分与をさせるべきかどうか並びに分与の額及び方法を定める。

2 3つの性質

財産分与には、3つの性質があります。

まず、婚姻中に自己の名で取得した財産は、その者に単独で帰属するとされていますが（民762条1項。夫婦別産制）、配偶者の貢献を考慮して、実質上共同の財産として清算・分配を行うという性質です（清算的財産分与）。この清算的財産分与が財産分与の中心となります。

2つ目は、配偶者の行為によって離婚を余儀なくされたという精神的苦痛に対する慰謝料という性質です（慰謝料的財産分与）。離婚原因（例. 不貞行為）慰謝料とは別に請求することができます。また、財産分与の中に含めずに、不法行為による損害賠償請求（1-9☞69頁）として離婚慰謝料を請求することもできます。

3つ目は、配偶者の離婚後の生計の維持を図るという性質です（扶養的財産分与）。清算的財産分与や慰謝料的財産分与があっても、生活に困る場合に認められる補充的なものです。

3 清算的財産分与

（1）清算の対象

清算の対象となるのは、夫婦の協力によって婚姻時から別居時までの間に取得した財産です。婚姻前から有していた財産や婚姻中に相続・贈与により取得した財産は、清算の対象になりません。

自宅不動産や現預金などだけでなく、将来支給される（未支給の）退職金も清算対象になることがあります。

住宅ローンなどの債務も、財産分与において考慮されます。もっとも、夫婦間で負担割合について合意しても、金融機関などの債権者が同意しない限りは、債権者に対しては効力を有しません。

なお、年金分割は、財産分与とは別の制度です。

（2）株式などの取扱い

夫婦の一方が有する株式は、清算の対象となることがありますが、その株式を発行する法人が所有する財産は、原則として清算の対象にはなりません。ただし、例外的に、法人の実態が個人事業であり、法人の財産を配偶者の財産と

して評価できるときは、法人が所有する財産を清算の対象にすることがあります。

　また、夫婦の一方が婚姻前から有していた株式は、たとえ夫婦が婚姻期間中に協力してその株式を発行する法人を成長させ、株式価値を増加させたとしても、原則として清算の対象にはなりません。法人を成長させたことについては、株式を保有しない配偶者も法人から報酬を受け取るか、または株式を保有する本人が法人から受け取る報酬（の残金）を財産分与の対象とすることによって解決されるべきだからです。

（3）清算の割合

　原則として、清算対象財産の半分（1／2）を請求することができます。

4　財産分与請求権の期間制限

　離婚時から2年経過すると、財産分与請求権を行使することができなくなります（民768条2項但書。除斥期間）。

　ただし、離婚慰謝料については、財産分与には含めずに、不法行為による損害賠償請求により請求する場合には、離婚時から3年間行使しないと時効によって消滅します（民724条。消滅時効）。

5　財産分与の課税関係

（1）財産分与した者

　財産分与した者は、現預金を分与した場合は課税されませんが、不動産などを分与した場合には、財産分与義務の消滅という経済的利益を対価とした有償譲渡として所得税（譲渡所得）が課されます（所基通33-1の4）。

　なお、清算的財産分与に該当する部分は、財産を取得した者の潜在的な持分が現実化しただけなので、譲渡にはあたらず、課税するべきではないという見解があります。また、扶養的財産分与に該当する部分は、離婚後は扶養義務を負わないはずなので、個人間の贈与として、分与した者は課税されないという見解があります。

（2）財産分与を受けた者

　財産分与を受けた者は、原則として贈与税が課されません（相基通9-8）。

　慰謝料的財産分与に該当する部分は、損害賠償金として、所得税は非課税と

なります（所税9条1項18号、所税令30条。1-9☞71頁）。

　扶養的財産分与に該当する部分は、扶養義務者ではなくなる者相互間においては、所得税または贈与税が課されるとも考えられますが、実務においては、原則として課税されません。

COLUMN 財産分与などと詐害行為取消権

　既に債務超過の状態にある者が財産分与することは、民法768条3項の規定の趣旨に反して不相当に過大であり、財産分与に仮託してされた財産処分であると認めるに足りるような特段の事情のない限り、詐害行為（4-2☞289頁）には該当しません。特段の事情があるときは、不相当に過大な部分について、その限度において詐害行為として取り消されます。

　また、離婚に伴う慰謝料支払いの合意は、発生した損害賠償債務の存在を確認し、賠償額を確定してその支払いを約する行為であって、新たに創設的に債務を負担するものとはいえないので、詐害行為とはなりません。ただし、負担すべき損害賠償債務の額を超えた金額の慰謝料支払いの合意がされたときは、その超えた部分については、慰謝料支払いの名を借りた金銭の贈与契約ないし対価を欠いた新たな債務負担行為なので、詐害行為に該当し、取消しの対象になります。

POINT❗

- 財産分与とは、離婚の際に、財産名義を有する配偶者から他方配偶者へ財産を分与することをいう。
- 財産分与には、清算的財産分与、慰謝料的財産分与及び扶養的財産分与の3つの性質がある。
- 清算の対象となるのは、夫婦の協力によって婚姻時から別居時までの間に取得した財産である。
- 原則として、清算対象財産の半分（1／2）を請求することができる。
- 財産分与請求権は、離婚時から2年経過すると行使できなくなる。

1-13

養育費
―子の生活費

> **養育費**の不払いが社会問題となっています。それは、日本で年間12万組に及ぶ未成年の子がいる夫婦の離婚により子が直面している問題であり、約140万世帯とされる「ひとり親世帯（ひとり親家庭）」で育つ子の暮らしの問題です。
>
> ひとり親世帯の貧困率は48.1％と約半数が相対的貧困の状態という深刻な状況にあります。母子世帯において離婚した父親から現在も養育費を受けている割合は24.3％にとどまっており、養育費の支払いを十分に受けていないことが貧困の要因の1つであると指摘されています（法務省「養育費不払い解消に向けた検討会議・取りまとめ」）。
>
> 本節では、養育費（民法、民事執行法）について解説します。

1 養育費とは？

養育費とは、未成熟子（経済的・社会的に自立して生活することができない状態にある子）が生活するために必要な費用をいいます。

親は、親権の有無にかかわらず、直系卑属である子に対して扶養義務を負っているので、養育費を負担すべき義務があります。また、子との面会交流が認められないからといって、養育費の負担義務が免除されるわけではありません。

実務では、養育費は、婚姻期間中は婚姻費用（民760条）として、離婚後は子の監護費用（民877条1項、766条1項）として請求されます。

扶養の程度は、扶養義務者である親と同等の生活です。

2 養育費の算定方式

養育費の金額は、（まずは）父母が協議して決定しますが、以下のような参考（基準）となる算定方式があります。

養育費の分担義務者（非監護者）について、総収入金額から、標準的な割合で推計した公租公課や職業費などの金額を控除して、基礎収入を算定します。控除するのが実額ではなく推計額なのは、簡易迅速に算定するためです。具体的には、基礎収入は、総収入金額に基礎収入の割合を乗じて計算します。基礎収入の割合は、総収入金額に応じて決められており、分担義務者が給与所得者の場合は38〜54％、事業所得者の場合は48〜61％になります。

　そして、分担義務者が子と同居しているものと仮定したうえで、分担義務者の基礎収入を、分担義務者と子の生活費指数で按分して、子の生活費を算定します。生活費指数は、親を100とした場合、14歳以下の子が62、15歳以上の子が85とされます。

　そのうえで、子の生活費を、分担義務者と分担権利者（監護者）の双方の基礎収入で按分して、分担義務者が分担権利者に対して支払うべき養育費を計算します。

◎養育費の算定方式

① **分担義務者の基礎収入**
　　分担義務者の総収入金額 × 基礎収入の割合
② **子の生活費**
　　上記① × 子の生活費指数 ÷（100＋子の生活費指数）
③ **支払うべき養育費**
　　上記② × 上記① ÷（上記①＋分担権利者の基礎収入）

3　養育費の算定表

　上記2の算定方式に基づいて算出した結果を当事者が利用しやすいようにまとめた算定表（平成30〔2018〕年度司法研究「養育費、婚姻費用の算定に関する実証的研究」に基づく算定表）と呼ばれるものがあり、実務では幅広く利用されています。

　算定表は、養育費の分担額を月額1〜2万円の幅を持たせて整理し、子の人数と年齢に応じた構成となっており、分担権利者及び分担義務者の総収入金額をもとに算定します。

　給与所得者の場合、源泉徴収票の「支払金額」が総収入金額となります。

　これに対して、事業所得者の場合は、所得税確定申告書第1表の「課税され

る所得金額」が総収入金額となります。もっとも、「課税される所得金額」は、所得税法上、様々な観点から控除がなされた結果であり、実際に支出されていない控除項目（例. 基礎控除、青色申告特別控除）は「課税される所得金額」に加算します。減価償却費は、事業用資産の取得費などを耐用年数に応じて各年度に按分したものであり、実際にその年度に支出した経費ではないため、養育費を算定するにあたり総収入金額から減価償却費を控除すべきかどうかについては争いがあります。

4 養育費の分担義務の始期・終期

養育費の分担義務の不履行として請求できるのは、理論上は、子が親と同等の生活を送ることができなくなった時以降となりますが、実務上は、分担義務者に対して養育費を請求した時（または調停申立て時）以降とされています。

一方、養育費の分担義務の終期は、未成熟子を脱する時です。令和4（2022）年4月から18歳が成年となりますが（民4条）、未成熟子を脱する時期は、一般的には引き続き20歳となります。

5 養育費の課税関係

「扶養義務者相互間において扶養義務を履行するため給付される金品」は、所得税が非課税となります（所税9条1項15号）。

また、「扶養義務者相互間において生活費又は教育費に充てるためにした贈与により取得した財産のうち通常必要と認められるもの」は、贈与税が非課税です（相税21条の3第1項2号）。養育費は、生活費に含まれます（相基通21条の3-3）。

したがって、養育費を受け取っても、原則として課税されません。

6 分担義務者の財産の調査

（1）養育費不払いへの対応

養育費が不払いとなった場合、強制執行によって分担義務者から回収する方法がありますが（本節の⑦、1-14☞95頁）、分担義務者の対象財産を特定しなければ金銭執行を行うことはできません。対象が預金債権であれば、金融機関及び取扱店舗を、給与債権であれば、勤務先を特定しなければなりません。元

配偶者のことであるとはいえ、離婚後に変更が生じていることもあり、特定が困難なこともあります。

　特定が困難である場合に裁判所を利用して分担義務者の財産を調査する手続として、財産開示と第三者からの情報取得があります。

（2）財産開示手続

　執行力のある債務名義（例．確定判決）の正本を有する金銭債権の債権者などは、裁判所に対し、債務者の財産の開示に関する手続（財産開示手続）の申立てを行うことができます（民執197条1項）。

　養育費の支払いについて執行証書（金銭の支払いなどを目的とする請求について公証人が作成した公正証書で、債務者が直ちに強制執行に服する旨の陳述が記載されているもの）を作成した場合、債務名義を有することになりますので（民執22条5号）、分担権利者は、財産開示の申立てを行うことができます。

　裁判所は、財産開示手続を実施する旨の決定が確定した場合、財産開示期日を指定し、債権者及び債務者を呼び出します（民執198条1項）。債務者は、裁判所の指定する期限までに、財産目録を提出しなければならず、また財産開示期日に出頭し、自己の財産について陳述しなければなりません（民執199条1項）。

　裁判所の呼出しを受けた財産開示期日において、正当な理由なく出頭せず、または宣誓を拒んだ債務者及び財産開示期日において宣誓した債務者であって、正当な理由なく陳述すべき事項について陳述をせず、または虚偽の陳述をしたものは、6月以下の懲役または50万円以下の罰金に処せられます（民執213条1項5号・6号）。

（3）第三者からの情報取得手続

ア　概要

　財産開示手続だけでは、金銭執行のための有益な情報を得ることが困難であるため、裁判所が第三者（例．市区町村、銀行）に対して、債務者の不動産、給与及び預貯金に関する情報提供を命令する制度が創設されました。

　なお、不動産に関する情報の取得手続については、説明を省略します。

イ　給与債権に関する情報の取得

　扶養義務に係る定期金債権（例．養育費に係る債権）または人の生命・身体の侵害による損害賠償請求権について執行力のある債務名義の正本を有する債権者の申立てにより、裁判所は、市区町村または日本年金機構などに対

し、債務者の給与債権に関する情報（勤務先情報）の提供を命じます（民執206条1項）。

　申立権者が限定されているのは、給与債権の差押えがなされると、債務者の生活が脅かされたり、事実上、債務者が使用者から解雇されるなどの弊害が生じかねないからです。

　上記申立ては、財産開示期日における手続が実施された場合において、期日から3年以内に限り行うことができます（民執206条2項が準用する205条2項）。債権者は、まずは財産開示手続を行わなければなりません。

　情報提供命令の決定をしたときは、裁判所は、決定を債務者に送達しなければなりません（民執206条2項が準用する205条3項）。

ウ　預貯金債権などに関する情報の取得

　執行力のある債務名義の正本を有する金銭債権の債権者などの申立てにより、裁判所は、銀行などに対し、債務者の預貯金債権などに関する情報の提供を命じます（民執207条）。銀行などは、預貯金債権の存否並びに（存在するときは）取扱店舗、種別、口座番号及び金額に関する情報を提供しなければなりません（民執規191条1項）。

　申立ての際には、銀行などを特定する必要がありますが、取扱店舗の特定までは不要です。

　預貯金などは流動性が高いので、金銭執行の実効性を確保するため、財産開示手続の実施の前置は不要です。債権者は、債務者に執行準備を進めていることを知られることなく、情報を取得することができます。

　情報提供命令の決定がなされた場合も、債務者に決定が送達されることはありません。東京地方裁判所では、第三者から情報提供書が提出された後1ヵ月が過ぎた時点で、債務者に対し、情報提供命令に基づいて債務者の財産情報が提供されたとの通知をしますが（下記エ）、それまでの間は、債権者は、債務者に知られずに金銭執行を行うことができます。

エ　情報の提供方法

　第三者から情報提供がされたときは、裁判所は、申立人に対して書面の写しを送付し、かつ、債務者に対してその財産に関する情報の提供がされた旨を通知しなければなりません（民執208条2項）。

7 強制執行

（1）差押え

　養育費に係る債権による強制執行（金銭執行）については、特例が設けられており、他の債権よりも手厚く保護されています。

　請求が確定期限の到来に係る場合には、強制執行は、その期限の到来後に限り、開始することができるのが原則であり（民執30条1項）、将来、期限が到来する部分については、期限到来後に改めて手続をしなければなりません。しかしながら、例外的に、養育費に係る定期金債権の一部に不履行があるときは、確定期限が到来していないものについても、債権執行を開始することができ、債務者の給料など継続的給付に係る債権を差し押さえること（予備差押え）ができます（民執151条の2）。

　また、債務者の給与などを差し押さえるときは、債務者の生活保障のため、原則として給与などの3／4に相当する部分は差押禁止となります（1-14☞97頁）。しかしながら、例外的に債権者が有するのが養育費に係る債権であるときは、給与などの1／2に相当する部分のみが差押禁止となります（民執152条）。原則として差押禁止となる3／4に相当する部分には、養育費などの支払いを受けるべき者の生活費も含まれているはずだからです。

（2）間接強制

　金銭債権については、原則として、債務の内容を強制的に実現する直接強制によることになりますが、養育費に係る債権については、制裁金を課して債務者が履行するように間接的に強制する間接強制も認められています（民執167条の15）。

　給与債権を差し押さえて金銭を回収するという直接強制を選択すると、元配偶者が職場に居づらくなり、退職してしまい、養育費の回収ができなくなるおそれがある場合に、間接強制は有効となります。

COLUMN　弁護士会照会

［1］　弁護士会照会とは？

　債務者の財産を調査する方法として、裁判所を利用した手続である財産開示と第三者からの情報取得を解説しましたが、弁護士会照会（弁護士23条の2）

を利用するという選択肢もあります。

　弁護士会照会とは、弁護士が、受任している事件について、所属する弁護士会に対し、公務所または公私の団体に照会して必要な事項の報告を求めることを申し出て、弁護士会が、公務所などに照会して必要な事項の報告を求める制度です。照会を受けた公務所などは、正当な事由がない限り、報告義務を負いますが、強制力や罰則はありません。

　弁護士会照会のメリットとして、照会した事実を債務者に知られずに調査することができます。一方、デメリットとして、1件当たり1万円程度の費用がかかります。また、守秘義務や個人情報保護義務を理由に第三者が照会に応じないことがあります。

［2］　弁護士会照会の具体的な利用

（1）預金情報

　確定判決などの債務名義があれば、弁護士会照会を利用して、金融機関に対して債務者名義の預金の有無・残高、取扱店舗などを照会することができます。

（2）債務者の所在

　債務者の現在の所在はわからないものの、以前の居所がわかる場合には、職務上請求によって住民票写しの交付を受け、住民票上の住所の移転を調査するという方法があります。この職務上請求は、住民基本台帳法12条の3に基づくものであり、税理士もこの規定を根拠として住民票の写しを取得することができます。

　しかしながら、債務者が住民票上の住所におらず所在不明であることもあります。そのような場合において、債務者の携帯電話番号がわかるときは、携帯電話会社に対して弁護士会照会をして、契約者（債務者）宛ての請求書または領収書の送付先の報告を受けるという方法があります。

POINT❗

- 養育費とは、未成熟子が生活するために必要な費用をいう。
- 養育費の算定方式に基づいて算出した結果を当事者が利用しやすいようにまとめた算定表（平成30年度司法研究「養育費、婚姻費用の算定に関する実証的研究」に基づく算定表）が、実務では幅広く利用されている。

- 養育費の分担義務の終期は、未成熟子を脱する時である。一般的には20歳である。
- 裁判所を利用した分担義務者の財産を調査する手続として、財産開示と第三者からの情報取得がある。
- 養育費に係る債権について、執行力のある債務名義の正本を有する場合には、裁判所の情報取得手続により、市区町村などから債務者の勤務先情報の提供を受けることができる。財産開示手続の実施の前置が必要である。
- 執行力のある債務名義の正本を有する場合には、裁判所の情報取得手続により、銀行などから債務者の預金口座情報の提供を受けることができる。財産開示手続の実施の前置は不要である。

強制換価手続
―強制的な回収

　所得税の非課税所得として、「資力を喪失して債務を弁済することが著しく困難である場合における国税通則法2条10号に規定する**強制換価手続**による資産の譲渡による所得」が挙げられています（所税9条1項10号）。

　国税通則法2条10号に規定する強制換価手続とは、滞納処分、強制執行、担保権の実行としての競売などです。

　本節では、滞納処分、強制執行及び担保権の実行としての競売（国税徴収法、民事執行法）について解説します。

1　滞納処分

　滞納処分（強制徴収）とは、納税義務の任意の履行がない場合に、債権者である国などが租税債権の強制的実現を図る手続です。それぞれが独立した行政処分である財産の差押え、差押財産の換価、換価代金の配当という行為から構成されます。

　滞納処分には、狭義の滞納処分と交付要求があります。狭義の滞納処分は、行政が自力執行の手続によって租税債権の満足を図る手続です。これに対して、交付要求は、進行中の強制換価手続において換価代金の交付を求めて租税債権の満足を図る手続です。

　私法上の債権については、原則として、その存否及び金額について裁判所の判断を経たうえで（民事訴訟）、任意の履行がない場合には執行機関（＝執行裁判所＋執行官）にその履行の強制を求めるしかありません（民事執行）。これに対して、租税債権については、その存否及び金額を確定する権限と任意の履行がない場合に自らの手で強制的実現を図る権限が行政に与えられています（金子宏『租税法』1038頁）。

　国税の滞納処分に関する一般法として国税徴収法があります。

```
◎（広義の）滞納処分　＝　狭義の滞納処分　＋　交付要求
```

2 民事執行

（1）強制執行

　強制執行とは、執行機関が債務名義（例．確定判決）に基づいて、私法上の個別的な請求権を強制的に実現する手続です。

　強制執行には、金銭執行（金銭の支払いを目的とする請求権の実現。例．養育費。1-13☞91頁）と非金銭執行（例．物の明渡・引渡請求権の実現）があります。

（2）担保権の実行としての競売

　担保権の実行とは、執行機関が担保権に基づいて、担保権の目的となっている財産を競売などによって強制的に換価し、配当することによって、被担保債権の満足を債権者に与える手続です（例．抵当権。1-3☞30頁）。

　強制執行とは異なり、債務名義は不要です。

3 差押禁止財産

（1）差押禁止財産の概要

　差押えは、滞納処分及び民事執行における最初の段階として、債務者（納税者）の財産の処分を禁止し、その財産の所有権に関する現状を固定する行為です。

　滞納処分及び強制執行においては、債務者及びその家族の人間としての生活を不可能にすることは許されないため、差押えが禁止される財産があります。

（2）国税徴収法

　国税徴収法上は、絶対的差押禁止財産と条件付差押禁止財産があります。平成28（2016）年度税理士試験の国税徴収法第1問では、双方の対象財産の範囲が異なる理由が問われています。

ア　絶対的差押禁止財産

　絶対的差押禁止財産とは、生活や事業に欠くことのできない財産など、絶対的に差押えをすることができない一定の動産です（税徴75条）。滞納者の承諾があっても、差し押さえることはできません。

対象財産は、差し押さえられると、事業の継続に支障をきたす程度では不十分であり、欠くことができない必要不可欠なものに限られます。

イ 条件付差押禁止財産

条件付差押禁止財産とは、滞納者の承諾を条件として差押禁止が解かれる一定の財産（税徴76条5項、77条）及び代替資産の提供を条件として差押禁止が課される一定の財産（税徴78条）をいいます。

給与債権などについては、①給与などから徴収・控除される所得税、道府県民税及び市町村民税並びに社会保険料に相当する金額、②滞納者については、1月ごとに10万円、生計を一にする親族については1人につき1月ごとに4.5万円として計算した金額の合計額及び③給与などの金額から①及び②に掲げる金額の合計額を控除した金額の20／100に相当する金額（ただし、その金額が②の金額の2倍に相当する金額を超えるときは、当該金額）の合計額が差押禁止です（税徴76条）。

平成27（2015）年度税理士試験の国税徴収法第2問では、滞納者は、無職で収入のない配偶者と二人暮らしであり、非常勤職員として月8万円の給料の支払いを受けているものの、日々の生活を維持することも厳しい状況にあると記述されています。この給料は、上記①ないし③の合計額以下であり、全額が差押禁止です。ただし、滞納者の承諾があるときは、給与債権の差押禁止は適用されません（同条5項）。

また、滞納者が、国税の全額を徴収することができる財産で、換価が困難でなく、かつ、第三者の権利の目的となっていないものを提供することを条件として、差押えが禁止される一定の財産（例．事業の継続に必要な機械）があります（税徴78条）。滞納者に差押財産の間接的な選択権が認められています。

◎国税徴収法の差押禁止財産
1　絶対的差押禁止財産
2　条件付差押禁止財産
（1）滞納者の承諾を条件として差押禁止が解かれるもの
（2）代替資産の提供を条件として差押禁止が課されるもの

（3）民事執行法

民事執行法上、差押禁止動産と差押禁止債権が定められています。

ア　差押禁止動産

債務者及びその家族の生活保障、生業の維持、教育・宗教・精神的創作の保護及び防災用具の保全などの観点から、一定の動産は、差押禁止となっています（民執131条）。

国税徴収法の絶対的差押禁止財産とほぼ同じ内容です。

イ　差押禁止債権

債務者の給与債権は、その（法律上当然に控除される法定控除額を差し引いた手取額の）3／4が差押禁止です（民執152条。1-13☞91頁）。ただし、給与債権額が44万円を超える場合には、差押禁止金額は33万円となり、33万円を超える全額の差押えが認められます。

国税徴収法の条件付差押禁止財産である給与債権などとは、差押禁止となる金額の計算方法が異なります。

ウ　差押禁止不動産

不動産については、差押禁止の規定がありませんので、債務者の生活や事業に不可欠な不動産であっても差し押さえることができます。

COLUMN 1　敷金返還請求権の差押え

平成27（2015）年度税理士試験の国税徴収法第2問では、「税務署長は、滞納者Aの平成25年分の申告所得税30万円を徴収するため、平成26年6月2日に滞納者Aの敷金返還請求権15万円を差し押さえた」、「敷金返還請求権は、滞納者Aの自宅アパートに係るものであり、賃貸借契約において、滞納者Aが退去した後に返還することとされている。なお、現在のところ、滞納者Aが転居する予定はない」と記述されています。

不動産を賃借している債務者の敷金返還請求権は、差し押さえることができます。しかしながら、返還を受けることできる敷金額が確定するのは、賃貸借契約が終了し、かつ賃貸人が賃貸物の返還を受けたときなので（民622条の2第1項1号。1-7☞59頁）、実際に取り立てることができるのは、債務者の明渡し後です。

COLUMN 2　滞納処分のための捜索

　徴収職員は、滞納処分のため必要があるときは、滞納者の物または住居その他の場所につき捜索することができます（税徴142条1項）。この捜索は、差し押さえるべき財産の発見・差押えをするために行われる強制処分です。

　この捜索は、あらかじめ裁判官が発する令状によることを要件としていないため、憲法35条1項の令状主義に違反するのではないかが問題となります。

> **憲法35条**
> **1項**　何人も、その住居、書類及び所持品について、侵入、捜索及び押収を受けることのない権利は、第33条の場合を除いては、正当な理由に基いて発せられ、且つ捜索する場所及び押収する物を明示する令状がなければ、侵されない。

　滞納処分のための捜索は、滞納処分という行政手続の一環として租税債権の実現を図ることを目的としており、国税犯則調査の捜索のように犯罪捜査・刑事責任追及を目的とするものではないこと、滞納の事実は客観的に明白であることなどから、憲法35条1項に違反しないと考えられています。

　そして、徴収職員は、捜索に際し必要があるときは、滞納者・第三者に戸・金庫その他の容器の類を開かせ、または自らこれらを開くため必要な処分をすることができます（税徴142条3項）。ただし、徴収職員が自ら開くのは、滞納者などが徴収職員の求めに応じないときなどやむを得ないときに限られます（徴基通142-7）。

　平成26（2014）年度税理士試験の国税徴収法第2問では、捜索の立会人となった滞納者の妻が金庫の開錠を拒否した場合に徴収職員が取り得る措置について解答が求められています。

POINT❗

- 滞納処分（強制徴収）とは、納税義務の任意の履行がない場合に、債権者である国などが租税債権の強制的実現を図る手続である。

- 租税債権については、その存否及び金額を確定する権限と任意の履行がない場合に自らの手で強制的実現を図る権限が行政に与えられている。
- 強制執行とは、執行機関が債務名義に基づいて、私法上の個別的な請求権を強制的に実現する手続である。
- 担保権の実行とは、執行機関が担保権に基づいて、担保権の目的となっている財産を競売などによって強制的に換価し、配当することによって被担保債権の満足を債権者に与える手続である。債務名義は不要である。
- 差押えは、滞納処分及び民事執行における最初の段階として、債務者の財産の処分を禁止し、その財産の所有権に関する現状を固定する行為である。
- 滞納処分及び強制執行においては、差押えが禁止される財産がある。

1-15 休業手当・休業補償・付加金
―休業したとき

> 新型コロナウイルス禍の中で、**休業手当**や**休業補償**について報道される機会が多いです。
>
> 所得税法施行令20条1項2号に非課税所得として、労働基準法8章（災害補償）の規定により受ける休業補償が挙げられています。
>
> また、所得税基本通達34-1に一時所得の例示として、「労働基準法114条《**付加金の支払**》の規定により支払を受ける付加金」(3)が挙げられています。
>
> 本節では、休業手当、休業補償さらには付加金（労働法）について解説します。

1 労働基準法と労働者災害補償保険法の目的

労働基準法（以下「労基法」）は、労働者の保護のために労働関係の基本原則と最低労働条件の定立を目的とした法律です。

これに対して、労働者災害補償保険法（以下「労災保険法」）は、業務上の事由または通勤による労働者の負傷、疾病、障害、死亡などに対して迅速かつ公正な保護をするため必要な保険給付を行うなどして、労働者の福祉の増進に寄与することを目的とした法律です。

2 休業手当

（1）休業手当とは？

使用者の責に帰すべき事由（帰責事由）による休業の場合には、使用者は、休業期間中、労働者に対し、平均賃金の60％以上の休業手当を支払わなければなりません（労基法26条）。労働者の最低生活を保障するためです。

（2）使用者の帰責事由

　労基法26条の休業手当における使用者の帰責事由は、民法536条２項の危険負担（本節のCOLUMN2）の帰責事由よりも範囲が広く、使用者側に起因する経営・管理上の障害も含まれます。このように範囲を広くすることによって、労働者の保護が図られています。

　具体的には、機械の検査、原料の不足、監督官庁による操業停止命令による休業は、使用者に帰責事由が認められます。一方、地震や台風などの不可抗力による場合は、使用者に帰責事由は認められません。

（3）休業手当請求権の消滅時効

　休業手当の請求権は、行使することができる時から５年間（当分の間３年間）行わないと時効によって消滅します（労基法115条、143条３項。3-2☞171頁）。

（4）休業手当の課税関係

　休業手当は、給与所得として所得税が課されます。

3　付加金

（1）付加金とは？

　使用者が、休業手当や時間外労働の割増賃金などの支払義務に違反した場合には、裁判所は、労働者の請求により、使用者が支払わなければならない金額についての未払金のほか、これと同一額の付加金の支払いを命じることができます（労基法114条）。使用者に労基法上の規制を遵守させるため倍返しさせるという民事制裁です。

（2）付加金の発生

　裁判所は、使用者による労基法違反の程度・態様、労働者の不利益の性質・内容など諸般の事情を考慮して付加金の支払義務の存否及び額を決定します。

　付加金の支払義務は、裁判所の命令によって初めて発生するので、裁判所がこれを命じる前に使用者が未払金を支払えば、裁判所は付加金の支払いを命じることができなくなります。

　付加金の請求は、違反のあった時から５年（当分の間３年）以内にしなければなりません（同条但書、143条２項）。

（3）付加金の課税関係

　付加金は、一時所得として所得税が課されます。

4 休業補償

（1）労災補償

　労働者が業務上、死亡、負傷、疾病を被った場合、使用者に対して不法行為による損害賠償請求をすることができます（民709条）。しかしながら、損害賠償請求するには、使用者の故意または過失、因果関係、損害の立証が必要となり（1-9☞69頁）、労働者には負担となります。また、使用者に資力がない場合、労働者は損害賠償を受けられないおそれがあります。

　そこで、使用者の無過失責任及び補償額の定率化を特徴とする①労基法上の災害補償制度と、使用者の過失の有無にかかわらない定型的な給付及び政府からの直接保険給付を特徴とする②労災保険法に基づく労災保険制度が設けられています。

　もっとも、②による給付内容が①による補償内容を大幅に上回っており、実際には、①が適用される余地はほとんどなくなっています。①が適用されるのは、下記(2)アなどぐらいです。

（2）休業補償

ア　休業の最初の3日間

　労働者が業務上負傷し、または疾病にかかったことによる療養のため、労働することができないために賃金を受けない場合には、使用者は、労働者の療養中、平均賃金の60％の休業補償を行わなければなりません（労基法76条）。

イ　休業の4日目以降

　労働者には、上記アの事由による療養のための休業の4日目以降、平均賃金相当額の80％（休業特別支給金を含む）の休業補償給付が労災保険から支給されます（労災保険法14条など）。

（3）休業補償請求権の消滅時効

　休業補償の請求権は、行使することができる時から2年間経過した場合は、時効によって消滅します（労基法115条、労災保険法42条1項）。

（4）休業補償の課税関係

　休業補償の給付は、所得税の非課税所得となります。

COLUMN 1　コロナ禍の休業手当と労災補償

［1］　休業手当

　新型コロナウイルス禍における政府の緊急事態宣言などにより休業した場合に、使用者の帰責事由によるものとして休業手当の支払義務があるのかが問題となっています。

　パートやアルバイトといったシフト制労働者に休業手当が支払われない、休日も含めた日数で割って算出した平均賃金が基準となるので、休業手当の実際の支給額が60％を下回るといった問題も生じています。

　なお、政府は、休業手当の支払義務が法的になくても、雇用調整助成金を利用して支給してほしいと呼びかけています。

［2］　労災補償

　新型コロナウイルスに感染したことによる労災支給が、令和3（2021）年12月末時点で約2万件となっています。全体の約7割が医療従事者等です（厚生労働省）。

　なお、同じ感染症でも、インフルエンザは業務中に感染したかどうかの判断が難しいため、一般的には労災補償の対象にはならないとされています。

COLUMN 2　危険負担

　危険負担とは、双務契約（売買契約のように当事者双方に対価関係にある債務が発生する契約）において、一方の債務が履行不能である場合に、債権者が反対債務の履行を拒絶することができるかどうかについての扱いです。例えば、売買契約の目的物が滅失した場合に、買主（債権者）は売買代金（反対債務）を売主（債務者）に支払わなければならないのかどうかということです。

　一方の債務が履行不能である場合、債権者は、原則として、債務者からの反対債務の履行請求を拒むことができます（民536条1項）。

　ただし、債権者の帰責事由によって債務が履行不能となったときは、債権者は、反対給付の履行を拒むことができません（同条2項本文）。例えば、請負契約において、注文者自らが仕事を完成させたときは、債権者の帰責事由によって債務が履行不能となったといえます。

労働に従事しなければ賃金請求権は発生しないというノーワーク・ノーペイの原則があるところ、使用者の帰責事由によって労働が不能となったときは、労働者は、この民法536条2項によって、賃金（100％）を請求することができます。労働者にとって、休業手当を請求するよりも有利です。

民法536条（債務者の危険負担等）

1項 当事者双方の責めに帰することができない事由によって債務を履行することができなくなったときは、債権者は、反対給付の履行を拒むことができる。

2項 債権者の責めに帰すべき事由によって債務を履行することができなくなったときは、債権者は、反対給付の履行を拒むことができない。この場合において、債務者は、自己の債務を免れたことによって利益を得たときは、これを債権者に償還しなければならない。

POINT

- 使用者の帰責事由による休業の場合には、使用者は、休業期間中、労働者に対し、平均賃金の60％以上の休業手当を支払わなければならない。

- 使用者が、休業手当などの支払義務に違反した場合には、裁判所は、労働者の請求により、使用者が支払わなければならない金額についての未払金のほか、これと同一額の付加金の支払いを命じることができる。

- 使用者の無過失責任及び補償額の定率化を特徴とする労基法上の災害補償制度と、使用者の過失の有無にかかわらない定型的な給付及び政府からの直接保険給付を特徴とする労災保険法に基づく労災保険制度が設けられている。

- 労働者が業務上負傷し、または疾病にかかったことによる療養のため、賃金を受けない場合には、休業の最初の3日間は、使用者は労働者に対し、平均賃金の60％の休業補償を行わなければならない。休業の4日目以降、労働者には、平均賃金相当額の80％の休業補償給付が労災保険から支給される。

盗難と横領
─罪名が異なる!?

地震や台風などの災害が多発している近年においては、所得税の所得控除の1つである「雑損控除」は、災害の場合に適用される印象が強いです。申告所得税納税者のうち、雑損控除の適用を受けた人は、平成22（2010）年は6千人だったのに対し、東日本大震災のあった平成23（2011）年には3.2万人いました（国税庁「申告所得税標本調査結果」）。なお、令和元（2019）年は7千人です。

雑損控除の対象となる損失の発生原因は、災害以外に、**盗難**と**横領**も挙げられています（所税72条1項）。

本節では、盗難と横領（刑法）について解説します。

1 雑損控除

（1）雑損控除とは？

雑損控除とは、納税者の意思に基づかず、予期し得ない原因である災害、盗難及び横領によって、一定の資産（例．居住用不動産、生活に通常必要な動産、事業にいたらない業務用の資産）に損失が発生した場合に担税力が減殺されることに着目して設けられた所得控除制度です。ストックの損害をフローの所得から控除することになります。

（2）損失の発生原因

ア 盗難と横領

雑損控除の損失の発生原因は、災害、盗難及び横領に限定されています。災害については、定義規定がありますが（所税2条1項27号、所税令9条）、盗難及び横領については所得税法に定義規定がありません。

盗難とは、窃取または強取により占有者の意思に反して財物の占有を奪うことと解されています。窃取とは、他人が占有する財物を占有者の意思に反

して自己または第三者に移転させることをいい、刑法の窃盗罪（235条）に該当する行為です。また、強取とは、他人の反抗を抑圧して財物を奪取することをいい、刑法の強盗罪（236条）に該当する行為です。

　盗難されたクレジットカードを他人が不正使用したことにより損失が発生した場合、カードの喪失が盗難による（直接の）損失となりますが、盗難後にカードが不正使用されたことによる損失が、雑損控除の対象として取り扱われています。損失の生じた時期は、カード盗難時ではなく、不正使用により生じた損失を実際に負担することとなった時とされています。

　これに対し、横領とは、他人の物の占有者が委託の任務に背いて、その物につき権限がないのに所有者でなければできないような処分をすることをいい、刑法の横領罪（252条）に該当する行為と解されています。

イ　詐欺と恐喝

　一方、詐欺（刑246条）や恐喝（刑249条）による損失は、雑損控除の対象とはなりません。詐欺や恐喝は、納税者の意思に基づく占有移転といえることが対象外の理由として挙げられます。

　対象外とすることに対して、①詐欺の場合は、欺罔行為による錯誤という瑕疵ある意思、恐喝の場合は、畏怖により生じた瑕疵ある意思に基づくので、納税者の意思に基づくとはいえない、②窃取と詐欺、強取と恐喝、横領と詐欺は、実務において区別が難しいことがあり、雑損控除の対象の基準として適切ではないと批判することができます。②の難しさを、以下で解説します。

2　窃取と詐欺

　窃取と詐欺の区別基準は、処分行為（被害者の意思に基づく占有の終局的移転）の有無です。処分行為があれば詐欺となり、処分行為がなければ（占有の弛緩にすぎないのであれば）窃取となります。

　具体例を挙げて、解説しましょう。なお、雑損控除の対象となる資産であるかどうかについては考慮外とします。

　まず、購入客を装って試乗車を単独試乗し、乗り逃げした事案です。店の場所的支配領域外である道路を単独試乗させるため、単独試乗をさせた時点で、店の意思に基づく車の占有移転が認められ、処分行為があるので詐欺となります。

　次に、試着したいと申し出て、店員から服を手渡され、試着室に行かずに持

ち逃げした事案です。店の場所的支配領域内である試着室で試着させるため、店の意思に基づく服の占有移転はなく、占有の弛緩にすぎず、処分行為がないので窃取となります。

なお、嫌がらせで池の鯉を逃がす行為は、行為者などへの占有の移転がないため窃取には該当しません。器物損壊（刑261条）には該当します。

3 強取と恐喝

強取と恐喝の区別は、手段たる暴行または脅迫が社会通念上一般に被害者の反抗を抑圧する程度のものであるかという客観的基準によります。反抗を抑圧する程度のものであれば強取、反抗を抑圧する程度ではないものの畏怖させるものであれば恐喝です。

反抗の抑圧は、行為者及び被害者の性別、年齢、犯行状況、凶器の有無などの具体的事情を考慮して判断されるので、実務において強取なのか恐喝なのかの区別が難しいケースがあります。

4 横領と詐欺

寄託契約によって物の占有移転があった場合に、最初から保管する考えはなく、領得しようとしていたのであれば、詐欺です。それに対し、占有移転があった後に、悪心を起こして着服した場合は（業務上）横領です。

このように、被害者の事情ではなく、行為者がどの時点で悪心を起こしたのかによって横領なのか詐欺なのかが決まることがあります。実務において、横領なのか詐欺なのかの区別が難しいケースがあります。

COLUMN　特殊詐欺

［1］　特殊詐欺とは？

令和2（2020）年度税理士試験の所得税法の計算問題において「甲の母は振り込め詐欺の被害に遭い、本年中に現金30万円を損失した」と記述されており、雑損控除の対象となるのか判断が求められています。

振り込め詐欺は、特殊詐欺の代表的なものとして位置づけられます。

特殊詐欺とは、電話などで親族や公共機関の職員などを名乗って被害者を信じ込ませ、現金やキャッシュカードを騙し取ったり、医療費の還付金が受け取

れたりするなどと言ってＡＴＭを操作させ、犯人の口座に送金させる犯罪（現金を脅し取る恐喝や隙を見てキャッシュカードをすり替えて盗み取る詐欺盗を含む）です。

　警察は、特殊詐欺の手口について、オレオレ詐欺、還付金詐欺、キャッシュカード詐欺盗など10種類に分類しています。

［2］　キャッシュカード詐欺盗

　最近増加しているキャッシュカード詐欺盗とは、具体的には、以下のような事例（以下「本件事例」）です。令和元（2019）年度司法試験の論文式試験の刑事系科目第１問をもとにしています。

【キャッシュカード詐欺盗の事例】

　①金融庁職員に成りすました者が、被害者方に電話をかけて、被害者に対し、「あなたの預金口座が不正引き出しの被害に遭っています。うちの職員がお宅に行くのでキャッシュカードを確認させてください」と告げる。

　②金融庁職員に成りすました者が、被害者方を訪れて、玄関先で被害者に、被害者名義のキャッシュカード及び暗証番号を書いた紙を手渡させて、被害者が見ている前で空の封筒内にカードなどを入れる。そのうえで、「この封筒に封印をするために印鑑を持ってきてください」と申し向け、被害者が玄関近くの居間に印鑑を取りに行っている隙に、同封筒をあらかじめ用意していた別の封筒とすり替えて、カードなど入りの封筒をバッグ内に隠し入れる。玄関先に戻って来た被害者には別の封筒を渡す。

　③②の封筒を持ち去った者が、銀行支店に設置されたＡＴＭに被害者名義のキャッシュカードを挿入して、現金を引き出す。

---

［3］　キャッシュカードなどを手渡させた行為

　まず、本件事例において、金融庁職員に成りすまして被害者にキャッシュカードなどを手渡させた行為について詐欺罪は成立しません。

　（１項）詐欺罪が成立するには、被害者らに「財物を交付させ」るという処分行為が必要であるところ、被害者が手渡したのは、金融庁職員に成りすました者にカードを確認してもらうためであり、確認後その場で返還を受けることなどを想定しており、被害者の手から離れた後もカードに対する被害者の占有

は継続しており、処分行為があったとはいえないからです。

[4]　キャッシュカードなどをすり替えて取得した行為

　本件事例において問題となるのは、カードなど在中の封筒をすり替えて取得したこと（以下「本件行為」）です。本件行為が被害者に対する窃盗罪と詐欺罪のいずれに該当するのかが問題となります。

　「この封筒に封印するために印鑑を持ってきてください」と申し向けられて被害者が印鑑を取りに行ったことが、被害者による処分行為に該当するのであれば詐欺罪となり、該当しないのであれば窃盗罪となります。

　処分行為は、客体に対する支配の移転という客観的要素と、その移転が被害者の意思に基づくものであるという主観的要素から構成されます。

　本件行為の客観的要素として、被害者が印鑑を取りに行くにあたり成りすました者にカードなどの所持を許した被害者宅玄関先は、被害者の場所的支配領域内であると認められるうえに、印鑑を取りに行った居間は玄関の近くにあることなどの事情を踏まえ、成りすました者に対するカードなどの占有の移転があると認められるか、それとも占有の弛緩にすぎないかを検討することになります。

　また、本件行為の主観的要素として、被害者は、玄関近くの居間に印鑑を取りに行き、すぐに玄関に戻ってくるつもりであったうえに、カードなどが入った封筒については、自己が保管しておくつもりであったことなどの事情を踏まえ、処分意思の有無を検討することになります。

　法務省が公表している「出題の趣旨」によれば、処分行為の有無についてはいずれの認定もあり得ることが前提とされており、処分行為に該当するかどうかの判断は難しいことがわかります。

　処分行為に該当して詐欺か、該当せずに窃盗（窃取）かは、雑損控除の適用という観点からすると、大きな違いとなります。

[5]　ＡＴＭでの引き出し行為

　本件事例において、他人名義のキャッシュカードを用いてＡＴＭで現金を引き出す行為は、ＡＴＭの管理者の意思に反する財物の移転であるため、窃盗罪が成立します（刑246条１項）。被害者は、カードの名義人ではなくＡＴＭを管理する金融機関です。

　仮に、ＡＴＭで現金を引き出すのではなく、別の口座に振込み送金した場合

には、現金という財物は移転していないため窃盗罪は成立せず、器械の不正操作であり、人を欺いていないため詐欺罪も成立しませんが、電子計算機使用詐欺罪（刑246条の2）が成立します。

POINT ❗

- 雑損控除の損失の発生原因は、災害、盗難及び横領に限定されている。
- 盗難とは、窃取または強取により占有者の意思に反して財物の占有を奪うことと解されている。
- 横領とは、他人の物の占有者が委託の任務に背いて、その物につき権限がないのに所有者でなければできないような処分をすることと解されている。
- 詐欺や恐喝による損失は、雑損控除の対象とはならない。

第**2**章

法人税に関連する
実務のために
知っておきたい法律知識

2-1 不動産の付合と建物賃借人
—くっついた、離せない

> 他人所有の不動産に手を加えることがあります。法人が賃借した建物に対して行った造作の耐用年数について通達（耐通1-1-3）があり、有益費償還請求または造作買取請求をすることができないなどの要件を充たす場合には、建物の賃借期間を造作の耐用年数として償却すると定められています。
>
> 平成27（2015）年度税理士試験の所得税法の計算問題では、賃借している店舗に係る内部造作が減価償却資産として計上されており、造作の種類、用途、使用材料などを総合的に勘案して合理的に見積もった耐用年数は17年であると記述されています。
>
> 本節では、**不動産の付合**と**建物賃借人**（民法）について解説します。

1 不動産の付合

（1）不動産の付合とは？

所有者を異にする物が結合し、物理的・機能的または取引上一体として扱われる状態（付合）になったときに、結合物を1個の所有権の客体とし、その帰属を決定するルールが民法に規定されています。結合物を元の物に分離・復旧するのは社会経済上の不利益であることから、1個の所有権の客体として扱うこととされています。

不動産に物を従として付合させた場合、不動産の所有者が附属物の所有権を取得します（民242条本文。不動産の付合）。一方で、付合させた者は、附属物の所有権を失います。

> **民法242条（不動産の付合）**
>
> 　不動産の所有者は、その不動産に従として付合した物の所有権を取得する。ただし、権原によってその物を附属させた他人の権利を妨げない。

（2）付合の成否

　附属物が建物に従として付合したといえるかどうかは、物理的な構造上及び社会的・経済的な機能上の独立性を基準として判断されます。

　他人の建物に設備を取り付けた場合は、①損傷なしに分離・復旧することは可能か、②分離・復旧すると社会経済上著しい不利益が生じるか、③分離された設備に価値があるかなどの観点から、付合の成否を判断します。

（3）権原によって附属させた物

　他人の不動産に付合した場合であっても、権原によって附属させた物の所有権は、付合させた者に留保されます（同条但書）。

　もっとも、例えば賃借人が建物所有者（賃貸人）の承諾を得て増改築しても、一般的には、権原によって附属させたとはいえません。建物賃借権や増改築の承諾だけでは、所有権を留保する権原として不十分です。

（4）償金請求権・有益費償還請求権

　不動産の付合によって所有権を失い、損失を受けた者は、所有権取得者に対して、償金を請求することができます（民248条、703条、704条）。

　ただし、（建物）賃貸借契約の場合は、利得の押し付けを防止するため、民法248条の特則である民法608条２項が適用されます（民法248条の適用は排除されます）。すなわち、建物について有益費を支出した賃借人は、賃貸人に対して、賃貸借の終了時に、価格の増加が現存する場合に限り、支出額または（有益性が認められる）増価額のいずれかを賃貸人の選択にしたがって償還させることができるにとどまります。この請求権は、建物返還時から１年以内に行使しなければなりません（民622条が準用する600条。除斥期間）。

　償金請求権及び有益費償還請求権は、いずれも任意法規なので、当事者間の合意で排除することができます。有益費償還請求権は、賃借人が原状回復義務を負担するという合意によって排除されることが多いです。

2 賃借人の収去義務・収去権

（1）収去義務

　賃借人は、賃借物を受け取った後にこれに附属させた物がある場合において、賃貸借が終了したときは、附属物を収去する（取り払う）義務を負います（民622条が準用する599条1項本文）。

　賃貸人からすると、賃借人に対して収去請求権を有することになります。賃貸人が附属に同意したとしても、収去請求権を放棄したことにはなりません。

　ただし、附属物が分離できない物及び分離に過分の費用を要する物であるときは、賃借人は、収去義務を負わず（民622条が準用する599条1項但書）、賃貸人に対して有益費償還請求をすることができます（民608条2項）。

（2）収去権

　賃借人は、賃借物を受け取った後にこれに附属させた物を収去することができます（民622条が準用する599条2項）。

　ただし、附属物が分離できない物または分離に過分の費用を要する物であるときは、賃借人は、収去権を行使することができません。この場合、賃貸人に対して有益費の償還請求をすることができます。

（3）付合の成否との関係

　附属物が分離できない物または分離に過分の費用を要する物であるときは、一般的には、付合が生じます。

　賃借人が附属物の収去義務を負うのかについて、令和2（2020）年4月の改正民法の施行前は、付合の成否に応じて収去義務の有無が判断されていたのに対し、施行後は、附属物が付合によって賃貸人の所有に属する場合であっても賃借人は収去義務を負うことがあります。

　付合により附属物（分離できない物または分離に過分の費用を要する物を除く。例. 分離すると経済的価値を損なう物）の所有者となった賃貸人が収去請求をして附属物の所有権を放棄したときは、賃借人が附属物の収去義務を負うことが賃貸借契約の当事者の意思であると考えられるからです（三枝健治『法学教室2020年5月号』有斐閣、94〜98頁）。

③ 建物賃借人の造作買取請求権

（1）造作買取請求権とは？

建物賃貸人の同意を得て建物に付加した造作がある場合に、建物賃借人が、建物賃貸借が終了するときに、建物賃貸人に対し、造作を時価で買い取るべきことを請求することができる権利のことを「造作買取請求権」といいます（借地借家33条1項。1-8☞65頁）。建物賃借人は、造作の残存価値を回収することができます。

造作買取請求権は、建物賃借人の収去義務（賃貸人からの収去請求権。本節の②（1））に優先します。また、建物賃貸人が付合した附属物の所有権を取得したときは、賃借人の所有に属さないので、買取請求権は生じません。

（2）造作とは？

造作とは、分離が可能であり、建物賃借人の所有に属し、かつ建物の使用に客観的便益を与えるものです。ガス設備、配電設備、水洗便所、シャワー設備などが造作に該当することがあります。

ただし、独立性が高く、容易に取り払い可能なもの（例．家具）は、造作には該当しません。

（3）造作買取請求権の要件

造作買取請求権は、建物賃貸人が契約の更新拒絶または解約申入れをし、正当事由が認められるときなどに認められます。合意解約の場合にも認められます。一方、建物賃借人の債務不履行を理由として建物賃貸人が契約の解除をしたときには、造作買取請求権は認められません。

（4）造作買取請求権行使の効果

造作買取請求権を行使すると、建物賃貸人との間に売買契約が成立した場合と同一の効果が生じます。

（5）任意法規

造作買取請求権は任意法規なので、建物賃貸人と賃借人は、合意によって買取請求権を排除することができます。

任意法規である理由として、仮に強行法規であると造作の取り付けについて賃貸人から同意が得られにくくなることや、特殊で汎用性のない事業用の造作の買取りを賃貸人に強制することは酷であることが挙げられます。

COLUMN 税理士試験と司法試験の比較

　税理士試験の税法と司法試験の租税法の内容の違いについて質問を受けることがあります。令和2（2020）年度の双方の試験問題において、外れ馬券訴訟の判例（最高裁平成29〔2017〕年12月15日判決）の知識が問われており、比べると違いがよくわかります。

　税理士試験では、法令、通達及び判例を知っているのかが問われているのに対し、司法試験では、それらを（税理士試験の問題よりも）具体的な事案に当てはめることができるのか、さらに、（結論として肯定・否定のどちらもあり得る）応用的な事案において、説得力のある論述ができるのかが問われています。

◎令和2（2020）年度税理士試験の所得税法の第1問の問2

　税理士であるあなたは、令和2年1月某日、居住者甲から以下の税務相談を受けた。

（甲の相談内容）
・私は、令和元年から趣味で中央競馬の馬券（Gレースの26レース分）を購入し、払戻金の支払を受けている。
・令和元年の実績は、次のとおりである。
　払戻金の総額：1億円
　当たり馬券の購入費用：1000万円
　外れ馬券の購入費用：1億円
・私の競馬の払戻金の課税関係を教えてほしい。

　甲の相談内容を踏まえ、甲の競馬の払戻金に係る所得について、所得区分及び必要経費の範囲を法令、通達及び裁判例に触れながら、簡潔に説明しなさい。

◎令和2（2020）年度司法試験の租税法の第1問抜粋

　競馬好きの個人Aは、不動産賃貸業を営む傍ら、インターネットを介して馬券を購入できるサービスを利用して馬券を購入している。Aの馬券購入方法は、

競走馬や騎手等の情報を収集・分析した上で、着順予想の確度と配当率の大小を組み合わせた購入パターンに従い、年間を通じての収支（当たり馬券の払戻金の合計額と外れ馬券を含む全ての馬券の購入代金との差額）で利益が得られるように工夫しながら、偶然性の影響を減殺するために年間を通じてほぼ全てのレースで馬券を購入するというものである。そして、平成21年から平成25年までの5年間に、年間約3000レースのうちのほぼ全てのレースを対象として、1年当たり5000万円程度の馬券を購入し、収支の上で毎年利益を得ていた。利益の額は、年によって大きく変動したものの、平均すると1年当たり200万円程度であった。

　Aは、自己のノウハウを基に競馬予想ソフトウェア（以下「ソフト」という。）を開発し、これにユーザーが独自の条件設定を行うことができる機能を付けて売り出せばより多くの利益を得られるのではないかと考え、平成26年から、このソフトの小売販売事業を始めた。もっとも、これと並行して上記の方法による馬券の購入も継続し、従前と同程度の利益を上げながら、そこで得られる新たな競馬予想ノウハウをソフトのバージョンアップに取り入れていた。

設問

(1)　Aが平成25年に得た当たり馬券の払戻金に係る所得は、Aの同年分の所得税の計算上どの所得に分類されるか、説明しなさい。

(2)　Aが平成26年に得た当たり馬券の払戻金に係る所得は、Aの同年分の所得税の計算上どの所得に分類されるか、説明しなさい。

　税理士試験では、①一時所得と雑所得の定義、②「営利を目的とする継続的行為から生じた所得」は、一時所得ではなく雑所得に区分されること、③②についての判例、及び④競馬の払戻金は、原則として一時所得であるが、例外的に一定の場合には雑所得となること（所基通34-1(2)注）が問われています。

　そのうえで、本事例においては、年間26レースしか馬券を購入していないこと、年間を通じての収支で多額の利益を上げていないことなどの事実から、回収率が100％を超えるように馬券を購入し続けてきたと認められず、一時所得に区分されるという解答が求められています（国税庁「出題のポイント」）。

　これに対して、司法試験の設問(1)では、まず、一時所得と雑所得以外に該当

の可能性がある所得について検討しなければなりません。最初に検討すべきは、事業所得の該当性です。具体的には、馬券の購入行為が事業に当たるか否かを、判例による事業所得該当基準に照らして検討することになります。

　その結果、事業所得に当たらないとした場合には、次に、一時所得の該当性を検討します。具体的には、Ａの平成25年分の当たり馬券の払戻金所得が、一時所得から除外される「営利を目的とする継続的行為から生じた所得」に当たるか否かが問題となります。最高裁の判例が示した判断基準に触れながら、問題文に現れた諸事情に即して当てはめを行うことが求められています。そして、一時所得にも当たらないとした場合には、雑所得に該当すると結論付けることになります。

　設問(2)は、Ａが平成26年に競馬予想ソフトの小売販売事業を始め、前年までと同様の馬券の購入で得られる新たな競馬予想ノウハウをソフトのバージョンアップに取り入れるという状況の変化があり、このような事情が、Ａの当たり馬券の払戻金所得の分類において、前年との違いをもたらすか否かを問うものです。Ａの当たり馬券の払戻金所得が、競馬予想ソフトの小売販売事業に付随して行われる経済活動から得られる所得として、事業所得に該当するのではないかという論点に気づくかどうかがポイントとなります。結論としては、肯定・否定のどちらもあり得ることが前提となっています（法務省「論文式試験出題の趣旨」）。

POINT❗

● 不動産に物を従として付合させた場合、不動産の所有者が附属物の所有権を取得する。

● 他人の建物に設備を取り付けた場合は、①損傷なしに分離・復旧することは可能か、②分離・復旧すると社会経済上著しい不利益が生じるか、③分離された設備に価値があるかなどの観点から、付合の成否を判断する。

● 賃借人は、賃借物を受け取った後にこれに附属させた物がある場合において、賃貸借が終了したときは、附属物を収去する義務を負う。ただし、附属物が分離できない物及び分離に過分の費用を要する物であるときは、賃借人は、収去義務を負わず、賃貸人に対して有益費の償還請求をすることができる。

賃借人は、賃貸借の終了時に、価格の増加が現存する場合に限り、支出額または（有益性が認められる）増加額のいずれかを賃貸人の選択にしたがって償還させることができる。

- 造作買取請求権とは、建物賃貸人の同意を得て建物に付加した造作がある場合に、建物賃借人が、建物賃貸借が終了するときに、建物賃貸人に対し、造作を時価で買い取るべきことを請求することができる権利である。造作買取請求権は、建物賃借人の収去義務に優先する。
- 造作とは、分離が可能であり、建物賃借人の所有に属し、かつ建物の使用に客観的便益を与えるものである。

契約の解除
—契約をなかったことに…

いったん締結した契約には法的拘束力が生じ、相手方が債務を履行しない場合には、債務の内容を強制的に実現することができます。気が変わったので、有効に成立した契約をなかったことにしたいという一方的な主張は認められません。他方で、**契約の解除**によって一方的に契約をなかったことにすることができる場合があります。

本節では、契約の解除（民法）について解説します。

1 契約の解除

（1）契約の解除とは？

当事者の一方が、契約または法律の規定によって定められた解除権を行使して、相手方に対する一方的な意思表示によって契約を終了させることを、（民法の契約総則に規定されている）契約の解除といいます（民540条1項）。

（2）約定解除・法定解除

契約によって定められた解除権の行使を「約定解除」、法律の規定によって定められた解除権の行使を「法定解除」といいます。法定解除には、さらに法律が個々の契約ごとに個別に定めている解除権と、各契約類型に共通の債務不履行を理由とする解除権（本節の **2**）があります。

法定解除のうち、法律が個々の契約ごとに個別に定めている解除権としては、委任契約や請負契約の任意解除権などが挙げられます。

委任契約（例．税理士の税務相談業務）については、各当事者はいつでも契約を解除することができます（民651条1項）。もっとも、損害賠償しなければならない場合があります（同条2項。本節のCOLUMN 3）。なお、民法651条は任意法規なので、任意解除権を放棄する合意も有効です。

また、請負契約（例．税理士の申告書作成業務）については、仕事の完成前

であれば、注文者はいつでも損害賠償をして契約を解除することができます（民641条）。

（3）合意解除

　上記（1）（2）の契約の解除に対し、当事者が契約締結後に契約を解消するという合意をし、契約を終了させることを「合意解除」といいます。新たな合意によって契約を終了させる点で、一方的な意思表示によって終了させる契約の解除とは異なります。

2 　債務不履行を理由とする契約の解除

（1）趣旨

　債務不履行を理由とする契約の解除は、債権者を契約の拘束力から解放するための制度です。解除しないと、債権者は自己の債務を履行しなければなりません。

　このような制度趣旨から、債務不履行について債務者の帰責事由がなくても、債権者は契約を解除することができます。一方、債務不履行について債権者に帰責事由があるとき（例．買主が売買目的物を破壊したとき）は、債権者は契約を解除することができません（民543条）。

（2）催告解除

　当事者の一方が債務を履行しない場合において、債権者が履行の催告をし、その後、相当期間内に履行がないときは、債権者は、契約を解除することができます（民541条本文）。

　すなわち、債務不履行を理由として契約解除するためには、①債務不履行、②履行の催告、③②後の相当期間の経過、④相手方に対する解除の意思表示が要件となります。

　②及び③は、債務者に履行の機会を最後に与えるものであり、③の相当期間とは、既に履行の準備をした債務者が履行をするために必要な期間です。また、②の時に、支払いがなされない場合には解除すると催告すれば、相当期間経過後に自動的に解除されるのであり、改めて解除の意思表示をする必要はありません。

　ただし、催告後の相当期間を経過した時における債務不履行がその契約及び取引上の社会通念に照らして軽微であるときは、解除することができません（同

条但書）。軽微かどうかは、不履行の態様及び違反された義務の軽微性の観点から判断されます。

　なお、実務においては、催告なしに契約を解除できたり、期限が到来しておらず、債務不履行となっていなくても債務者が差押えを受けるなどしたら契約を解除できたりするという条項を契約書に設けることが多いです。

（3）無催告解除

　債権者は、債務不履行によって契約目的の達成が不可能であるときは、催告せずに直ちに契約を解除することができます（民542条1項）。

　具体的には、債務の全部の履行が不能（原始的不能または後発的不能）であるとき（1号）や、債務者が債務の全部の履行を拒絶する意思を明確に表示したとき（2号）、債権者が催告をしても契約目的を達するのに足りる履行がされる見込みがないことが明らかであるとき（5号）などです。

　なお、履行不能について債務者に帰責事由があるときは、債権者は、契約を解除せずに、債務者に対して損害賠償請求するという選択肢もあります。

（4）解除の効果

ア　原状回復義務

　解除権が行使されたときは、各当事者は、相手方を原状に復させる義務を負います（民545条1項本文）。

　解除の効果は、契約締結時に遡って生じます。契約が最初からなかったことになるので、契約に基づいて既になされた給付は、不当利得として返還の対象になります。

　例えば、売買契約において既に給付がなされていた場合、解除によって売主は代金を返還し、買主は目的物を返還します。また、売主は、代金受領時からの利息を付さなければならず（同条2項）、買主は、目的物受領時以後に生じた使用利益を返還しなければなりません（同条3項参照）。

イ　損害賠償請求

　解除したときであっても、債権者は、債務者に対して債務不履行を理由として損害賠償請求をすることができます（同条4項）。

　解除によって契約は最初からなかったことになりますが、債務不履行責任が残存するものとして、民法415条（債務不履行による損害賠償）の要件を充足すれば、損害賠償請求をすることができます（1-9☞67頁）。債務不履行

が債務者の帰責事由によるものでないときは請求できません。

3 契約の解除の課税関係

　法人がその収益の額を益金の額に算入した取引について、その後の事業年度において契約の解除をしたときは、解除による損失額は、解除の事実の生じた事業年度の損金の額に算入します（法基通2-2-16）。

　また、個人が事業所得の金額の計算の基礎となった取引について、その後の年において契約の解除をしたときは、解除による損失額は、その損失の生じた日の属する年分の事業所得の金額の計算上、必要経費に算入します（所税51条2項、所税令141条3号）。

　解除による損失額について、益金算入した事業年度または収入計上した年まで遡って更正の請求をすることができないのは、事業が継続的に行われることを前提としており、収益と費用が個別ではなく期間的に対応するものとされるからです。

　これに対して、個人が（収益と費用が個別的に対応する）譲渡所得の金額の計算の基礎となった取引について、その後の年において契約の解除をしたときは、解除による損失額については、収入計上した日の属する年分まで遡って更正の請求をすることができます。

COLUMN 1 契約の解除と似た制度

　契約の解除と似た制度として、解除条件及び解約告知があります。

　解除条件とは、法律行為の効力の消滅を発生不確実な事実にかからせる特約（附款）のことをいいます（民127条2項参照）。例えば、「自分に子どもが生まれたら返してほしい」という条件でベビーカーを贈与する場合、子どもの誕生が贈与契約の解除条件になります。事実が発生すれば、自動的に契約の効力はなくなるので、解除の意思表示は不要です。

　これに対して、解約告知とは、一方的な意思表示によって契約を終了させ、契約関係を将来に向かって解消させることをいいます。効果が契約締結時まで遡るのではない点が契約の解除と異なります。例えば、賃貸借契約の解除です（民620条）。

COLUMN 2 契約の解除により支払った違約金

　買主の事情で契約を約定解除または合意解除する場合に、買主が売主に対して違約金を支払うことがあります。

　平成29（2017）年度税理士試験の法人税法の計算問題において、違約金が出題され、いったん締結した事業用設備の取得に関する契約を解除したことにより支払った違約金50万円を、代わりに取得した機械装置の取得価額に算入せずに費用処理していると記述されています。

　この点については、「一旦締結した固定資産の取得に関する契約を解除して他の固定資産を取得することとした場合に支出する違約金の額」は、「たとえ固定資産の取得に関連して支出するものであっても、これを固定資産の取得価額に算入しないことができる」と定められています（法基通7-3-3の2(3)）。解除した契約と新たな取得に係る契約とは別個のものであることが理由です。

COLUMN 3 税理士の顧問契約

　税理士が依頼者と顧問契約を締結（顧問契約書を作成）する際の注意点について解説します。

[1]　任意解除

　税理士と依頼者との間の顧問契約は、委任契約（民643条）となります。委任契約の場合、当事者はいつでも契約を解除することができます（民651条1項。任意解除権）。委任の解除の効力は、将来に向かってのみ、その効力を生じます（民652条が準用する民620条。解約告知）。

　もっとも、①相手方に不利な時期に委任を解除したとき、または②委任者が受任者の利益（専ら報酬を得ることによるものを除く）をも目的とする委任を解除したときは、任意解除した者は、相手方の損害を賠償しなければなりません（民651条2項本文）。

　税理士による顧問契約の場合、税理士が専ら報酬を得ることによる利益のためであるため、依頼者は任意解除しても、税理士に対して上記規定による損害賠償をする必要はありません。

　実務上は、解除される相手方の契約上の地位が不安定となるため、一定期間

前の事前の通知を求める中途解約条項（例．３ヵ月前までに書面による通知をする）が契約書に設けられることが多いです。

　なお、受任者には、割合的報酬請求権が認められることがあります。解除により委任が履行の中途で終了したときは、受任者は、既にした履行の割合に応じて報酬を請求することができます（民648条３項２号）。また、委任事務の履行により得られる成果に対して報酬が支払われることを約したが、委任が成果が得られる前に解除された場合には、受任者は、原則として報酬を請求することができませんが、受任者が既にした委任事務の処理による結果のうち可分な部分の給付によって委任者が利益を受けるときは、委任者が受ける利益の割合に応じて報酬を請求することができます（民648条の２第２項が準用する634条）。

［２］　遅延損害金

　依頼者が支払期限までに税理士報酬を支払わない場合、税理士は、依頼者に対し、債務不履行（履行遅滞）による損害賠償請求（1-9☞67頁）として、遅延損害金を請求することができます。

　金銭債務の不履行による遅延損害金は、法定利率（民404条。当面は年３％）となりますが、約定利率が法定利率を超えるときは、約定利率となります（民419条１項）。実務上は、国税通則法に定められた国税の延滞税の割合である年14.6％（税通60条２項）を約定利率とすることも多いです。

　税理士は、報酬支払いの履行遅滞について、年３％を超える利率の損害賠償条項を契約書に設けることができます。

［３］　帳簿などの返還拒絶

　受任者は、委任終了時に、委任事務を処理するに当たって受け取った金銭その他の物（第三者だけではなく委任者から受け取った物も含む）を委任者に引き渡さなければなりません（民646条１項１文）。

　税理士であれば、委任終了時に、依頼者に対して、受け取った帳簿などを引き渡さなければなりません。報酬支払義務と帳簿などの引渡義務は、同時履行の関係（民533条。4-1のCOLUMN3☞287頁）に立たないので、特約がない限り、依頼者が報酬を支払わないから引き渡さないと主張することはできません。

　税理士は、契約書に特約を設けることによって、依頼者が報酬を支払わない場合に、帳簿などの返還を拒絶することができます。

［4］　損害賠償責任の限定

　税理士が依頼者に損害を与えた場合の賠償責任を、税理士に故意または重過失があったときに限定する（軽過失のときは免責する）という条項が契約書に設けられることがあります。

　しかしながら、依頼者が事業者ではない個人の場合には、（軽過失のときに）損害賠償責任を一切負わないとする条項は、消費者契約法8条1項1号に違反し無効となります。事業者と比べて情報や交渉力の点で不利な立場に置かれる消費者を保護するためです。

　また、（依頼者が事業者であるかどうかを問わず、）軽過失のときに一定額を超える金額について免責するという条項であっても、信義誠実の原則（民1条2項。信義則）に違反し、または公序良俗（民90条）に反するときは、無効とされます。税理士は、税務に関する専門家として、納税義務者の信頼に応え、納税義務の適正な実現を図ることを使命とする専門職であるため（税理士1条）、無効とされることがあります。

［5］　合意管轄

　特定の事件について日本のいずれの裁判所が裁判権を行使するかに関する定めを「管轄」といいます。そして、法律（民事訴訟法）の規定により定められた管轄を「法定管轄」といいます。

　当事者は、一定の法律関係に基づく訴えの第1審裁判所に限り、書面により、法定管轄とは異なる定めをすることができます（民訴11条。合意管轄）。

　税理士は、自己の事務所の所在地を管轄する裁判所を、依頼者と紛争が生じた場合の（専属的）合意管轄裁判所とする条項を契約書に設けることができます。

POINT❗

- 当事者の一方が、契約または法律の規定によって定められた解除権を行使して、相手方に対する一方的な意思表示によって契約を終了させることを、契約の解除という。
- 契約によって定められた解除権の行使を約定解除、法律の規定によって定められた解除権の行使を法定解除という。

- 債務不履行を理由として契約解除するためには、①債務不履行、②履行の催告、③②後の相当期間の経過、④相手方に対する解除の意思表示が要件となる。
- 債権者は、債務不履行によって契約目的の達成が不可能であるときは、催告せずに直ちに契約を解除することができる。
- 解除権が行使されたときは、各当事者は、相手方を原状に復させる義務を負う。
- 解除したときであっても、債権者は、債務者に対して債務不履行を理由として損害賠償請求をすることができる。

製造物責任
―物を造りし者たちの責任

平成27（2015）年度税理士試験の法人税法の計算問題では、事業譲渡により引き継ぐ負債として、「製造者（ママ）責任を問われる訴訟が提訴されており、間もなく原告側と和解し、800万円程度の損害賠償をする方向で話が進んでいる」と記述されています。

本節では、**製造物責任（製造物責任法）** について解説します。

1 製造物責任とは？

　製造物の欠陥によって権利侵害が生じた場合、被害者は、売主に対して債務不履行による損害賠償請求（1-9☞67頁）をすることが考えられますが、売主の責めに帰することができない事由によるものであるときは、請求は認められません。売主が販売店にすぎない場合、製造物の欠陥について売主の帰責事由を認めることが困難なことがあります。

　そこで、被害者は、契約関係にない製造業者に対して損害賠償請求をすることが考えられます。請求根拠として民法の不法行為（1-9☞69頁）による以外に、民法の特別法である製造物責任法によって損害賠償請求をすることができます。製造物責任法によるほうが、製造業者に欠陥について故意または過失があったことが要件とされていないため（無過失責任）、一般的に被害者にとって有利です。

> **製造物責任法3条（製造物責任）**
>
> 　製造業者等は、その製造、加工、輸入又は前条3項2号若しくは3号の氏名等の表示をした製造物であって、その引き渡したものの欠陥により他人の生命、身体又は財産を侵害したときは、これによって生じた損害を賠償する責めに任ずる。ただし、その損害が当該製造物についての

み生じたときは、この限りでない。

2 製造物責任の要件

製造物責任の要件は、下記のとおりです。

まず、製造物であることです。製造または加工された動産（製造2条1項）が対象であり、不動産や無体物（例. ソフトウェア）、加工されていない自然産物（例. 農産物）、役務の提供は対象外です。

次に、その製造物に欠陥があることです。欠陥とは、「当該製造物が通常有すべき安全性を欠いていること」です（同条2項）。欠陥は、製造物の引渡時（出荷時）に存在することが必要です。

さらに、欠陥による損害の発生です。損害がその製造物についてのみ生じ、拡大損害（健康被害や火災などによる他の財産への被害）が生じなかったときは、製造物責任法による賠償の対象にはなりません。製造物についてのみ損害が生じたときは、売主との間で解決されることになります。一方で、拡大損害が発生すれば、製造物自体の損害も含めて賠償の対象になります。

そして、請求の相手方は、製造業者だけでなく、輸入業者や製造物への氏名などの表示者なども含まれます。販売業者は一般的に除外されます。

◎製造物責任の要件
① 製造業者等が製造等した製造物に欠陥があること
② 人の生命、身体または財産に係る被害
③ 損害の発生
④ ①と②③との間の因果関係

---

3 製造業者等からの抗弁

製造業者等からの製造物責任に特有の抗弁（反論）として、開発危険の抗弁（製造4条1項1号）があります。

開発危険の抗弁とは、製造業者などの引渡時における科学技術に関する知見によっては、製造物に欠陥があることを認識することができなかったという主張です。引渡時において入手可能な科学技術の最高水準の知見を基準として認

識できたかが判断されます。この抗弁が認められるときは、製造業者等は免責されます。

4 製造物責任法による損害賠償請求権の消滅時効

　製造物責任法による損害賠償請求権は、損害及び賠償義務者を知った時から3年間行使しないときは、時効によって消滅します（製造5条1項1号）。人の生命または身体を侵害したときは、3年間が5年間に伸長されます（同条2項）。

　また、製造業者などが製造物を引き渡した時から10年間経過したときも、時効によって消滅します（同条1項2号）。蓄積損害または遅発損害については、10年間の起算点が引渡時ではなく損害発生時となります（同条3項）。

　この消滅時効の特徴として、10年間の起算点が、原則として不法行為時ではなく引渡時となっています。また、10年間というのは、民法の不法行為の20年間（民724条）よりも短期です（1-9☞68頁）。したがって、製造物責任法によっては損害賠償請求できないが、民法の不法行為によれば損害賠償請求できる場合もあります。

POINT❗

● 製造物責任法による損害賠償請求の要件は、①製造業者等が製造等した製造物の欠陥、②人の生命、身体または財産に係る被害、③損害の発生、④①と②③との間の因果関係である。

● 製造業者等に欠陥について故意または過失があったことは、要件とされていない（無過失責任）。

● 民法の不法行為とは異なる消滅時効制度がある。

株式の相続と譲渡制限
—株主が死亡したら？

株主に相続が発生し、遺産分割がなされるまでの間、相続人はどのようにして株主としての権利を行使できるのでしょうか。また、株式を相続した相続人が、第三者に対して株式を売却して現金化しようとする場合には、どのような手続が必要になるのでしょうか。

本節では、**株式の相続**と**譲渡制限**（会社法）について解説します。

1 株式の相続

（1）株式の共有

株主に相続が発生し、相続人が複数いるときは、遺産分割がなされるまでの間、相続人が株式を法定相続分に応じて共有（準共有）することになります（民898条、899条）。

民法は、数人で所有権以外の財産権を有する場合は準共有になるとしますが（264条。3-4☞176頁）、会社法は、「株式の共有」と規定しています。

（2）株式の共有者の権利行使

株式の共有者は、権利行使者1人を定め、会社に対し、権利行使者の氏名または名称を通知しなければ、議決権などの権利を行使することができません（会社106条本文）。会社が円滑に処理できるようにするためです。

ただし、会社が同意した場合には、株式の共有者は、権利行使者の指定・通知をしなくても、（民法の共有の規定〔251条、252条〕によって）権利を行使することができます（会社106条但書）。

権利行使者は、共有者の持分価格の過半数による多数決で指定されます（民252条本文）。共有者全員の一致は不要です。

権利行使者は、自己の判断で権利を行使することができ、共有者間内部の合意内容に反しても有効です（判例）。

2　株式の譲渡

（1）譲渡自由の原則

株主は、その有する株式を自由に譲渡することができます（会社127条）。株主は、会社の存続中は、原則として、会社に対して出資の返還を求めることができないため、株式の譲渡によって投下資本の回収を図ります。

（2）定款による譲渡制限

会社は、譲渡による株式の取得について会社の承認を要すると定款で定めることができます（会社107条1項1号）。会社にとって好ましくない者が株主になることを阻止するための定めであり、定款による株式の譲渡制限の定めは、非上場会社において広く設けられています。

定款による株式の譲渡制限は登記されますので（会社911条3項7号）、会社の全部履歴事項証明書などで制限の有無を確認することできます。

株式譲渡のうち株主間のものなどについては、会社が承認したものとみなすと定款で定めて（会社107条2項1号ロ）、承認手続を不要とすることもできます。

3　譲渡承認手続

譲渡による株式の取得について会社の承認を要する旨の定めを設けている株式を「譲渡制限株式」といいます（会社2条17号）。

譲渡制限株式を他人に譲り渡そうとするときは、株主は、会社に対し、承認するか否かの決定をすることを請求することができます（会社136条）。併せて、会社が承認をしない場合には会社または会社の指定買取人が買い取ることを請求することができます（会社138条1号ハ）。

譲渡承認請求を受けた会社は、原則として、株主総会（取締役会設置会社にあっては取締役会）の決議によって、承認をするか否かの決定をします（会社139条1項）。承認請求の日から2週間以内に承認をするか否かの決定を承認請求者に通知しなかったときは、会社は譲渡を承認したものとみなされます（会社145条1号）。

譲渡承認をしない場合には買い取ることを請求された場合において、承認をしない決定をしたときは、会社は自ら買い取るか（会社140条1項）、買取人を

指定しなければなりません（同条4項）。

　会社が株式を買い取るときは、承認請求者に買取りの通知をしなければなりません（会社141条1項）。譲渡承認しない旨の通知日から40日以内に通知しないと（指定買取人が10日以内に買取りの通知をした場合を除く）、会社は譲渡承認したものとみなされます（会社145条2号）。40日間の猶予があるのは、会社が買い取るときは、株主総会の特別決議が必要となるからです（会社140条2項、309条2項1号）。会社に高値で買い取らせ、他の株主が害されるおそれがあるため、承認請求者は、原則として、株主総会において議決権を行使することができません（会社140条3項本文）。

　会社が買取人を指定するときは、原則として、株主総会（取締役会設置会社にあっては取締役会）の決議によらなければなりません（会社140条5項）。そして、会社による譲渡承認しない旨の通知日から10日以内に、指定買取人は、買取りの通知をしなければなりません（会社142条1項、145条2号）。

　会社または指定買取人が買取りの通知をしようとするときは、1株当たりの純資産価額に買取株式数を乗じて計算した金額を供託所に供託（1-5☞48頁）し、承認請求者に供託を証する書面を交付しなければなりません（会社141条2項、142条2項）。

　会社または指定買取人が買取りの通知をしたときは、承認請求者との間で、売買価格未定のまま売買契約が成立します（会社143条）。売買価格は協議によって定めますが（会社144条1項・7項）、買取りの通知日から20日以内に、裁判所に対し、売買価格の決定の申立てをすれば（同条2項・7項）、裁判所が売買価格（本節のCOLUMN）を決定します（同条4項・7項）。20日以内に申立てがないときは、1株当たりの純資産価額に買取株式数を乗じて計算した金額（供託額）が売買価格になります（同条5項・7項）。

4　相続人に対する株式売渡し請求

　相続人が譲渡制限株式を相続するときには、会社における譲渡承認手続は不要です。なぜなら、相続や合併などの一般承継（前主の法的地位の一切の承継）は、譲渡ではなく、譲渡制限が適用されないからです。

　一般承継により株式を取得した者を株主から排除したいと考える会社は、定款に定めることによって、会社に株式を売り渡すことを請求し、強制的に買い

取ることができます（会社174〜177条）。会社の請求により売買契約が成立します。

　会社は、株式売渡し請求をしようとする都度、株主総会の特別決議を行う必要があります（会社175条1項、309条2項3号）。売渡し請求の対象となった株主は、原則として、株主総会において議決権を行使することができません（会社175条2項）。筆頭株主に相続が発生した場合に、筆頭株主の相続人は、株主総会において議決権を行使することができず、株式売渡し請求の決議が可決され、株主から排除されてしまうというリスクがあるため、定款に定めることには注意が必要です。

　株式売渡しの請求があった場合には、売買価格は協議によって定めます（会社177条1項）。売渡し請求があった日から20日以内に裁判所に対し、売買価格の決定の申立てをすれば（同条2項）、裁判所が売買価格（本節のCOLUMN）を決定します（同条4項）。20日以内に申立てがないときは、売渡し請求は効力を失います（同条5項）。

COLUMN　株式の売買価格

　裁判例では、下記の複数の評価方式を併用して、株式の売買価格（価値）を評価することが多いです。

　評価方式の1つ目は、「DCF（ディスカウンテッド・キャッシュ・フロー）法」です。評価対象会社の事業から得られる予測期間中のフリー・キャッシュ・フローと予測期間以降の継続価値の合計額を、現在価値に割り引いたものが事業価値です。この事業価値に、事業目的に使用されていない会社資産（例．遊休不動産）を加算した企業価値から、有利子負債を控除することによって、株主価値を算定します。そして、株主価値を株数で除すことによって1株当たりの株式価値を算出します。

　2つ目は、「配当還元法」です。評価対象会社の将来の1株当たりの配当額を予想し、それを投資リスクを反映した割引率で割り引いて、現在価値に還元評価して、1株当たりの株式価値を算出します。

　3つ目は、「類似会社比準法」です。評価対象会社と事業内容などの類似する上場会社を比較会社として抽出し、比較会社の財務指標と株価の関係から倍率を算出し、評価対象会社の財務指標にその倍率を乗じることにより事業価値

を算出します。この事業価値に、事業目的に使用されていない会社資産を加算し、有利子負債を控除することによって、株主価値を算定します。そして、株主価値を株数で除すことによって1株当たりの株式価値を算出します。

　4つ目は、「純資産法」です。評価対象会社の1株当たりの純資産価額を株式価値とする方式です。

POINT❗

● 株主に相続が発生し、相続人が複数いるときは、遺産分割がなされるまでの間、相続人が株式を法定相続分に応じて共有（準共有）する。

● 株式の共有者は、権利行使者1人を定め、会社に対し、権利行使者の氏名または名称を通知しなければ、議決権などの権利を行使することができない。

● 株主は、その有する株式を自由に譲渡することができる。

● 会社は、譲渡による株式の取得について会社の承認を要すると定款で定めることができる。

● 一般承継により株式を取得した者を株主から排除したいと考える会社は、定款に定めることによって、会社に株式を売り渡すことを請求し、強制的に買い取ることができる。

2-5 取締役の報酬
―報酬が減額!?

　取締役の報酬は、税理士試験によく出題されています。

　令和 2（2020）年度法人税法の計算問題では、「役員給与に関する事項」として「定時株主総会において決議された各職務執行期間の給与月額」の資料が与えられています。専務取締役 B について、「令和 2 年11月の豪雨時の現場指揮対応の不十分さから、令和 2 年11月分から令和 3 年 3 月分までの 5 ヵ月間の給与について60万円の予定を、50万円に減額して支給したものであり、当該改定は業績悪化改定事由には該当しない」とされています。また、取締役 C について、「令和 2 年12月分から令和 3 年 3 月分までの 4 ヵ月間の給与について、55万円の予定を60万円に増額して支給した。この増額支給の改定事由は臨時改定事由には該当しない」とされています。

　また、平成24（2012）年度相続税法の計算問題では、被相続人の役員給与は、月額100万円であったが、病気のため入院し、長期間の療養が必要と見込まれたため、取締役会で月額50万円に引き下げることが決定したという記述があります。

　本節では、取締役の報酬（会社法）について解説します。

1 取締役の報酬等に対する規制

　取締役の報酬、賞与その他の職務執行の対価として会社から受ける財産上の利益（以下「報酬等」）は、（指名委員会等設置会社を除き）定款または株主総会決議（普通決議）によって定めます（会社361条 1 項、404条 3 項）。お手盛りを防ぐため、取締役が自由に定めることはできません。

　なお、法人税法においては、役員に対して支給する職務の対価を「役員給与」といいます。

136　第 2 章　法人税に関連する実務のために知っておきたい法律知識

❷ 株主総会決議で定めるべき事項

取締役の報酬等のうち額が確定しているものについては、（定款または）株主総会決議によってその額を定めます（会社361条1項1号）。

実務上は、取締役の各人別の報酬額が明らかになることを避けるため、株主総会では、取締役全員の報酬総額の限度額のみを定め、各人別の報酬額は、取締役会に一任することが多いです。報酬総額の限度額を定めれば、その後、（限度額に変更がなければ）改めて株主総会決議を行う必要はないと解されています。

取締役の各人別の報酬額の決定を一任された取締役会は、さらにその決定を代表取締役に一任することができます。

❸ 報酬額の事後的な変更

株主総会決議などにより、取締役の職務執行期間中の報酬額を定めた場合には、取締役と会社との間の委任契約の内容となるため、期間中に職務内容に著しい変更があっても、取締役の同意なく、報酬を減額することはできません。一方、報酬を増額することは、株主総会によって定められた報酬総額の限度内であれば可能です。

本節の冒頭で紹介した試験問題では、報酬を減額された取締役の同意の有無について触れられていませんが、本人の同意が必要です。

課税関係として、法人が、役員給与額が任期中に変更された場合に定期同額給与として損金に算入するためには、臨時改定事由や業績悪化改定事由によりなされた改定でなければなりません（法税34条1項1号、法税令69条1項1号）。

臨時改定事由とは、法人役員の職制上の地位の変更、職務内容の重大な変更その他これらに類するやむを得ない事情です。本節の冒頭で紹介した試験問題の、病気のため入院し、長期間の療養が必要と見込まれることは、臨時改定事由に該当します。

また、業績悪化改定事由とは、経営の状況が著しく悪化したこと、その他これに類する事情です。やむを得ず役員給与を減額せざるを得ない事情のことであり、法人の一時的な資金繰りの都合や単に業績目標値に達しなかったことなどは業績悪化改定事由に含まれません（法基通9-2-13）。

4 取締役の退職慰労金

（1）株主総会決議の必要性

　取締役の退職慰労金は、在職中の職務執行の対価であるため、報酬等の一部として、（定款または）株主総会決議で定める必要があります。

　ただし、退職慰労金の支給について、株主総会決議を別途経ていなくても、支給額が、（株主総会決議で定められた）取締役の報酬総額の限度額内であれば、適法に支給することができます。

（2）株主総会決議で定めるべき事項

　実務では、取締役が退職慰労金の支給額を明らかにされるのを嫌って、株主総会では、一定の支給基準に従って支給するものとし、具体的な支給額などは取締役会の決定に一任する旨の決議がされることが多いです。一任された取締役会は、代表取締役にさらに一任することもできます。

　判例は、内規や慣行によって支給基準が確立しており、株主が支給基準を知ろうと思えば知ることができる場合には、取締役の退職慰労金の具体的な支給額などを取締役会の決定に一任する旨の株主総会決議を適法としています。

（3）役員退職慰労金規程

　株主に対して支給基準を示すことや、課税庁から支給額が不相当に高額であると指摘された場合に算定根拠を示すことができるようにすることなどを目的として、役員退職慰労金規程が作成されることがあります。

　会社に役員退職慰労金規程があっても、株主総会決議がなければ、取締役には、退職慰労金を請求する権利は発生しません。

COLUMN 1　使用人兼務取締役の報酬・給与

［1］　税理士試験

　税理士試験の法人税法には、使用人兼務役員がよく出題されます。

　平成30（2018）年度の計算問題では、「Ｘ社は、株主総会の決議により、取締役の報酬総額を年額4200万円以内」「とすることを定めているが、これには使用人兼務役員の使用人分の報酬を含めないこととしている。また、各人別の金額等の詳細は、取締役会の決議において決定することとされている」と記述されています。

また、平成27（2015）年度の理論問題では、「法人税法における使用人兼務役員の意義を簡潔に述べなさい」という出題がありました。

［2］　使用人兼務役員とは？

法人税法上、使用人兼務役員とは、役員（社長、理事長、代表取締役、副社長・専務・常務その他これらに準ずる職制上の地位を有する役員などを除く）のうち、部長、課長その他法人の使用人としての職制上の地位を有し、かつ、常時使用人としての職務に従事するものをいいます（法税34条１項・６項、法税令71条１項）。

［3］　使用人兼務取締役の職務執行の対価

使用人兼務取締役については、取締役としての報酬は僅かで、職務執行の対価の大部分が使用人給与であることが多いです。

使用人として受ける給与の体系が明確に確立している場合には、株主総会においては取締役の職務執行の対価のみを決議しても違法にはなりません。実務では、報酬等には使用人給与分が含まれないことを明示したうえで、株主総会において取締役の報酬等の決議が行われています。

なお、名目的取締役であるにすぎず、使用人の地位を有するので、使用人に適用される退職金規程に基づいて、会社に対して退職金を請求するという事件において、使用人性（従業員性）が争われることがあります。

COLUMN 2　所得税の源泉徴収制度の合憲性

所得税の源泉徴収を当然の制度として捉えている方は多いかと思いますが、同制度が憲法29条１項・３項（財産権）、14条１項（法の下の平等）に違反するとして争われた事件があります。

他人の納税義務のために補償なく源泉徴収義務を課されることは憲法29条１項・３項に違反しないか、給与所得者が事業所得者に比して源泉徴収によって徴税上差別的取扱いを受けたり、源泉徴収義務者が一般国民に比して不平等な取扱いを受けたりしており、憲法14条１項に違反しないかが問題となりました。

最高裁昭和37（1962）年２月28日判決・裁判所Webは、憲法30条、84条は「担税者の範囲、担税の対象、担税率等を定めるにつき法律によることを必要としただけでなく、税徴収の方法をも法律によることを要するものとした趣旨

と解すべきである。税徴収の方法としては、担税義務者に直接納入させるのが常則であるが、税によっては第三者をして徴収且つ納入させるのを適当とするものもあり、実際においてもその例は少くない。給与所得者に対する所得税の源泉徴収制度は、これによって国は税収を確保し、徴税手続を簡便にしてその費用と労力とを節約し得るのみならず、担税者の側においても申告、納付等に関する煩雑な事務から免かれることができる。また徴収義務者にしても、給与の支払をなす際所得税を天引しその翌月10日までにこれを国に納付すればよいのであるから、利するところ全くなしとはいえない。されば源泉徴収制度は、給与所得者に対する所得税の徴収方法として能率的であり、合理的であって、公共の福祉の要請にこたえるものといわなければならない。」「かように源泉徴収義務者の徴税義務は憲法の条項に由来し、公共の福祉によって要請されるものであるから、この制度は所論のように憲法29条1項に反するものではなく、また、この制度のために、徴税義務者において、所論のような負担を負うものであるとしても、右負担は同条3項にいう公共のために私有財産を用いる場合には該当せず、同条項の補償を要するものでもない」と判示しました。

　そして、「租税はすべて最も能率的合理的な方法によって徴収せらるべきものであるから、同じ所得税であっても、所得の種類や態様の異なるに応じてそれぞれにふさわしいような徴税の方法、納付の時期等が別様に定められることはむしろ当然であって、それ等が一律でないことをもつて憲法14条に違反するということはできない。」また、「法は、給与の支払をなす者が給与を受ける者と特に密接な関係にあって、徴税上特別の便宜を有し、能率を挙げ得る点を考慮して、これを徴税義務者としているのである。この義務が、憲法の条項に由来し、公共の福祉の要請にかのうものである」、「かような合理的理由ある以上これに基いて担税者と特別な関係を有する徴税義務者に一般国民と異なる特別の義務を負担させたからとて、これをもつて憲法14条に違反するものということはできない」と判示しました。

　上記判例に対して、①徴税義務の履行に必要な経済的負担は、源泉徴収義務者の経営規模や収入金額と比較すれば僅少で、財産権の内在的制約の範囲内である、②源泉徴収の対象とされていない所得については、源泉徴収に対応するものとして予定納税制度（所税104条）があり、給与所得者は事業所得者に比して徴税上差別的取扱いを受けているわけではないという見解があります。

POINT !

- 取締役の報酬等（退職慰労金含む）は、定款または株主総会決議（普通決議）によって定める。

- 実務上は、株主総会では、取締役全員の報酬総額の限度額のみを定め、各人別の報酬額は、取締役会に一任することが多い。

- 株主総会決議などにより、取締役の職務執行期間中の報酬額を定めた場合には、期間中に職務内容に著しい変更があっても、取締役の同意なく、報酬を減額することはできない。

- 取締役の退職慰労金の具体的な支給額などを取締役会の決定に一任する旨の株主総会決議は、内規や慣行によって支給基準が確立しており、株主が支給基準を知ろうと思えば知ることができる場合には、適法である。

2-6 取締役などの責任
―役員の償い

取締役、会計参与、監査役など（以下「取締役など」）は、会社や第三者に対して損害賠償責任を負うことがあります。ワンマン代表取締役の会社における、実質的には従業員にすぎない取締役も、監視義務違反として責任を負うことがあります。

どのような場合に取締役などが損害賠償責任を負うのかは、顧問税理士として知っておいたほうがよい知識です。

本節では、**取締役などの責任**（会社法）について解説します。

1 会社に対する損害賠償責任

（1）任務懈怠責任

取締役などは、その任務を怠ったときは、会社に対し、任務懈怠（けたい）によって生じた会社の損害を賠償する責任を負います（会社423条1項）。条文上は明示されていませんが、取締役などは、任務懈怠が自己の帰責事由によるものでなかったことを主張・立証すれば、責任を免れます。

（2）任務懈怠とは？

任務懈怠とは、会社に対する善管注意義務（善良な管理者の注意をもって、委任事務を処理する義務）及び忠実義務（法令及び定款並びに株主総会の決議を遵守し、会社のため忠実にその職務を行う義務）に違反することです（会社330条、355条）。

取締役の善管注意義務違反として、他の取締役に対する監視義務違反や内部統制システム構築義務違反など、不作為（なすべきことをしないこと）による任務懈怠が問題となることがあります。

（3）経営判断の原則

会社経営は、不確実な状況で迅速な判断が求められ、またリスクを負いなが

ら利益を獲得するものであるため、取締役には広い裁量が認められます。したがって、取締役は、その判断の内容及び過程に著しく不合理な点がない限り、善管注意義務違反にはなりません（経営判断の原則）。

なお、故意の法令違反行為には、経営判断の原則は適用されません。

2 第三者に対する損害賠償責任

（1）任務懈怠責任

ア 任務懈怠責任の概要

取締役などが任務懈怠について悪意または重大な過失があったときは、取締役などは、任務懈怠によって第三者に生じた損害を賠償する責任を負います（会社429条1項）。会社債権者が、倒産した会社の取締役などに対して損害賠償請求をするのが典型的な例です。

会社法429条1項の責任は、第三者保護のための法定の特別責任です。取締役などは、民法の不法行為による損害賠償責任（1-9☞69頁）を負わないときであっても、この規定により損害賠償責任を負うことがあります。

イ 任務懈怠責任の要件

第三者は、取締役などの悪意または重過失を任務懈怠について証明すればよく、第三者に対する加害について証明する必要はありません。民法の不法行為責任とは要件が異なります。

また、損害には、直接損害（例．取締役が会社に代金を支払う資力がないにもかかわらず、会社を代表して第三者と売買契約を締結したため、第三者が回収不能となった損害）と、間接損害（例．取締役が著しく不合理な業務執行を行ったため会社が破産し、第三者が回収不能となった損害）の両方が含まれます。

ウ 名目的取締役

実質的には従業員にすぎない名目的取締役であっても、代表取締役の業務執行を監視しなかったことを理由として、第三者に対する損害賠償責任を負うことがあります。

しかし、近時の裁判例には、監視義務を尽くしていたとしても、代表取締役の業務執行を止めることができなかったため、任務懈怠と第三者の損害との間に因果関係がないという理由で、名目的取締役の損害賠償責任を否定す

るものもあります。

（2）計算書類などの虚偽記載による責任

　取締役は、計算書類などの虚偽記載をしたときは、第三者に生じた損害を賠償する責任を負います（会社429条2項1号ロ）。虚偽記載の計算書類を誤信して融資した銀行が、回収不能額について損害賠償請求するのが典型的な例です。

　取締役は、虚偽記載について注意を怠らなかったこと（無過失）を証明することによって責任を免れます（同条2項柱書）。直接損害の事例ですが、取締役は、軽過失でも責任を負いますし、第三者ではなく取締役が証明責任を負います。情報開示は重要であり、また、計算書類などが虚偽の場合には大きな危険をもたらすため、取締役には過失責任及び無過失の証明責任が課されています。

COLUMN 1 会計参与

［1］　会計参与とは？

　会計参与とは、会社の役員であり（会社329条1項）、取締役と共同して、計算書類などを作成する機関（会社の意思決定をし、あるいは会社の運営に携わる者）です（会社374条1項）。特に中小企業において計算書類などの信憑性を高めるために設置されます。

　会計参与の設置は、原則として、会社の任意です。

［2］　会計参与の資格

　会計参与は、公認会計士もしくは監査法人または税理士もしくは税理士法人でなければなりません（会社333条1項）。

［3］　会計参与の損害賠償責任

　会計参与は、会社（本節の■）及び第三者（本節の■（1））に対して損害賠償責任を負うことがあります。

　例えば、会計参与は、職務を行うに際して、取締役の職務の執行に関して不正行為または法令・定款に違反する重大な事実を発見したときは、監査役（監査役非設置会社にあっては株主）に報告する義務を負うため（会社375条1項）、報告を怠ったときは任務懈怠となり、会社に対して損害賠償責任を負うことがあります。

　また、会計参与は、計算書類などの虚偽記載について、無過失である場合を

除き、第三者に対して損害賠償責任を負います（会社429条2項2号。本節の
2（2））。

［4］　報酬の課税関係

　会計参与が会社から受け取る報酬は、所得税法上、給与所得として課税されます。事業所得ではありません。

COLUMN 2 　**監査役の責任に関する最近の判例**

　監査役の任務懈怠により、従業員による継続的な横領の発覚が遅れて損害が生じたと主張して、会社が監査役に対して損害賠償請求した事件がありました。横領した経理担当の従業員は、発覚を防ぐため、預金口座の残高証明書を偽造するなどしていました。

　最高裁令和3（2021）年7月19日判決・裁判所Webは、「計算書類等が各事業年度に係る会計帳簿に基づき作成されるものであり（略）、会計帳簿は取締役等の責任の下で正確に作成されるべきものであるとはいえ（略）、監査役は、会計帳簿の内容が正確であることを当然の前提として計算書類等の監査を行ってよいものではない。監査役は、会計帳簿が信頼性を欠くものであることが明らかでなくとも、計算書類等が会社の財産及び損益の状況を全ての重要な点において適正に表示しているかどうかを確認するため、会計帳簿の作成状況等につき取締役等に報告を求め、又はその基礎資料を確かめるなどすべき場合があるというべきである」、「そうすると、会計限定監査役は、計算書類等の監査を行うに当たり、会計帳簿が信頼性を欠くものであることが明らかでない場合であっても、計算書類等に表示された情報が会計帳簿の内容に合致していることを確認しさえすれば、常にその任務を尽くしたといえるものではない」と判示しています。

　税理士は、顧問先から監査役への就任を依頼されることもあるため、監査役の責任内容については注意が必要です。

COLUMN 3 　**株主代表訴訟**

　会社が同僚意識などから取締役などに対する損害賠償責任の追及を怠る可能

性があるため、株主が会社のために代表訴訟を提起することが認められています（会社847条）。

株主代表訴訟の確定判決は、勝訴・敗訴を問わず、会社に対して効力を有します（民訴115条1項2号）。会社のために訴訟提起するのであり、勝訴の場合の損害賠償は、株主個人ではなく、会社に対して支払われます。

株主が勝訴した場合において、責任追及の訴えに係る訴訟に関して必要費用を支出したとき、または弁護士費用を支払うべきときは、株主は、会社に対し、相当と認められる額の支払いを請求することができます（会社852条1項）。全額を必ず請求できるわけではありません。

一方、株主が敗訴した場合には、悪意（わざと敗訴して会社の権利を失わせる意図など）があったときを除き、株主は、会社に対し、訴訟によって会社に生じた損害（例．訴訟対応費用、信用毀損）を賠償する義務を負いません（同条2項）。

POINT❗

- 取締役などは、会社に対し、任務懈怠によって生じた損害を賠償する責任を負う。任務懈怠とは、会社に対する善管注意義務及び忠実義務に違反することである。
- 取締役の判断の内容及び過程に著しく不合理な点がない限り、善管注意義務違反にはならない。
- 取締役などは、任務懈怠について悪意または重大な過失があったときは、任務懈怠によって第三者に生じた損害を賠償する責任を負う。
- 取締役は、計算書類などの虚偽記載をしたときは、虚偽記載について注意を怠らなかったときを除き、第三者に生じた損害を賠償する責任を負う。

2-7

競業取引と利益相反取引
―利害の対立

顧問先の法人の取締役がその法人から金銭を借りたため、取締役に対する貸付金として会計処理したという経験があるかと思います。

税務面からは、無利息だと貸付利息相当額が役員給与と認定されるのではないかなどが気になりますが、法務面からは、**利益相反取引**の承認手続の有無が問題となります。

また、取締役が、法人の定款の目的には記載されているものの、現に行われていない事業を個人事業として行う場合には、**競業取引**の承認手続の要否が問題となります。

平成30（2018）年度税理士試験の所得税法の計算問題では、「甲は、代表取締役であったＡ社を本年３月30日に退職したが、長年培ったノウハウを生かして本年５月１日から機械部品の販売業を開始した」と記述されています。仮にＡ社も機械部品の販売業を行っていた場合、甲の新事業は競業取引として制約を受けるのでしょうか。

本節では、競業取引と利益相反取引（会社法）について解説します。

1 利害の対立

取締役は、会社の利益を犠牲にして、自己または第三者の利益を図ってはならない義務を負うと解されており、競業取引と利益相反取引は特に制限されています（会社356条）。

2 競業取引

（1）競業取引とは？

取締役が自己または第三者のために行う会社の事業の部類に属する取引を「競業取引」といいます（同条１項１号）。

取締役が会社のノウハウや顧客情報を利用して取引を行い、会社の利益を害する危険が大きいため、競業取引を行うには、会社の承認手続（本節**4**）が必要とされています。

　会社の事業の部類に属する取引とは、会社が実際に行っている取引と、商品など及び市場が競合する取引です。定款の目的には含まれているものの現に行っていない事業に属する取引は、原則として含まれませんが、進出を予定している事業に属する取引は含まれます。

（2）退任後の競業禁止特約

　取締役を退任した後は、競業は原則として自由です。

　（退任）取締役と会社が退任後の競業禁止の合意をすることはできますが、無限定に有効と解するのは相当でなく、競業の制限が合理的かつ必要な範囲を超える場合には、合意は、公序良俗に反し無効となるべきです。

3　利益相反取引

（1）利益相反取引とは？

　取締役が自己または第三者のために会社との間において行う取引（直接取引）、及び会社が取締役以外の者との間において行う会社と取締役との利益が相反する取引（間接取引。例．取締役の債務の保証）を「利益相反取引」といいます（同条1項2号・3号）。

　会社と取締役の利益が相反するため、利益相反取引を行うには、会社の承認手続（本節**4**）が必要とされています。

（2）規制の対象外

　定型的に会社を害するおそれのない取引は、利益相反取引の規制の対象にはなりません。例えば、取締役から会社への贈与や、取締役から会社への無利息・無担保での金銭貸し付けは、規制の対象になりません。

　また、会社の利益の帰属者である株主全員の同意がある場合の取引も、規制の対象にはなりません。

4　競業取引と利益相反取引の承認手続

　取締役は、競業取引または利益相反取引をしようとする場合には、取引について重要な事実を開示し、株主総会の普通決議（取締役会設置会社においては

取締役会決議）による承認を受けなければなりません（会社356条1項、365条1項）。

取締役会において承認決議を行う場合、競業取引または利益相反取引を行う取締役は、特別利害関係人として議決に加わることができません（会社369条2項）。

取締役会設置会社においては、競業取引または利益相反取引を行った取締役は、取引後、遅滞なく、取引についての重要な事実を取締役会に報告しなければなりません（会社365条2項）。会社が適切な事後措置をとることを可能にするためです。

5 取締役の責任

競業取引または利益相反取引について、株主総会または取締役会の承認を得た場合であっても、会社に損害が生じたときは、取締役は任務懈怠による損害賠償責任を負うことがあります（会社423条1項。2-6☞142頁）。

取締役が会社の承認を得ずに競業取引をしたときは、競業取引によって得た利益の額が会社の損害額と推定されます（同条2項）。会社が損害を証明することは困難であるところ、推定により立証が容易になります。

また、利益相反取引によって会社に損害が生じたときは、利益相反取締役や取締役会の承認決議に賛成した取締役などは、任務懈怠と推定されます（同条3項）。

利益相反取引のうち自己のために直接取引をした取締役の任務懈怠による損害賠償責任は、帰責事由がないことをもって免れることはできません（会社428条1項）。

COLUMN 1 民法の利益相反行為の規制

利益相反行為は、民法において規制されています。

［1］ 代理人の利益相反行為の規制

代理人が本人の法律行為の代理人として、同時にその法律行為の相手方となること（自己契約）、及び法律行為の当事者双方の代理人となること（双方代理）は、原則として無権代理とみなされます（民108条1項本文）。したがって、本人が追認をしなければ、本人に対して契約の効力は生じません（民113条1項）。

また、自己契約及び双方代理に該当しない、代理人の利益相反行為も、原則として無権代理とみなされます（民108条2項本文）。例えば、代理人の債務を本人の代理人として本人に保証させる行為です。

　なお、この民法108条は、会社の承認を受けた取締役の利益相反取引（本節の**3**）には適用されません（会社356条2項）。

［2］　親権者の利益相反行為の規制

　親権を行う父母と子との利益が相反する行為については、親権者は、子のために特別代理人の選任を家庭裁判所に請求しなければなりません（民826条1項）。例えば、親権者と子の双方が相続人となる場合の遺産分割協議を行うには、特別代理人が必要です。

　また、親権者は、数人の子に対して親権を行う場合において、その1人と他の子との利益が相反する行為についても、その一方のために特別代理人の選任を家庭裁判所に請求しなければなりません（民826条2項）。

　なお、この民法826条は、後見人と被後見人（3-11☞221頁）との間の利益相反行為について準用されています（民860条）。

COLUMN 2　真実に反すると認識しながら

［1］　税理士の故意による不真正の税務書類の作成

　「財務大臣は、税理士が、故意に、真正の事実に反して税務代理若しくは税務書類の作成をしたとき、又は第36条の規定（脱税相談等の禁止）に違反する行為をしたときは、2年以内の税理士業務の停止又は税理士業務の禁止の処分をすることができ」ます（税理士45条1項）。

　故意とは、事実に反し、または反するおそれがあると認識して行うことをいうと解されています。

　依頼者から真正の事実を知らされていたにもかかわらず、そのまま架空の接待交際費を計上したり、売上金額の一部を除外したりした場合は、懲戒の対象となります。依頼者から、真正の事実に反することが発覚しても税理士に対して損害賠償請求をしない旨の誓約書を取得したとしても、税理士法の上記規定に違反することに変わりはありません。

［2］　弁護士の真実義務と誠実義務

（1）真実義務

　弁護士職務基本規程に、「弁護士は、真実を尊重し、信義に従い、誠実かつ公正に職務を行うものとする」と定められています（5条）。

　弁護士には、社会正義の実現のための職務の独立性から真実（尊重）義務が課されています（以下、日本弁護士連合会弁護士倫理委員会編著『解説　弁護士職務基本規程』によります）。

　民事事件の場合、弁護士は、真実を積極的に提示する積極的義務は負わないものの、主観的な真実に反することを知りながら、ことさらに自己（依頼者）の主張を展開して証拠を提出したり、あるいは相手方の主張を争って反証を提出したりすることは許されないという消極的義務を負うと解されています。

　刑事事件の場合、弁護人（弁護士）は、客観的真実の発見に協力する積極的な義務を負いません。黙秘権が保障されている被疑者及び被告人（憲38条）に対して誠実義務（下記（2））を負う弁護人にも、積極的な真実義務はありません。しかしながら、弁護人は、裁判所及び検察官による実体的真実の発見を積極的に妨害し、または積極的に真実を歪める行為をすることは許されないという消極的な真実義務を負います。

（2）誠実義務

　弁護士法に「弁護士は、前項の使命に基き、誠実にその職務を行い、社会秩序の維持及び法律制度の改善に努力しなければならない」と規定されており（1条2項）、依頼者に対して誠実義務を負います。弁護士職務基本規程5条は、この規定を受けたものです。

　弁護士が依頼者の正当な権利・利益を誠実に擁護することによって、基本的人権が擁護され、社会正義の実現に寄与します。

　弁護士は、法律の専門家であり、公共的性格を有する職務であることから、通常の善管注意義務（民644条。2-6☞142頁）を加重した誠実義務を負うと考えられています。

（3）真実義務と誠実義務の衝突

　真実義務と誠実義務は衝突することがあります。

　例えば、刑事事件において、被告人が法廷で事件に関与しておらず無罪を主張しながら、拘置所での接見中に弁護人に対して事件への関与を告白した場合、

弁護人が有罪主張することは誠実義務に反し、無罪主張することは真実義務に反するように思えます。

　被告人が無罪主張を維持したいと述べる場合には、弁護人は、事件の見通しを十分に説明し、（改悛の情がないなどの理由で）悪い結果を導く可能性があることを伝え、それでも被告人が翻意しない場合には、被告人の自己決定権に従った弁護活動をすることが誠実義務の内容として要請され、弁護人は無罪主張をせざるを得ません。

POINT❗

- 競業取引とは、取締役が自己または第三者のために行う会社の事業の部類に属する取引をいう。
- 利益相反取引とは、取締役が自己または第三者のために会社との間において行う取引、及び会社が取締役以外の者との間において行う会社と取締役との利益が相反する取引をいう。
- 取締役は、競業取引または利益相反取引をしようとする場合には、取引について重要な事実を開示し、株主総会の普通決議（取締役会設置会社においては取締役会決議）による承認を受けなければならない。
- 競業取引または利益相反取引について、会社の承認を得た場合であっても、会社に損害が生じたときは、取締役には任務懈怠による損害賠償責任が生じることがある。

2-8 倒産処理手続
—このままだとダメだ、もうダメだ

倒産処理手続の知識は、税理士試験においても問われています。

令和3（2021）年度法人税法の計算問題では、貸倒れに関する資料の中に、破産法による破産手続開始の申立て、民事再生法による再生手続開始の申立て・再生計画認可の決定が登場します。

また、令和元（2019）年度所得税法の理論問題では、債務免除を受けた個人の所得税の取扱いとして、破産法による免責許可の決定または民事再生法による再生計画認可の決定があった場合についての解答が求められています。

本節では、倒産処理手続（破産手続、民事再生手続、会社更生手続及び特別清算手続）（破産法など）について解説します。

1 倒産処理手続

倒産とは、債務を返済できないような経済状態をいいます。

倒産状態を放置すると、早い者勝ちの債権回収が行われ、債権者間に不平等が生じるおそれがあります。また、再生が可能であり、債権者にとっても再生のほうが債権回収額の点からメリットがあるにもかかわらず、債務者が清算に追い込まれ、経済生活・事業の再生による利益を実現できなくなるおそれがあります（囚人のジレンマ）。さらには、低い清算価値しか実現できないおそれがあります。

そこで、倒産状態を放置しないことが債権者と債務者の双方の利益に適合するため、倒産処理手続が定められています。倒産処理手続においては、債権者による個別的な権利実行が禁じられています（担保権の実行を除く）。

倒産処理手続には、債務者の資産を換価して債権者に平等に配当する清算型と、債務者の事業などを債権カットや弁済の猶予を与えることにより再建し、

再建された事業などから生じる収入から弁済する再建型があります。

　また、債務者が自己の財産などの管理処分権などを喪失し、選任された第三者（例．管財人）が管理などを行う管理型と、債務者自身が管理処分権を保持し手続遂行主体となるＤＩＰ（debtor-in-possession）型があります。

◎倒産処理手続

	管理型	ＤＩＰ型
清算型	破産手続（破産法）	特別清算手続（会社法）
再建型	会社更生手続 （会社更生法）	民事再生手続 （民事再生法）

2 破産手続

（1）破産手続の概要

　破産手続は、清算型かつ管理型の手続です。裁判所から選任され、債権者を代表する第三者機関である破産管財人が、債務者の資産を換価し、また負債を確定させたうえで、債権者に対して厳格な債権者平等の原則に則って換価代金から配当します。

　破産手続の対象となる債務者は、個人（自然人）と法人です。法人破産は、債権者のための手続であるのに対して、個人破産は、債権者に配当される財産があることは少なく、債務者が免責を得ることを主目的として行われるため、債務者のための手続であるといえます。

　債務者自身による破産手続開始の申立てを「自己破産申立て」といいます。令和2（2020）年度の申立件数は、個人7万1838件（うち自己破産7万1678件）、法人その他6266件（うち自己破産6085件）となっており（司法統計）、ほとんどが自己破産申立てです。

　裁判所は、債務者が支払不能にあるときは、破産手続開始の決定をします（破産15条1項）。開始決定と同時に、裁判所は、破産管財人（ほとんどが弁護士）を選任します（破産31条1項、74条1項）。また、開始決定をしたときは、官報公告を行います（破産32条1項、10条1項。本節のCOLUMN）。

　破産手続の場合は、他の倒産処理手続（再生計画、更生計画、協定）とは異なり、債権者の多数決により債権者の権利の内容を変更することは認められて

いません。破産管財人は、破産債権の内容及び金額に応じて平等に配当を行わなければなりません（破産193条、194条）。

そして、裁判所は、債権者への配当が終了した後、債権者集会が終結したときなどは、破産手続終結の決定をします。終結決定をしたときにも官報公告を行います（破産220条）。

（2）法人破産

債務者が法人の場合、支払不能だけでなく債務超過も破産手続開始の原因となります（破産16条1項）。

破産手続開始の決定は、株式会社の解散事由となります（会社471条5号）。解散後も、破産者である法人は、破産手続による清算の目的の範囲内において存続しますが、破産手続が終結し、残余財産（自由財産）がないときは消滅します（破産35条）。

（3）個人破産

ア　同時破産廃止

破産者に破産手続費用を支払うだけの財産がない場合には、裁判所は、破産手続開始の決定と同時に、破産手続廃止の決定をします（破産216条1項。同時破産廃止）。破産管財人の選任も行われません。

なお、同時破産廃止は（法人破産にもありますが）個人破産に多いです。

イ　自由財産

債権者への配当に充てられず、破産者が手元に残すことができる財産を「自由財産」といいます。破産手続開始後に破産者が取得した財産（破産34条1項・2項。例. 手続開始後の労働の対価としての給与）や金銭99万円（同条3項1号）、差押禁止財産（同条3項2号）などが自由財産となります。

自由財産の範囲の拡張が認められることもあります（同条4項）。例えば、預金（債権）は金銭ではないので、原則として全額が債権者への配当に充てられますが、拡張が認められれば、自由財産にすることができます。自由財産の総額が99万円以下となる自由財産の範囲の拡張は、比較的緩やかに認められます。

なお、法人にも自由財産は認められますが、極めて例外的な場合に限られます。

ウ　免責手続

　債務者が個人の場合、破産手続とは別個の手続として、免責手続があります。自己破産手続開始の申立てがあった場合には、同時に免責許可の申立てをしたものとみなされます（破産248条4項）。

　裁判所は、免責不許可事由（例．浪費・賭博による著しい財産の減少）がない限り、免責許可の決定をします（破産252条1項）。もっとも、免責不許可事由があっても、裁判所の裁量によって免責許可の決定をすることができます（同条2項）。

　免責許可の決定が確定すると、個人破産者は、原則として、破産債権について責任を免れます（破産253条1項）。ただし、一部の請求権（例．租税債権、破産者が故意または重過失により加えた人の生命・身体を害する不法行為による損害賠償請求権、養育費請求権）には、免責の効果は及びません（同条1項但書）。重大な法益侵害を行った悪質な加害者に対する損害賠償請求権や子の生活費などは、特別な保護を与える必要性が高いからです。

エ　復権

　破産者は、破産手続開始の決定により、様々な職業についての資格が制限されます。例えば、税理士法2条4号には、破産手続開始の決定を受けて復権を得ない者は、税理士となる資格を有しないと規定されています。

　免責許可の決定が確定すると、破産者は復権し（破産255条、その他に256条）、資格制限も消滅します。

3　民事再生手続

（1）通常再生

ア　概要

　民事再生手続は、再建型かつDIP型の手続です。債務者は、手続開始後も、原則として業務遂行権及び財産の管理処分権を有しますが、債権者に対し、公平かつ誠実に、権利を行使し、再生手続を追行する義務を負います（民再38条）。

　通常再生手続の対象となる債務者は、個人と法人です。

　令和2（2020）年度の既済事件数は、通常再生は152件です。なお、下記（2）で解説する小規模個人再生は1万1948件、給与所得者等再生は764件と

なっています（司法統計）。

　最近では、エアバック不具合が問題となったタカタ株式会社が民事再生手続を選択し、平成30(2018)年6月に再生計画認可の決定が確定しています。また、令和3（2021）年10月末時点で、暗号資産交換業者マウントゴックス（株式会社MTGOX）や学校法人森友学園などが民事再生手続中です。

イ　再生手続開始の原因

　再生手続開始の原因は、債務者に破産手続開始の原因となる事実（本節の**2**（1）（2））の生ずるおそれがあること、または債務者が事業継続に著しい支障をきたすことなく弁済期にある債務を弁済することができないことです（民再21条1項）。前者は、「おそれ」があれば足りるとすることで、開始原因を緩和し、再建可能な早期の申立てを促しています。

　裁判所は、申立てがあり、再生手続開始の原因があるときは、再生手続開始の決定をします（民再33条1項）。

ウ　監督委員

　裁判所は、再生手続開始の申立てがあった場合において、必要があると認めるときは、監督委員による監督を命ずる処分をすることができます（民再54条1項）。監督委員（ほとんどが弁護士）を選任する運用が一般的です。

　監督委員の権限は、裁判所が指定した債務者の行為に対する同意権（同条2項）や債務者に対する調査権（民再59条）などです。

エ　再生計画案の決議

　債務者は、再生計画案を作成して裁判所に提出しなければなりません（民再163条1項）。再生計画には、再生債権者の権利を変更する条項（例．元本を6割免除し、残元本を8年間で弁済する）などを定めなければなりません（民再154条1項）。権利変更の内容は、再生債権者間で平等でなければならないのが原則ですが、差を設けても衡平を害しない場合は、平等原則は適用されません（民再155条1項）。

　裁判所は、再生計画案の提出があったときは、一定の場合を除き、決議に付する旨の決定をします（民再169条1項）。

　再生計画案の可決のためには、①出席・回答議決権者の過半数の同意（頭数要件）及び②議決権者の議決権総額の1／2以上の議決権を有する者の同意（債権額要件）が必要です（民再172条の3）。

オ　再生計画認可の決定

　再生計画案が可決された場合には、裁判所は、不認可事由がある場合を除き、再生計画認可の決定をします（民再174条）。

　不認可事由とは、決議に同意しなかった少数派の債権者を保護するための最低限の要件を充たさないことです。具体的には、民事再生手続よりも破産手続によるほうが債権者に対して多くの配当ができ、清算価値保障原則に反することなどです。

　再生計画は、認可決定の確定により、効力を生じます（民再176条）。認可決定が確定したときは、再生計画の定めなどによって認められた権利を除き、債務者は、原則としてすべての再生債権について免責されます（民再178条）。また、届出再生債権及び自認債権（届出がなくとも債務者がその存在を知って認否書に明記した再生債権）の内容は、再生計画の定めに従って変更されます（民再179条）。

カ　再生手続終結の決定

　裁判所は、監督委員が選任されている場合において、再生計画が遂行されたとき、または再生計画認可の決定が確定した後3年を経過したときは、再生手続終結の決定をしなければなりません（民再188条2項）。再生計画認可決定の確定時に終結決定がなされないのは、再生計画の履行を監督するためです。

（2）通常再生の特則

ア　小規模個人再生

　小規模個人再生とは、継続的にまたは反復して収入を得る見込みがある個人債務者を対象として、通常再生よりも簡易迅速に処理する手続です。

　小規模個人再生の手続開始要件は、①債務者が将来において継続的にまたは反復して収入を得る見込みがあること、②再生債権の総額（ただし、住宅ローン債権額などを除く）が5000万円を超えないことです（民再221条1項）。

　①は、将来の収入から弁済することにより、破産手続よりも多くの弁済ができるので、簡易な再生手続を利用できることにしたものです。収入が定期的でなくても、また収入額の変動幅が大きくても、①の要件を充たします。

　②において住宅ローン債権額などが除かれるのは、それらは再生計画による減免の対象にはならないからです。

再生計画には、通常再生とは異なり、権利変更の内容について形式的平等の原則が適用されます（民再229条1項）。

　裁判所は、再生計画案の提出があったときは、一定の場合を除き、決議に付する旨の決定をします（民再230条3項）。

　再生計画案が可決された場合には、裁判所は、不認可事由がある場合を除き、認可決定をします（民再231条1項）。不認可事由として重要なのが、最低弁済額に反することです（同条2項3号・4号）。非常に低額を弁済する再生計画を認めることは、社会的感情などから相当ではなく、最低弁済額すら弁済できないのであれば破産もやむを得ないと考えられています。

　小規模個人再生手続は、再生計画の認可決定の確定によって当然に終結します（民再233条）。履行の監督は想定されていません。

イ　給与所得者等再生

　給与所得者等再生とは、小規模個人再生の対象となる個人債務者のうち、定期的な収入を得る見込みがあり、かつ、収入額の変動幅が小さいと見込まれる者を対象として（民再239条1項）、小規模個人再生よりもさらに簡易迅速に処理する手続です。

　可処分所得の一定部分を計画弁済に充てることが必要となりますが（民再241条2項7号）、再生計画案に対する再生債権者の決議（同意）は必要とされません。可処分所得から弁済する要件が厳しいため、給与所得者等再生ではなく、小規模個人再生が選択されることが多いです。

ウ　住宅資金貸付債権に関する特則

　経済的に困窮した個人債務者が自宅を手放すことなく再建できるように住宅資金貸付債権に関する特則が設けられており、他の再生債権者とは異なる取扱いを定めることができます。

　この特則は、通常再生（個人）、小規模個人再生、給与所得者等再生のいずれにおいても適用されます。

4　会社更生手続

　会社更生手続は、再建型かつ管理型の手続です。株式会社のみを対象とした（会更1条）、民事再生手続の特則です。更生管財人が必ず選任されます（会更42条1項）。

厳格な手続であり、時間と費用がかかるため、大規模な株式会社の再建に用いられています。

令和2（2020）年度の会社更生の既済事件数は2件です（司法統計）。過去の具体例として、日本航空株式会社（ＪＡＬ）が平成22（2010）年1月に会社更生手続開始の申立てを行い、同年11月に更生計画認可の決定がなされ、平成23（2011）年3月に手続が終結しています。

5 特別清算手続

特別清算手続は、会社法に定められた清算型かつＤＩＰ型（会社523条、478条1項1号）の手続です。（解散後の）清算株式会社のみを対象とした、破産手続よりも簡易な手続であり、協定の成立が見込める場合には、利用するメリットがあります。令和2（2020）年度の特別清算の既済事件数は305件です（司法統計）。

裁判所は、清算株式会社に債務超過の疑いがあるときは、申立てに基づいて特別清算の開始を命じます（会社510条2号）。手続開始の原因は、債務超過の「疑い」で足ります。

破産手続の配当とは異なり、債権者集会の決議による可決（会社567条1項）及び裁判所の認可決定（会社569条1項）を経た協定によって、権利変更の効力が生じ（会社570条）、債権者に対する弁済が行われます。

協定条件は債権者平等を原則としますが、債権者間に差を設けても衡平を害しない場合には、別段の定めが認められており（会社565条。実質的平等の原則）、事案に応じた柔軟な換価・分配が可能です。

裁判所は、協定が遂行され、特別清算が結了したときは、申立てにより、特別清算終結の決定をします（会社573条1号）。終結決定の確定により、株式会社の法人格は消滅します。

6 倒産処理手続の課税関係

法人の有する金銭債権について、民事再生法の再生計画認可の決定、会社更生法の更生計画認可の決定、会社法の特別清算に係る協定の認可の決定により切り捨てられることとなった部分の金額は、その事実の発生した日の属する事業年度において貸倒れとして損金の額に算入します（法基通9-6-1）。貸倒れと

して損金経理していなくても、税務上は、損金の額に算入します。

　これに対し、債務者である法人が破産手続を選択した場合は、配当されなかった部分の破産債権を法的に消滅させる免責手続がないため、どのようにして貸倒れとして損金の額に算入できるかが問題となります。

　この点について、「裁判所が破産法人の財産がないことを公証の上、出すところの廃止決定又は終結決定があり、当該法人の登記が閉鎖されることとされており、この決定がなされた時点で当該破産法人は消滅することからすると、この時点において、当然、破産法人に分配可能な財産はないのであり、当該決定等により法人が破産法人に対して有する金銭債権もその全額が滅失したとするのが相当であると解され、この時点が破産債権者にとって貸倒れの時点と考えられる」、「破産管財人から配当金額が零円であることの証明がある場合や、その証明が受けられない場合であっても債務者の資産の処分が終了し、今後の回収が見込まれないまま破産終結までに相当な期間がかかるときは、破産終結決定前であっても配当がないことが明らかな場合は、法人税基本通達9-6-2を適用し、貸倒損失として損金経理を行い、損金の額に算入することも認められる」（平成20〔2008〕年6月26日裁決　裁決事例集№75-314頁）とする国税不服審判所の裁決があります。

　法人税基本通達9-6-2には、法人は、債務者の資産状況、支払能力などからみてその全額が回収できないことが明らかになった場合には、その明らかになった事業年度において貸倒れとして損金経理をすることができると定められています。

COLUMN　破産者マップ

　直近30日分であれば無料で誰でも見ることができるインターネット版の官報に掲載された破産手続開始決定などがされた個人の氏名や住所などをGoogleマップに表示する「破産者マップ」と称するWebサイトが、破産者の同意なく個人情報を公開している点で問題となりました。

　破産者情報は、要配慮個人情報には該当しないことから、本人の求めに応じて本人が識別される個人データの第三者への提供を停止することとしている場合であって、一定事項について、あらかじめ、本人に通知し、または本人が容易に知り得る状態に置くとともに、個人情報保護委員会に届け出れば、第三者

に対して提供できてしまうこと（個人情報保護法23条）が懸念されました。

　そこで、令和2（2020）年6月に個人情報保護法が改正され、「個人情報取扱事業者は、違法又は不当な行為を助長し、又は誘発するおそれがある方法により個人情報を利用してはならない」（16条の2）という規定が設けられました。個人情報の不適正な取得だけでなく、不適正な利用も禁止されることになりました。令和4（2022）年4月に施行されます。

POINT

- （法的な）倒産処理手続として、破産手続、民事再生手続、会社更生手続及び特別清算手続がある。
- 倒産処理手続には、清算型と再建型がある。また、管理型とＤＩＰ型がある。

第 *3* 章

相続税・贈与税に関連する
実務のために
知っておきたい法律知識

失踪宣告
―あなたはもう死んでいる

　相続税の申告期限である10ヵ月以内の起算日の基準となる「相続の開始があったことを知った日」の意義が相続税法基本通達27-4に定められています。民法30条及び31条の規定により**失踪の宣告**を受け死亡したものとみなされた者の相続人などについては、失踪宣告に関する審判の確定のあったことを知った日とされています。

　本節では、失踪宣告（民法）について解説します。

１　失踪宣告とは？

　失踪宣告とは、家庭裁判所の審判によって生死不明の不在者を死亡したものとする民法上の制度です。不在者とは、従来の住所（生活の本拠）または居所（生活しているが住所のように安定したものではない場所）を去った者のことをいいます（民22条、23条、25条１項）。

　失踪宣告の種類として、普通失踪と（死亡の原因となるべき危難に遭遇した場合の）特別失踪があります。

◎司法統計（令和２〔2020〕年度）
① **失踪宣告及びその取消し**
　　既済総数　2119件　うち認容　1732件
② **不在者の財産管理に関する処分**（本節のCOLUMN3）
　　既済総数　7648件　うち認容　6766件

２　失踪宣告の要件

　失踪宣告の要件は、不在者の生死不明が、普通失踪の場合は生存が証明された最後の時から７年間、特別失踪の場合は危難が去った時から１年間継続して

いること（民30条）です。

利害関係人が失踪宣告を求める申立てをすると、家庭裁判所は、親族への調査を行い、そして官報や裁判所の掲示板で催告をします。不在者の生存を知る者から届出などがなかったときは、家庭裁判所は失踪宣告の審判をします。

なお、平成23（2011）年の東日本大震災から1年後に、特別失踪による大量の申立てがなされることが予想され、被災地の家庭裁判所は対応を検討しましたが、死亡届（本節のCOLUMN1）の要件緩和が認められたため、大量の申立てがなされることはありませんでした。

❸ 失踪宣告の効果

失踪宣告の審判が確定すると、失踪者は、普通失踪の場合は失踪期間（7年間）満了時に、特別失踪の場合は危難が去った時に死亡したものとみなされます（民31条）。これにより失踪者の相続が開始され、また失踪者との婚姻が解消されます。

申立人は、失踪宣告の審判が確定してから10日以内に、市区町村に対して失踪の届出をしなければなりません（戸94条）。届出により戸籍に死亡が記載されます。

❹ 失踪宣告の取消し

（1）遡及効

失踪宣告は、それが事実に反することが明らかになっただけでは効力は失われません。効力を失わせるには、家庭裁判所の審判による失踪宣告の取消しが必要です（民32条）。

失踪宣告取消しの審判が確定すると、失踪宣告ははじめからなかったことになります。相続は開始されなかったことになり、解消したはずの婚姻は存在していたことになります。

（2）遡及効の制限

相続人Yが、失踪宣告により相続が発生したXから承継した不動産甲をZに対して売却した後に、Xの失踪宣告が取り消されたとします。

取消しにより失踪宣告は、はじめからなかったことになりますが、YとZを保護する規定があります。

まず、ＹとＺの双方が、Ｘの失踪宣告が事実に反することを知らないで売買したときは（善意）、Ｚは甲の所有権を失わず（同条１項２文）、Ｘは甲を取り戻すことができません。

　また、Ｚが甲の所有権を保持する場合、Ｙは、Ｘに対して、売買代金額相当の利得を返還しなければなりませんが、現存利益（利益がそのまま、または形を変えて残っている限度）の返還で足ります（同条２項）。

（３）失踪宣告の取消しの課税関係

　失踪宣告の取消しの審判が確定すると、失踪宣告による相続の開始により相続税申告書を提出した者らは、取消しの確定を知った日の翌日から４ヵ月以内に限り、所轄税務署長に対し、更正の請求をすることができます（相税32条１項２号、相基通32-1）。

COLUMN 1　死亡届

　死亡届には、診断書または検案書を添付しなければなりません。ただし、やむを得ない事由があるときには、死亡の事実を証すべき書面の添付でもよいとされています（戸86条）。死亡届により、戸籍に死亡が記載されます。

　東日本大震災のときは、遺体が発見されず死亡の確認が困難であった事例の相当数について、死亡届の弾力的な運用がなされました。

COLUMN 2　認定死亡

　水難、火災などによって死亡した者がある場合に、その取調べをした官庁または公署が、死亡地の市町村長に対して死亡の報告をし、戸籍に死亡が記載されることを「認定死亡」といいます（戸89条）。認定死亡は、死亡は確実視されているのに、遺体が確認されない場合などに利用されます。

　あくまでも行政上の便宜的な取扱いであるため、生存の証拠があると、認定死亡は当然に効力を失います。効力を失わせる（取り消す）には家庭裁判所の審判が必要となる失踪宣告とは異なります。

COLUMN 3 **不在者の財産管理**

　不在者に財産管理人がいない場合、家庭裁判所は、利害関係人などの申立てにより、不在者自身や不在者の財産について利害関係を有する第三者の利益を保護するため、財産管理人の選任などの処分を行うことができます（民25条）。失踪宣告とは異なり、生死不明は不在者財産管理の要件になりません。

　なお、社会問題になっている所有者不明土地（3-16☞248頁）について、適切な管理のために特に必要であると認めるときは、国の行政機関の長などは、不在者財産管理人の選任を請求することができます（所有者不明土地の利用の円滑化等に関する特別措置法38条）。

　不在者財産管理人は、不在者の財産を管理・保存するほか、家庭裁判所の権限外行為許可を得たうえで、不在者に代わって、遺産分割や不動産売却などを行うことができます（民28条、103条）。また、不在者財産管理人は、家庭裁判所の審判により、不在者の財産から相当な報酬を受けることができます（民29条2項）。

　不在者財産管理人の職務は、不在者が現れたり、不在者について失踪宣告の審判が確定したりすると、終了となります。

POINT

- 失踪宣告とは、家庭裁判所の審判によって生死不明の不在者を死亡したものとする制度である。
- 失踪宣告の要件は、不在者の生死不明が、普通失踪の場合は生存が証明された最後の時から7年間、特別失踪の場合は危難が去った時から1年間継続していることである。
- 失踪宣告の審判が確定すると、失踪者は、普通失踪の場合は失踪期間（7年間）満了時に、特別失踪の場合は危難が去った時に死亡したものとみなされる。
- 失踪宣告取消しの審判が確定すると、失踪宣告ははじめからなかったことになる。

3-2 消滅時効
—時の過ぎゆくままにすると…

消滅時効という制度があることは多くの方に知られていますが、消滅時効の細かいルールはあまり知られていません。

相続税について、相続開始時（被相続人の死亡時）に既に消滅時効の完成した債務は、債務控除の対象となる確実と認められる債務には該当しないと定められています（相基通14-4）。この通達を理解するには、時効の完成と援用の違いを知っておく必要があります。

また、令和2（2020）年4月の改正民法の施行により消滅時効期間が大きく変更されており、消滅時効について知っている方も知識の更新が必要となっています。

本節では、消滅時効（民法）について解説します。

1 消滅時効

（1）消滅時効とは？

消滅時効とは、権利が行使されない状態が継続した場合に、その権利の消滅を認める制度です。消滅時効が存在する理由として、期間の経過により過去の事実（例. 弁済）の立証が困難になることから債務者を保護する、権利を長期間行使しない債権者は保護に値しないなどが挙げられます。

なお、時効には取得時効（1-1☞18頁）という制度もあります。こちらは、物などを一定の期間支配した者が権利を取得することを認めるものです。

（2）消滅時効の対象になる権利

消滅時効の対象になる権利は債権などです。勘違いされやすい点ですが、所有権は消滅時効の対象にはなりません。もっとも、他人が取得時効により物の所有権を取得すると、その反射的効果として前主は所有権を喪失します。

（3）債権の消滅時効期間

債権はどれくらいの期間が経過すると時効により消滅するのでしょうか。債権の消滅時効期間は、令和2（2020）年4月に施行された改正民法により単純化及び統一されました（改正前は本節のCOLUMN1）。

原則として、（権利を行使することができ、かつ、）債権者が権利を行使できることを知った時（主観的起算点）から5年間、または権利を行使することができる時（客観的起算点）から10年間行使しない場合は、債権は時効によって消滅します（民166条1項）。すなわち、行使できることを知れば5年間で消滅し、行使できることを知らなくても行使できる時から10年間で消滅します。

なお、不法行為による損害賠償請求権（民724条）や生命・身体の侵害による損害賠償請求権（民167条、724条の2）などの時効期間については、例外が設けられています（1-9☞68頁）。

民法166条（債権等の消滅時効）
　1項　債権は、次に掲げる場合には、時効によって消滅する。
　　1号　債権者が権利を行使することができることを知った時から5年間行使しないとき。
　　2号　権利を行使することができる時から10年間行使しないとき。

---

2 時効障害

（1）時効の完成猶予と更新

消滅時効期間が経過すると、必ず時効が完成するわけではありません。

消滅時効期間中に一定の行為があった場合、権利行使の意思が明らかになったといえるので完成が猶予されることを「時効の完成猶予」といいます。また、権利の存在について確証が得られたといえるために、それまで進行していた期間がリセットされ新たにゼロから起算されることを「時効の更新」といいます。

（2）裁判上の請求

裁判所に訴えを提起すると、裁判が終了するまで時効の完成が猶予されます（民147条1項1号）。そして、確定判決などによって権利が確定したときは時効が更新され、裁判確定時から新たに時効が進行します（同条2項）。

（3）催告

　訴えを提起するのではなく、口頭や書面で弁済してほしいと単に請求することを「催告」といいます。催告をしても、催告時から6ヵ月間、時効の完成が猶予されるだけです（民150条1項）。その期間内に裁判上の請求などを行わなければ、時効は完成します。催告は、訴訟提起などをするまでのつなぎの役割を果たすだけです。

　また、催告によって時効の完成が猶予されている間にされた再度の催告は、時効の完成猶予の効力を有しません（同条2項）。催告を繰り返すことによって、債権者が時効の完成から逃れることはできません。

（4）承認

　債務者が債務の存在を認めることを「承認」といい、承認があったときは時効が更新されます（民152条1項）。一部を弁済したり、支払いの猶予を求めたりすることは承認に該当します。

3　援用

（1）援用とは？

　消滅時効期間が経過し、障害事由が起こらないとき（時効の完成のとき）に、債権は時効によって当然に消滅するわけではありません。当事者が援用（消滅という利益を受ける旨の意思表示）しなければ、裁判所は時効を認めることができません（民145条）。それゆえ、債務者が時効の完成に気づかずに援用しなかったため、訴訟で支払いを命じられることもあり得ます。

　本節の冒頭で紹介した相続税法基本通達は、相続開始時に、援用の意思表示をしていなくても、消滅時効が完成している債務は、債務控除の対象にはならないと定めています。

（2）消滅時効完成後の自認行為

　それでは、債権者に支払いを猶予してほしいなどと伝えた後に、既に消滅時効が完成していると気づいた場合、債務者は消滅時効を援用できるでしょうか。

　民法に規定はありませんが、判例は、債務者が消滅時効完成の事実を知らなかった場合であっても、時効完成後に債務を承認する行為があったときは、債権者が時効を援用されないとの期待を抱くから、信義則上、その債務について時効を援用することは許されないとします。安易に債務の存在を認めてしまう

と、時効を援用することができなくなります。

　気づいて援用しなければ時効によって消滅しない、時効完成後に気づかずに債務の存在を認めてしまうと援用できなくなるなど、消滅時効は知っているか、気づくかによって訴訟の勝敗に大きく影響します。

COLUMN 1 **債権の消滅時効期間（民法改正前）**

　令和２（2020）年４月１日前に生じた債権などの消滅時効期間に関しては、改正前の民法の規定が適用されるので、しばらくは改正前の知識も必要になります。改正前の、債権の主な消滅時効期間は下記のとおりです。なお、税理士の報酬債権は（原則である）10年間でした。

　　原則：権利を行使することができる時から10年間
　　例外：権利を行使することができる時から下記の期間

　　　　①飲食店の飲食料債権　　　　　　　　　１年間
　　　　②売掛代金債権、弁護士の報酬債権　　　２年間
　　　　③定期給付債権　　　　　　　　　　　　５年間

COLUMN 2 **賃金請求権の消滅時効期間**

　未払賃金（残業代含む）を請求しようとする場合、消滅時効期間は２年間とされていましたが、民法改正に伴い、令和２（2020）年４月以降に支払日が到来する賃金請求権については５年間（ただし、当分の間は３年間）に延長されました（労働基準法115条、143条）。

COLUMN 3 **国税の賦課権・徴収権の期間制限**

　租税債権者である国などには、賦課権と徴収権があります。

　賦課権とは、更正または決定などによって、納付義務の内容（納付すべき税額）を確定する権利です。原則として、法定申告期限から５年を経過した日以後においては、更正決定などはできません（税通70条１項。除斥期間）。

　一方、徴収権とは、内容の確定した納付義務の履行を求め、その徴収を図る権利です。法定納期限などから５年間行使しないことによって、徴収権は時効

により消滅します（税通72条1項）。

COLUMN 4 刑事事件の公訴時効

　刑事訴訟法に公訴時効という制度があります。犯罪が行われても、犯罪行為終了時から一定期間が経過すると起訴することが許されなくなるものです。

　公訴時効が設けられている理由は、時の経過により証拠が散逸し、真実を発見することが困難になっていくことや、犯罪の社会的影響が弱まり、刑罰の必要性が減少していくことが挙げられます。時効期間は、窃盗罪の場合7年、暴行罪の場合3年、侮辱罪の場合1年などとなっています。

　なお、殺人罪には公訴時効がありません。従来は25年（さらにその前は15年）とされていましたが、一定期間が経過したからといって犯人が無罪放免になるのは納得できないという声が遺族から高まり、平成22（2010）年に殺人罪の公訴時効は廃止されました。

　公訴時効に関して、最近問題となっているのは、侮辱罪の1年は短すぎるのではないかということです。会員制交流サイト（SNS）上で匿名の投稿者から誹謗中傷された場合、まずはその投稿者の氏名などを特定する必要があるところ、特定に時間がかかり、1年の公訴時効期間が経過してしまうからです。

POINT❗

- 消滅時効とは、権利が行使されない状態が継続した場合にその権利の消滅を認める制度である。
- 原則として、債権者が権利を行使できることを知った時から5年間、または権利を行使することができる時から10年間行使しない場合は、債権は時効によって消滅する。
- 催告をしても、催告時から6ヵ月間、時効の完成が猶予されるだけである。また、催告によって時効の完成が猶予されている間にされた再度の催告は、時効の完成猶予の効力を有しない。
- 当事者が援用しなければ、裁判所は時効を認めることができない。

3-3 隣地通行権
―あなたの土地を通ります

　平成23（2011）年度税理士試験の相続税法の計算問題として、「無道路地の評価」が出題されています。税法上、無道路地とは、道路に接しない宅地（接道要件を満たしていない宅地を含む）であり、評価方法について財産評価基本通達20-3があります。

　無道路地の所有者は、隣地の所有者が隣地内の通行を拒絶する場合、道路に出ることができなくなり、無道路地を利用することができなくなるのでしょうか。

　本節では、**隣地通行権**（民法）について解説します。

1　隣地通行権とは？

　他の土地に囲まれて公道に通じない土地を「袋地（ふくろち）」といい、池沼、河川、水路、海、著しい高低差がある崖を通らなければ公道に至ることができない土地を「準袋地」といいます。

　袋地または準袋地の所有者は、公道に至るため、その土地を囲んでいる他人所有の土地を通行することができます（民210条）。この隣地通行権（囲繞地（いにょうち）通行権）は法律上当然に認められる権利であり、隣地の所有者の同意は不要です。同意（契約）が必要な通行地役権（1-4☞46頁）とは異なります。

◎袋地

隣地通行権が認められるのは、土地が死蔵され、社会的損失が生じることを防ぐためです。

2 公道に通じない土地とは？

「公道に通じない土地」の公道とは、公道か私道かを問わず、公衆が自由に通行可能な道路を意味すると解されています。

また、既に通路が存在する場合であっても、既存の通路では土地の用途に応じた利用にとって不十分であるときは、「公道に通じない土地」と評価され、隣地通行権（既存通路の拡幅や別の通路の設置）が認められることがあります。

徒歩により公道に至ることができる土地のために自動車通行を前提とする隣地通行権が認められるかどうかについて、最高裁平成18（2006）年3月16日判決・裁判所Webは、「自動車による通行を前提とする210条通行権の成否及びその具体的内容は、他の土地について自動車による通行を認める必要性、周辺の土地の状況、自動車による通行を前提とする210条通行権が認められることにより他の土地の所有者が被る不利益等の諸事情を総合考慮して判断すべきである」と判示しています。

さらに、道路に2m以上接するという建築基準法43条1項の接道要件を満たしていない土地について、最高裁平成11（1999）年7月13日判決・裁判所Webは、「建築基準法43条1項本文は、主として避難又は通行の安全を期して、接道要件を定め、建築物の敷地につき公法上の規制を課している。このように、右各規定（著者注. 民法210条と建築基準法43条1項本文）は、その趣旨、目的等を異にしており、単に特定の土地が接道要件を満たさないとの一事をもって、同土地の所有者のために隣接する他の土地につき接道要件を満たすべき内容の囲繞地通行権が当然に認められると解することはできない」と判示しています。隣地通行権の成否及び内容について、接道要件を考慮すること自体は否定されていないと解されています。

3 有償通行権（原則）

（1）隣地通行の場所及び方法

隣地通行権が認められるからといって、隣地の好きな場所を通行できるわけではありません。隣地通行の場所及び方法は、通行権者のために必要であり、

かつ、隣地のために損害が最も少ないものを選ばなければなりません（民211条1項）。

通行権者は、必要があるときは、通路を開設することもできます（同条2項）。具体的には、砂利を敷いたり、障害物を除去したりすることができます。

（2）償金の支払義務

通行権者は、通行する他人所有の土地の損害に対して償金を支払わなければなりません（民212条）。償金は、隣地に現実に発生した損害を賠償する性質と通行権者の利得を償還する性質とを併せ持ちます。

もっとも、通行権者は、償金の支払いを怠ったとしても、隣地通行権を失わず、引き続き隣地を通行することができると解されています。隣地通行権は、公益上の配慮から法律上当然に認められる権利であり、償金の支払いを対価として認められるわけではないからです。

4 無償通行権（例外）

共有地の分割（3-4☞178頁）によって公道に通じない土地が生じたときは、袋地の所有者は、公道に至るため、他の分割者の所有地のみを通行することができます（民213条1項）。

また、土地所有者が土地の一部を譲渡したことにより公道に通じなくなったときは、袋地の所有者は、公道に至るため、譲渡人または譲受人の土地のみを通行することができます（同条2項）。

これらの場合、償金を支払う必要がありません。通行権の発生を予期して分割地または譲渡土地の範囲や対価を定めているはずであり、通行の負担を負う所有者が損害を被るとはいえないからです。

POINT❗

- 袋地または準袋地の所有者は、公道に至るため、その土地を囲んでいる他人所有の土地を通行することができる。
- 隣地通行の場所及び方法は、通行権者のために必要であり、かつ、隣地のために損害が最も少ないものを選ばなければならない。
- 通行権者は、原則として、通行する他人所有の土地の損害に対して償金を支払わなければならない。

共有
—みんなのもの

遺産分割や夫婦による購入などの結果、資産が**共有**となることがあります。共有物の変更や管理などは、どのようにして行うことができるのでしょうか。また、共有者の1人が共有物を独占使用するときに、他の共有者は何を請求できるのでしょうか。

共有は、税理士試験の所得税法にも出題されています。令和3（2021）年度の計算問題では、「相続前の持分は、家屋が甲の母と兄の2分の1共有、土地が甲の母、兄、甲の3分の1共有であ」り、甲は、甲の母の持分すべてを相続したうえで、家屋及び土地を売却したと記述されています。

また、平成29（2017）年度の計算問題では、新築で取得した自宅マンションは、乙と乙の妻の共同名義で購入したものであり、その共有持分は乙8：乙の妻2となっている、諸費用はその共有持分に応じて負担していると記述されています。

本節では、共有（民法）について解説します。

1 共有とは？

複数人が1つの物を共同で所有することを「共同所有」といいます。そして、共同所有の原則形態を「共有」といいます。

共有とは、複数人が持分を有して1つの物を共同所有することであり、かつ、各自の持分が顕在化しているものをいいます。

課税関係として、共有物の持分は、共有物の価額を持分に応じて按分した価額によって評価すると定められています（評基通2）。

なお、複数人が所有権以外の財産権（例.賃借権、株式）を共同で有することを「準共有」といいます。共有に関する規定（民249〜263条）が準用されますが、法令に特別の定めがあるとき（例.分割債権について民427条）は準用

されません（民264条）。

　また、相続人が複数あるときは、相続財産は、遺産分割がされるまで、各自の相続分に応じて共有（遺産共有）となります（民898、899条。株式の準共有については2-4☞131頁）。

２　共有の内部関係

（１）共有物の変更・管理・保存

　共有物は、どのようにして使用できるのでしょうか。共有者全員の同意がないと何も決められないのでしょうか。共有不動産を例にして解説します。

　まず、変更行為（例．売却、造成、増築）をするためには、共有者全員の同意が必要になります（民251条）。

　共有不動産の所有権を売却するためには、全員の同意が必要になりますが、自分の共有持分権（１／２や１／３などといった割合の権利）を売却することは単独で行うことができます。もっとも、共有持分権の売却は、買主を見つけるのが困難であり、仮に見つけることができても売却金額が低くなってしまうことが多いです。

　次に、管理行為（例．賃貸借契約の解除）をするためには、共有者の持分価格の過半数（民252条本文）が必要になります。

　例えば、Aが１／２、Bが１／４、Cが１／４の共有持分権を有する場合、Cが同意しなくても、AとBは２人の同意によって管理行為を行うことができます。一方、A単独では管理行為を行うことはできません。

　そして、保存行為（例．修繕、無断使用者への明渡請求）は、各共有者が単独で行うことができます（同条但書）。

民法251条（共有物の変更）

　各共有者は、他の共有者の同意を得なければ、共有物に変更を加えることができない。

民法252条（共有物の管理）

　共有物の管理に関する事項は、前条の場合を除き、各共有者の持分の価格に従い、その過半数で決する。ただし、保存行為は、各共有者がすることができる。

（2）共有物の管理費用と負担

共有物の管理費用（利用・改良のための必要費及び有益費）と負担（固定資産税などの公租公課）は、共有者が持分に応じて負担します（民253条1項）。利用・改良に反対した共有者も持分に応じて負担しなければなりません。

共有者が1年以内にこの負担義務を履行しないときは、他の共有者は、相当の償金を支払って、その履行しない者の持分を取得することができます（同条2項）。

（3）共有者の1人が共有物を使用する場合

共有者の1人が共有不動産を使用し、他の共有者は使用できない状態が続くことがあります。各共有者は、共有物の全部について、その持分に応じた使用をすることができるところ（民249条）、使用していない共有者は、使用している共有者に対して何か請求できるのでしょうか。

まず、明渡しを請求しても、共有者であれば共有不動産の全体を利用する権利があるため、当然には認められません。過半数を超える多数持分権者が、少数持分権者に対して明渡請求をしても、当然には認められず、認められるためには、明渡しを求める理由を主張・立証しなければなりません（判例）。

また、相続人の1人が相続開始前から遺産である建物において被相続人の許諾を得て被相続人と同居していたときは、原則として、少なくとも遺産分割終了までの間は、使用貸借契約（3-10☞213頁）関係が存続するため、使用料の請求は認められません（判例）。

3　共有物の分割

共有状態に不満のある共有者が採り得る方法として、共有物分割請求があります。共有状態の解消を求めるものです。共有は、共有物に関する権利の行使を互いに制約し合う不自由なものなので、各共有者は、いつでも共有物の分割を請求することができます（民256条1項本文）。

分割類型として、現物分割（土地を分筆などして分ける分割）、競売による売得金の分割、全面的価格賠償による分割（共有者の1人が共有物を取得し、他の共有者に価格賠償を行う分割）などがあります（民258条2項、判例）。

課税関係として、個人が共有している土地について持分に応じた現物分割があったときには、土地の譲渡はなかったものとすると定められています（所基

通33-1の7)。土地全体に及んでいた共有持分権が、一部に集約されただけであり、譲渡による収入の実現があったとはいえないことなどが理由です。

これに対して、競売や全面的価格賠償による分割の場合は、持分の譲渡があったものとして所得税が課されます。

COLUMN 1　共有地の悲劇

経済学に「共有地の悲劇」という寓話があります。

町に住民たちが共同で所有する牧草地があり、住民たちは、自分たちが飼育する羊に牧草地の草を自由に食べさせることができるとします。住民たちが飼育する羊をどんどん増やして草を食べさせると、やがて牧草地が不毛の地となってしまい、羊を飼育することができなくなってしまいます。

ある経済主体の意思決定が他の経済主体の意思決定に影響を及ぼすことを「外部性」といいます。羊を増やし、牧草地の草をよりたくさん食べさせると、他の住民が利用できる草が減るという負の外部性を考慮する動機づけがない場合に、共有地の悲劇は生じます。

解決方法としては、住民たちが協議して羊の数を規制する、羊の飼育数に応じて課税して外部性を内部化する、牧草地を現物分割して各住民に割り当てるという方法が考えられます。

COLUMN 2　税理士会による特別会費の徴収

団体において意思決定する場合、構成員全員の意見の一致ではなく、多数決が採用され、少数意見となった構成員も団体の決定に拘束されることになります。

税理士にとって一番身近な団体として税理士会があります。税理士会は、多数決原理によってあらゆることについて団体の意思として決定し、構成員（会員）に協力を義務づけることができるのでしょうか。

政治資金規正法上の政治団体へ金員を寄付するために、会員から特別会費として5000円を徴収することはできるのかどうかについて争われた事件があります。

最高裁平成8（1996）年3月19日判決・裁判所Webは、「税理士会が政党な

ど規正法上の政治団体に金員の寄付をすることは、たとい税理士に係る法令の制定改廃に関する政治的要求を実現するためのものであっても、法49条2項（改正前）で定められた税理士会の目的の範囲外の行為であり、右寄付をするために会員から特別会費を徴収する旨の決議は無効であると解すべきである」としました。

「会社における目的の範囲内の行為とは、定款に明示された目的自体に限局されるものではなく、その目的を遂行する上に直接又は間接に必要な行為であればすべてこれに包含され」る。「しかしながら、税理士会は、会社とはその法的性格を異にする法人であって、その目的の範囲については会社と同一に論ずることはできない。」税理士会は、「法が、あらかじめ、税理士にその設立を義務付け、その結果設立された」「強制加入団体であって、その会員には、実質的には脱退の自由が保障されていない」。

「税理士会は、法人として、法及び会則所定の方式による多数決原理により決定された団体の意思に基づいて活動し、その構成員である会員は、これに従い協力する義務を負い、その一つとして会則に従って税理士会の経済的基礎を成す会費を納入する義務を負う。しかし、法が税理士会を強制加入の法人としている以上、その構成員である会員には、様々な思想・信条及び主義・主張を有する者が存在することが当然に予定されている。したがって、税理士会が右の方式により決定した意思に基づいてする活動にも、そのために会員に要請される協力義務にも、おのずから限界がある。

特に、政党など規正法上の政治団体に対して金員の寄付をするかどうかは、選挙における投票の自由と表裏を成すものとして、会員各人が市民としての個人的な政治的思想、見解、判断等に基づいて自主的に決定すべき事柄であるというべきである。」

「そうすると、前記のような公的な性格を有する税理士会が、このような事柄を多数決原理によって団体の意思として決定し、構成員にその協力を義務付けることはできない」と判示しました。

税理士会が強制加入団体であることと、税理士会が団体の意思として決定したのが政治資金規正法上の政治団体に対する金員の寄付であることが判決において重要なポイントとなっています。

仮に、税理士の任意加入団体における意思決定であったり、また災害復興支

援目的の金員の寄付である場合には、団体の目的の範囲内の行為であると判断される可能性が高いです。

POINT❗

- 共有とは、複数人が持分を有して1つの物を共同所有することであり、かつ、各自の持分が顕在化しているものをいう。
- 共有物の変更行為をするためには、共有者全員の同意が必要になる。
- 共有物の管理行為をするためには、共有者の持分価格の過半数が必要になる。
- 共有物の保存行為は、各共有者が単独で行うことができる。
- 共有物の管理費用と負担は、共有者が持分に応じて負担する。
- 各共有者は、いつでも共有物の分割を請求することができる。分割類型として、現物分割、競売による売得金の分割、全面的価額賠償による分割などがある。

建物区分所有
―分譲マンションのルール

　日本における分譲マンションのストック総数は約665.5万戸（令和元〔2019〕年末時点）であり、約1551万人が居住していると推計されています（国土交通省）。

　分譲マンションのうち築40年超のものが平成30（2018）年末時点で81.4万戸であるのが、令和10（2028）年末には197.8万戸、令和20（2038）年末には366.8万戸になることが見込まれています。今後、老朽化した分譲マンションの放置や解体が社会問題になるおそれがあります。また、災害により滅失した場合に法律関係が問題になることも考えられます。

　本節では、分譲マンションの所有形態である**建物区分所有（区分所有法）**について解説します。

　区分所有は、税理士試験にも出題されており、平成27（2015）年度の相続税法の計算問題では、区分所有の登記がされた居宅及びその敷地の評価が問われています。

1　区分所有権とは？

　1棟の建物の構造上・利用上独立した一部分に成立する所有権を「区分所有権」といいます。区分所有権が利用される代表例は、分譲マンションです。

　複数の区分所有権及び共有が複雑に結合する区分所有建物の管理を円滑に行う目的で、建物の区分所有等に関する法律（以下「区分所有法」または「法」）が定められています。民法の特別法です。

2　区分所有建物の所有関係

（1）専有部分

　区分所有権の対象となる建物の部分を「専有部分」といいます（法2条3項）。

なお、区分所有建物のうち、人の居住の用に供する専有部分のあるものを「マンション」といいます。

（2）共用部分

専有部分になり得ない建物の部分及び専有部分に属しない建物附属物を「共用部分」といいます（法2条4項、4条1項）。廊下や階段、水道設備などです。なお、新型コロナウイルスの感染拡大の影響で、宅配荷物が置き配として廊下などの共用部分に置かれることが増えており、放置などによるトラブルが生じています。

また、本来は専有部分になり得るものの、規約により共用部分とされた建物の部分及び附属建物も共用部分です（法2条4項、4条2項）。集会室や応接室、倉庫などです。

共用部分は、区分所有者の共有となります（法11条1項）。その持分割合は、専有部分の床面積の割合によります（法14条）。

区分所有者は、専有部分を処分すると共用部分の共有持分権も合わせて処分したことになります。また、原則として、専有部分と分離して共用部分の共有持分権だけを処分することはできません（法15条）。

（3）敷地利用権

専有部分を所有するための建物の敷地に関する権利を「敷地利用権」といいます（法2条6項）。

区分所有者は、原則として、専有部分と敷地利用権を分離して処分することができません（法22条1項）。

敷地利用権に関する不動産登記は、専有部分についての不動産登記で代用されます。

3 区分所有における管理

（1）管理組合・管理者

区分所有者は、全員で、建物などの管理を行うための団体（強制加入団体である管理組合）を構成し、集会を開き、規約を定め、管理者を置くことができます（法3条）。

管理組合の意思決定は、区分所有者全員からなる集会の決議によって行われます。集会の議事は、原則として、区分所有者の人数及び議決権総数の各過半

数で決することになります（法39条1項）。もっとも、多くの規約では、区分所有者の半数以上が出席する集会において出席者の議決権の過半数で決すると緩和されています。

　また、管理組合が日常の管理業務を行うことは困難であるため、集会の決議によって管理者を選任して、管理者に一定の範囲の管理行為を行わせることができます（法25条以下）。実務においては、区分所有者の中から集会によって選任された役員で構成される理事会によって理事長が選任され、理事長が規約によって管理者とされることがあります。

（2）規約

　管理組合は、区分所有者が従うべき規則を規約によって定めることができます。例えば、専有部分での民泊営業やペット飼育の禁止などです。規約は全員に対して効力が及ぶので、反対した区分所有者も拘束されます。

　規約の設定、変更または廃止は、区分所有者の人数及び議決権総数の各75％以上の多数による集会決議で行うことができます。さらに、一部の区分所有者の権利に特別の影響を及ぼすべきときは、その承諾を得なければなりません（法31条）。

　実務においては、各区分所有者が、分譲業者が分譲時にあらかじめ作成した規約案を書面で承認することを集会決議とみなして規約を設定することが多いです（法45条2項）。

（3）共用部分の管理

ア　管理

　共用部分の管理（下記イの著しい変更を除く）は、区分所有者の人数及び議決権総数の各過半数による集会決議によって行うことができます。ただし、保存行為（緊急を要するか、または比較的軽度の維持行為）は、各共有者が単独で行うことができます（法18条1項）。

　共用部分について形状及び効用の著しい変更を伴わない変更（例．定期的な大規模修繕工事）は、管理として行うことができます。

イ　著しい変更

　共用部分について形状及び効用の著しい変更を伴う変更（例．階段室からエレベーター室への改造）をするには、区分所有者の人数及び議決権総数の各75％以上の多数による集会決議によって行うことができます（法17条1項）。

共有物の変更には共有者全員の同意を必要とする民法251条（3-4☞177頁）の特則です。

　なお、共用部分の著しい変更を行うには、資金調達の問題があります。区分所有者に高齢の年金生活者が多いと、合意形成が困難であったりします。

4　区分所有建物が一部滅失したときの復旧

（1）専有部分

　建物が一部滅失したときは、各区分所有者は、自己の費用と責任で専有部分の復旧を行います。

（2）共用部分

ア　小規模滅失

　建物価格の50％以下に相当する部分が一部滅失したときは、滅失した共用部分の復旧は、区分所有者の人数及び議決権総数の各過半数による集会決議によって行うことができます（法61条3項）。

　この決議が成立したときは、決議に反対した区分所有者も拘束され、費用負担しなければなりません。

イ　大規模滅失

　建物価格の50％を超える部分が一部滅失したときは、滅失した共用部分の復旧は、区分所有者の人数及び議決権総数の各75％以上の多数による集会決議によって行うことができます（同条5項）。

　この決議が成立したときは、反対投票をした者及び議決権を行使しなかった者は、賛成した区分所有者に対し、建物及び敷地に関する権利の時価での買取りを請求することができます（同条7項）。意思に反して重い費用負担を強制することは適当でないからです。一方的意思表示によって売買契約が成立します。

　建物価格の50％を超える部分が一部滅失した日から6ヵ月以内に復旧の決議も建替えの決議（本節の5）もないときは、各区分所有者は、他の区分所有者に対し、建物及び敷地に関する権利の時価での買取りを請求することができます（同条12項）。復旧などを望む区分所有者に区分所有権を集約させ、現状の打開を図る趣旨です。

5 建替え

　建物の建替え（取り壊して新たに建築）は、区分所有者の人数及び議決権総数の各80％以上の多数による集会決議で行うことができます（法62条1項）。

　建替えに参加する区分所有者は、参加しない区分所有者に対して、区分所有権及び敷地利用権の時価での売渡しを請求することができます（法63条4項）。この請求がなされると、法律上当然に売買契約が成立し、建替えに反対する者がいない状態になります。

◎区分所有法の決議要件

内容	決議要件
集会の議事（原則）	区分所有者及び議決権の各過半数
規約の設定、変更、廃止	区分所有者及び議決権の各75％以上
共用部分の管理（著しい変更を除く）	区分所有者及び議決権の各過半数
保存行為	各区分所有者が単独可
共用部分について著しい変更	区分所有者及び議決権の各75％以上
建物が一部滅失したときの専有部分の復旧	各区分所有者が自己の費用と責任
建物価格の50％以下に相当する部分が一部滅失したときの、滅失した共用部分の復旧	区分所有者及び議決権の各過半数
建物価格の50％を超える部分が一部滅失したときの、滅失した共用部分の復旧	区分所有者及び議決権の各75％以上
建物の建替え	区分所有者及び議決権の各80％以上

COLUMN 1 　被災区分所有建物の再建等に関する特別措置法

［1］　目的

　被災区分所有建物の再建等に関する特別措置法（以下「被災区分所有法」）は、災害により、①全部が滅失した区分所有建物の再建及び敷地の売却、②一部が滅失した区分所有建物及び敷地の売却並びに③一部が滅失した区分所有建物の取壊しなどを容易にする特別の措置を講ずることにより、被災地の健全な復興に資することを目的とした法律です。

　災害により滅失した建物が放置されることを防止するため、区分所有法には

ない選択肢が認められています。

[2]　全部滅失後の再建・売却

　区分所有建物が大災害によって全部滅失すると、区分所有関係も管理組合も消滅し、区分所有法の適用がなくなります。区分所有者は、敷地の単なる共有持分権者となります。

　しかし、平成7（1995）年の阪神淡路大震災後に、区分所有法の建替え規定に準じ、建物の再建を望む声があり、被災区分所有法が制定されました。平成23（2011）年の東日本大震災後に同法は改正されています。

　被災区分所有法によって、政令で定める災害により区分所有建物が全部滅失した場合、敷地共有者は、議決権の80％以上の多数で建物の再建や敷地の売却をすることができます（4、5条）。共有者全員の同意（民251条）は不要です。

[3]　大規模一部滅失後の売却・取壊し

　民法や区分所有法においては、区分所有建物を敷地とともに第三者へ売却したり、単に取り壊したりするには、区分所有者全員の同意が必要となります。なお、区分所有者が自己の権利を個々に売却することは単独で可能です。

　この点について、被災区分所有法によって、政令で定める災害により区分所有建物が一部滅失した場合、区分所有者の人数、議決権総数及び敷地利用権の持分価格の各80％以上の多数で、建物・敷地または建物取壊し後の敷地を売却することができます（9、10条）。

　また、区分所有者の人数及び議決権総数の各80％以上の多数で、建物の取壊しを行うことができます（11条）。売却を内容としない建物の取壊しのみであり、取壊し後に敷地を売却するか、建物を再建するかについて意見が分かれている場合などに選択されます。

COLUMN 2　マンションの建替え等の円滑化に関する法律

　被災した場合に限らず、マンションの建替え全般について事業を円滑に進めることを目的として、「マンションの建替え等の円滑化に関する法律（旧：マンションの建替えの円滑化等に関する法律）」が平成14（2002）年に制定されました。

　横浜市都筑区所在の、杭の一部が強固な地盤に届いていないことが判明した

分譲マンション（705戸）では、平成28（2016）年にこの法律に基づく建替え決議がなされ、令和3（2021）年に建替えが完了しました。

　平成26（2014）年の改正によって、耐震基準を満たしていないと認定された場合には、マンションと敷地の売却を、区分所有者、議決権及び敷地利用権の持分価格の各80％以上の決議によって行うことができるようになりました（108条1項）。

POINT ❗

- 1棟の建物の構造上・利用上独立した一部分に成立する所有権を区分所有権という。
- 区分所有者は、全員で、建物などの管理を行うための団体（強制加入団体である管理組合）を構成し、集会を開き、規約を定め、管理者を置くことができる。
- 管理組合の意思決定は、区分所有者全員からなる集会の決議によって行われる。集会の議事は、原則として、区分所有者の人数及び議決権総数の各過半数で決する。
- 規約の設定、変更または廃止は、区分所有者の人数及び議決権総数の各75％以上の多数による集会決議で行うことができる。
- 区分所有法には、共用部分の管理、一部滅失したときの復旧、建替えに関する規定がある。

3-6 連帯債務
―債務者の絆!?

> 実務において、**連帯債務**や保証債務の知識は重要です。連帯債務者や（連帯）保証人になったため、自己破産（2-8☞154頁）せざるを得なくなる方もいます。
> 本節では、連帯債務（民法）について解説します。

1 物的担保と人的担保

債権を回収できるようにするため担保をとることがあります。担保には、物的担保と人的担保があります。

物的担保とは、物の財産的価値によって債権を担保することをいいます。具体的には、担保物権（例. 抵当権〔1-3☞30頁〕、譲渡担保〔1-4☞42頁〕）などです。物的担保の長所として、（担保物の価値が低下しない限り、）担保としての効力が安定的です。他方、短所として、優先弁済を受けるための手続（競売など）に時間と費用がかかります。

これに対して、人的担保とは、人の信用力によって債権を担保することをいいます。具体的には、「連帯債務」や「（連帯）保証債務」（3-7☞198頁）です。長所として、資力のある者が保証人などになった場合には、債権回収を簡易にできる可能性があります。他方、短所として、人の信用力に依存するため担保としての効力が不安定です。

2 分割債務

債務の目的が性質上可分である場合において、債務者が複数いるときは、各債務者は、それぞれ独立した債務を負担し、原則として等しい割合で義務を負います（民427条。分割主義）。この場合、債権者は、債務者の人数が増えるほど回収可能性が高まるわけではありません。

例えば、貸金債権（1000万円）について、債務者が2人いる場合には、各債務者は500万円ずつ支払義務を負います。債務者の1人が支払いをしなくても、もう1人の債務者は500万円を超えて支払義務を負うことはありません。

　なお、各債務者が原則として等しい割合で義務を負うというのは、債権者との関係であり、債務者相互間の内部関係（負担割合）を別個に定めることができます。自分の負担割合以上の弁済をした債務者は、他の債務者に対して求償請求（償還を求める権利を行使）できます。

◎分割債務

債権者（1000万円）	━	500万円	➡	債務者A
	━	500万円	➡	債務者B

　実務上は、債務者が複数いる場合、債権者が分割主義を避けるため、契約などにより連帯債務にすることが多いです。

③　連帯債務

（1）連帯債務とは？

　連帯債務の場合、各債務者は、それぞれ独立した債務を負担し、可分給付を全部弁済すべき義務を負い（民436条）、1人が弁済すればすべての債務者が債務を免れます。債権者は、連帯債務者の人数が増えるほど回収可能性が高まります。

　例えば、貸金債権（1000万円）に対して、連帯債務者が2人いる場合には、各債務者は1000万円の支払義務を負います。債権者が弁済を受けることができる総額は1000万円であり、債務者の1人が1000万円を弁済すれば、もう1人の債務者の債務もすべて消滅します。

　連帯債務は、法令の規定（例．共同不法行為についての民法719条）または当事者の意思表示（例．契約）によって成立します。

◎連帯債務

債権者（1000万円）	━	1000万円	➡	債務者A
	━	1000万円	➡	債務者B

民法436条（連帯債務者に対する履行の請求）

　　債務の目的がその性質上可分である場合において、法令の規定又は当事者の意思表示によって数人が連帯して債務を負担するときは、債権者は、その連帯債務者の一人に対し、又は同時に若しくは順次に全ての連帯債務者に対し、全部又は一部の履行を請求することができる。

（2）連帯債務者間の求償権

ア　求償権の概要

　　連帯債務者の1人が弁済をするなど自己の財産をもって免責を得た（連帯債務を消滅または減少させた）ときは、その連帯債務者は、他の連帯債務者に対し、支出した財産額（財産額が免責を得た額を超える場合には、免責額）のうち各自の負担部分に応じた額を求償請求することができます（民442条1項）。

　　例えば、貸金債権（1000万円）に対して、連帯債務者が2人いる場合（負担部分は同じ）において、債務者の1人が債権者に対して500万円を弁済したときは、弁済した債務者は、もう1人の債務者に対して、250万円の支払いを請求することができます。

　　なお、免責を得る前及び得た後に、他の連帯債務者に通知しないと、求償権が制限されることがあります（民443条）。

イ　求償の範囲

　　求償請求できるのは、免責を得るために支出した財産の額だけでなく、免責日以後の法定利息（当面は年3％）及び避けることのできなかった費用（例. 弁済費用、訴訟費用）なども含まれます（民442条2項）。

ウ　連帯債務の負担部分

　　負担部分とは、連帯債務者相互の内部関係において、各自が債務を分担すべき割合です。各自の負担部分がいくらであるかは、連帯債務者間の特約によって定まり、特約がなければ、連帯債務を生じさせた原因関係を考慮し、各債務者が受けた利益の割合によって決定されます。決まらない場合には、平等の割合と解されます。

エ　連帯債務者の中に無資力者がいる場合

　連帯債務者の中に償還をする資力のない者があるときは、その償還することができない部分は、他の連帯債務者が各自の負担部分に応じて分割して負担します（民444条1項）。免責を得た連帯債務者だけが負担するわけではありません。

（3）連帯債務の課税関係

　相続税の債務控除の対象となる債務は、確実と認められるものに限られます（相税14条1項）。

　連帯債務を相続し、債務控除を受けようとする者の負担部分が明らかとなっている場合には、その負担部分が債務控除の対象になります。

　また、連帯債務者のうちに弁済不能の状態にある者があり、かつ、求償して弁済を受ける見込みがなく、弁済不能者の負担部分をも負担しなければならないと認められる場合には、負担しなければならないと認められる部分の金額も、債務控除を受けようとする者の負担部分として債務控除の対象になります（相基通14-3(2)）。

COLUMN　租税法律主義

［1］　租税法律主義

　憲法84条は「あらたに租税を課し、又は現行の租税を変更するには、法律又は法律の定める条件によることを必要とする」とし、租税法律主義を定めています。「国民は、法律の定めるところにより、納税の義務を負」います（憲30条）。

　租税法律主義によって、国民は恣意的な課税から保護され、予測可能性・法的安定性が与えられます。

［2］　通達課税

（1）通達とは？

　通達は、国民の権利義務にかかわらず、行政の内部基準にとどまる規範（内部法）である行政規則です。上級行政機関が下級行政機関に対して命令する職務指針であり、行政組織内部では拘束力を有しますが、国民に対して法的拘束力をもつものではありません。

　税務行政においては、複雑・難解な租税法令の執行の統一性を確保するため、膨大な解釈通達が出されており、強い影響力があります。もっとも、法律に基

づくことなく、通達で納税義務を創設することは、租税法律主義に違反しており許されません。

（2）判例

非課税の取扱いが長期間続いた後、通達を機縁としてパチンコ球遊機に対して物品税（消費税の導入に伴い廃止）を賦課した課税処分は、憲法30条に違反し無効であるか争われた事件があります。

最高裁昭和33（1958）年３月28日判決・裁判所Webは、「課税がたまたま所論通達を機縁として行われたものであっても、通達の内容が法の正しい解釈に合致するものである以上、本件課税処分は法の根拠に基く処分と解するに妨げがな」いと判示しました。

この判例に対しては、長年にわたり非課税であったという事実に対して信頼が生じている場合には法的保護を与えるべきである、非課税としてきた実務を変更するのであれば新たな法律によるべきであるという批判があります。

［3］　合法性の原則

（1）合法性の原則とは？

租税行政庁は、法律で定められている限り徴税の義務があり、減免の自由・徴収しない自由はないということを「合法性の原則」といいます。租税法律主義の手続法的側面です。

画一的に納税者を取り扱うことで、納税者間の公平が維持され、また、租税行政庁による不正が介在するおそれが減ります。

（2）税務訴訟における和解

税務訴訟においては、訴訟上の和解（訴訟係属中に当事者双方が互いに譲歩することによって、訴訟を終了させる旨の期日における合意）がなされた例は、ほとんどありません。裁判所が訴訟上の和解を勧めても、租税行政庁は、合法性の原則に反するため通常応じません。

令和２（2020）年度の国税の賦課または徴収に関する訴訟事件のうち、国側被告事件の終結件数は180件ありますが、そのうち和解によって終結したのは０件です。また、国側原告事件の終結件数は104件ありますが、そのうち和解によって終結した事件は１件（詐害行為事件で１件。4-2☞289頁）です（国税庁 長官官房企画課税務統計）。

なお、訴訟上の和解による民事事件の解決には、①（債権者の視点）債務者

の任意の履行を期待できる、強制執行対象財産の捜索の手間や強制執行の手間を省ける、②（債務者の視点）判決の場合よりも債権者を譲歩させる余地がある、③紛争の早期解決を図ることができるというメリットがあり、地方裁判所の民事第1審通常訴訟事件の終局事件の3〜4割は和解によって終了しています。

また、税務調査などの段階において、「当事者の便宜や能率的な課税等のために、たとえば収入金額なり必要経費の金額なりについて和解に類似する現象が見られないではないが、これは、法的に見る限りは、両当事者の合意になんらかの法的効果が結びついたというのではなく、納税義務者と租税行政庁との話し合いの結果が、租税行政庁による課税要件事実の認定に反映したものと理解すべき」（金子宏『租税法』87頁）と考えられています。

［4］ 遡及立法禁止

法律によって不利益な遡及効を定めることは認められないということを「遡及立法禁止」といいます。

法律によらない課税は憲法84条及び30条によって、刑事上の責任の遡及処罰は憲法39条によって禁止されています。これに対して、法律による遡及課税を憲法上明文で禁止する規定はなく、法律による遡及課税は例外的に許容される場合があります。

個人が5年を超えて所有する土地建物等を譲渡したことにより譲渡所得の金額の計算上生じた損失について他の所得と損益通算することが租税法規の年度内遡及適用により認められなくなったことが憲法84条に違反するのではないかが争われた事件があります。

最高裁平成23（2011）年9月22日判決・裁判所Webは、「（1）（略）改正法が施行された平成16年4月1日の時点においては同年分の所得税の納税義務はいまだ成立していないから、本件損益通算廃止に係る上記改正後の同条の規定を同年1月1日から同年3月31日までの間にされた長期譲渡に適用しても、所得税の納税義務自体が事後的に変更されることにはならない。しかしながら、長期譲渡は既存の租税法規の内容を前提としてされるのが通常と考えられ、また、所得税が1暦年に累積する個々の所得を基礎として課税されるものであることに鑑みると、（略）、所得税の課税関係における納税者の租税法規上の地位が変更され、課税関係における法的安定に影響が及び得るものというべきであ

る。

（２）憲法84条は、課税要件及び租税の賦課徴収の手続が法律で明確に定められるべきことを規定するものであるが、これにより課税関係における法的安定が保たれるべき趣旨を含むものと解するのが相当である（略）。そして、法律で一旦定められた財産権の内容が事後の法律により変更されることによって法的安定に影響が及び得る場合における当該変更の憲法適合性については、当該財産権の性質、その内容を変更する程度及びこれを変更することによって保護される公益の性質などの諸事情を総合的に勘案し、その変更が当該財産権に対する合理的な制約として容認されるべきものであるかどうかによって判断すべきものであるところ（略）、（略）暦年途中の租税法規の変更及びその暦年当初からの適用によって納税者の租税法規上の地位が変更され、課税関係における法的安定に影響が及び得る場合においても、これと同様に解すべきものである。」

「したがって、（略）本件改正附則が憲法84条の趣旨に反するか否かについては、」「納税者の租税法規上の地位に対する合理的な制約として容認されるべきものであるかどうかという観点から判断するのが相当と解すべきである。

（３）（略）まず、（略）、上記改正は、長期譲渡所得の金額の計算において所得が生じた場合には分離課税がされる一方で、損失が生じた場合には損益通算がされることによる不均衡を解消し、適正な租税負担の要請に応え得るようにするとともに、長期譲渡所得に係る所得税の税率の引下げ等とあいまって、使用収益に応じた適切な価格による土地取引を促進し、土地市場を活性化させて、我が国の経済に深刻な影響を及ぼしていた長期間にわたる不動産価格の下落（資産デフレ）の進行に歯止めをかけることを立法目的として立案され、これらを一体として早急に実施することが予定されたものであったと解される。また、（略）平成16年の暦年当初から適用することとされたのは、その適用の始期を遅らせた場合、損益通算による租税負担の軽減を目的として土地等又は建物等を安価で売却する駆け込み売却が多数行われ、上記立法目的を阻害するおそれがあったため、これを防止する目的によるものであったと解されるところ、平成16年分以降の所得税に係る本件損益通算廃止の方針を決定した与党の平成16年度税制改正大綱の内容が新聞で報道された直後から、資産運用コンサルタント、不動産会社、税理士事務所等によって平成15年中の不動産の売却の勧奨が

行われるなどしていたことをも考慮すると、上記のおそれは具体的なものであったというべきである。そうすると、」「本件改正附則が本件損益通算廃止に係る改正後措置法の規定を暦年当初から適用することとしたことは、具体的な公益上の要請に基づくものであったということができる。

　そして、このような要請に基づく法改正により事後的に変更されるのは、上記（1）によると、納税者の納税義務それ自体ではなく、特定の譲渡に係る損失により暦年終了時に損益通算をして租税負担の軽減を図ることを納税者が期待し得る地位にとどまるものである。納税者にこの地位に基づく上記期待に沿った結果が実際に生ずるか否かは、当該譲渡後の暦年終了時までの所得等のいかんによるものであって、当該譲渡が暦年当初に近い時期のものであるほどその地位は不確定な性格を帯びるものといわざるを得ない。また、租税法規は、財政・経済・社会政策等の国政全般からの総合的な政策判断及び極めて専門技術的な判断を踏まえた立法府の裁量的判断に基づき定立されるものであり、納税者の上記地位もこのような政策的、技術的な判断を踏まえた裁量的判断に基づき設けられた性格を有するところ、本件損益通算廃止を内容とする改正法の法案が立案された当時には、長期譲渡所得の金額の計算において損失が生じた場合にのみ損益通算を認めることは不均衡であり、これを解消することが適正な租税負担の要請に応えることになるとされるなど、上記地位について政策的見地からの否定的評価がされるに至っていたものといえる。」「暦年の初日から改正法の施行日の前日までの期間をその適用対象に含めることにより暦年の全体を通じた公平が図られる面があり、また、その期間も暦年当初の3か月間に限られている。納税者においては、これによって損益通算による租税負担の軽減に係る期待に沿った結果を得ることができなくなるものの、それ以上に一旦成立した納税義務を加重されるなどの不利益を受けるものではない。」したがって、本件改正附則は、「納税者の租税法規上の地位に対する合理的な制約として容認される」と判示しました。

　遡及課税の必要性、納税者の権利・地位の強弱、及び遡及課税による不利益の程度が重要な考慮要素となっています。

- 債務の目的が性質上可分である場合において、債務者が複数いるときは、各債務者は、それぞれ独立した債務を負担し、原則として等しい割合で義務を負う。
- 連帯債務の場合、各債務者は、それぞれ独立した債務を負担し、可分給付を全部弁済すべき義務を負い、１人が弁済すればすべての債務者が債務を免れる。
- 連帯債務者の１人が弁済をするなど自己の財産をもって免責を得たときは、その連帯債務者は、他の連帯債務者に対し、支出した財産額のうち各自の負担部分に応じた額を求償請求することができる。

3-7 保証債務

―他人の債務を保証する

本節では、**保証債務**（民法）について解説します。

保証債務は、税理士試験の相続税法の計算問題によく出題されています。平成27（2015）年度の試験問題では、被相続人に係る債務として、「知人Wが負う借入金債務の連帯保証債務」があり、「知人Wは弁済を遅滞することがしばしばあったが借入金債務に応じた弁済能力を有しており、相続開始時点において被相続人甲は債権者から保証債務の履行を求められていない」と記述されています。

他方、平成25（2013）年度の試験問題では、被相続人甲は「取引先が銀行から800万円の融資を受ける際に連帯保証人となった」、「当該取引先は自己破産し、銀行は、被相続人甲に対し元利金合わせて950万円の支払を求めた」と記述されています。

また、保証債務には、令和2（2020）年4月に施行された改正民法により、大きく変更された点があるので、注意が必要です。

1 保証債務

（1）保証契約の成立

保証債務とは、主たる債務（主債務）の履行を担保することを目的として、債権者と保証人との間で締結される保証契約により成立する債務です。主債務者は保証契約の当事者にはなりません。また、保証人が主債務者から保証人になることを委託されていなくても、保証契約は成立します。

保証契約は、書面でしなければ効力が生じません（民446条2項）。書面が必要なのは、保証契約が保証人に一方的に負担を課すものであり、保証人に保証債務を負担する意思を明確に意識させるためです。

```
                          ◎保証債務
        債権者  ━  主債務              ➡  主債務者
               ━  保証債務（保証契約）  ➡  保証人
```

（２）事業のための貸金等債務についての個人保証契約の締結

　令和2（2020）年4月に施行された改正民法により、事業のために負担する債務のうち貸金等債務を主債務とする保証契約は、保証人が個人である場合は、原則として無効となりました。個人保証人は、保証債務の内容を理解せずに保証契約を締結するおそれがあり、また事業借入金などが主債務の場合には多額の保証債務を負うおそれがあるからです。

　ただし、例外があります。まず、保証人になろうとする者が保証契約締結の日前1ヵ月以内に作成された公正証書で保証債務を履行する意思を表示している場合は有効です（民465条の6第1項）。保証契約書だけでなく、公正証書の作成も義務づけることにより、個人保証人に真に保証意思があることを確認できるからです。

　また、役員や支配株主などがその法人の保証人になる場合や、主債務者の事業に現に従事している主債務者の配偶者などがその主債務者の保証人になる場合も有効です（民465条の9）。主債務者の事業状況を把握できる立場にあり、保証債務の内容を理解せずに保証契約を締結するおそれが低いからです。

（３）主債務者の情報提供義務（事業債務の保証の委託時）

　主債務者の情報提供義務の規定が令和2（2020）年4月に施行された改正民法により新設されました。

　主債務者は、事業のために負担する債務を主債務とする保証の委託をするときは、委託を受ける個人（保証人）に対し、①主債務者の財産及び収支の状況、②主債務者が主債務以外に負担している債務の有無並びにその額及び履行状況、③主債務者が主債務の担保として他に提供し、または提供しようとするものがあるときは、その旨及びその内容に関する情報を提供しなければなりません（民465条の10第1項）。

　主債務者が上記①～③の情報を提供せず、または事実と異なる情報を提供したために委託を受けた個人がその事項について誤認をし、それによって保証契約の申込みなどの意思表示をした場合において、主債務者が情報を提供せずま

たは事実と異なる情報を提供したことを債権者が知りまたは知ることができたときは、保証人は、保証契約を取り消すことができます（同条2項）。

この義務の特徴として、保証契約の当事者ではない主債務者に情報提供義務を課している、情報提供義務違反の効果として損害賠償ではなく保証契約の取消しを認めている、主債務者が過失によって情報提供義務に違反した場合であっても保証契約の取消しを認めているという点が挙げられます。

（4）保証債務の範囲

保証債務の範囲は、原則として、主債務だけでなく、主債務に関する利息、違約金、損害賠償、主債務に従たるすべてのものを含みます（民447条1項）。

（5）保証債務の性質

主債務が弁済などによって消滅すると、保証債務も当然に消滅します。

また、主債務の履行がない場合に、保証人は補充的に履行する責任を負います（民446条1項）。具体的には、保証人には、まず主債務者に請求せよという催告の抗弁（民452条）と、まず主債務者に執行せよという検索の抗弁（民453条）が認められ、債権者が催告などを怠ったために主債務者から全部の弁済を得られなかったときは、保証人は一定の限度で責任を免れることができます（民455条）。

（6）債権者の情報提供義務（契約締結後）

債権者の情報提供義務の規定が令和2（2020）年4月に施行された改正民法により新設されました。

債権者は、主債務者から委託されて保証人となった者（法人・個人を問わない）から請求があったときは、主債務の履行状況などについての情報を提供しなければなりません（民458条の2）。主債務の履行状況などは主債務者の信用に関する情報であるため、委託を受けていない保証人には、情報請求権は認められていません。なお、債権者が情報を提供しなかった場合の効果は、条文に明示されていません。

また、債権者は、主債務者が分割弁済をしなかったことなどにより期限が付されている利益を喪失したときは、個人である保証人（委託の有無を問わない）に対して、喪失を知った時から2ヵ月以内にその旨を通知しなければなりません（民458条の3）。通知しない場合は、喪失時から通知時までの間に生じた遅延損害金（期限の利益を喪失しなかったとしても生ずべきものを除く）を保証

人に請求することができません。

これらは、債務不履行となった主債務の遅延損害金が保証人が知らないうちに累積し、高額の請求をされることを防ぐための規定です。

（7）保証人の求償権

主債務者から委託を受けた保証人は、保証債務を弁済するなど自己の財産をもって主債務を消滅させたときは、主債務者に対し、支出した財産額（財産額が消滅した主債務額を超える場合には、消滅額）を求償請求（償還を求める権利を行使）することができます（民459条1項）。

例えば、主債務が貸金債務（1000万円）である場合に、保証人が債権者に対して保証債務1000万円を弁済して主債務を消滅させたときは、保証人は、主債務者に対し、1000万円を求償請求することができます。

求償の範囲には、支出した財産額のほか、消滅日（免責日）以後の法定利息及び避けることができなかった費用などが含まれます（同条2項が準用する442条2項）。

連帯債務者間の求償権（3-6☞191頁）とは異なり、各自の負担部分は問題とならず、支出額を請求することができます。もっとも、求償請求しても、実際には主債務者からの回収が困難であることが多いです。

なお、主債務者から委託を受けていない保証人の求償権は、一定の制限を受けます（民462条）。また、保証人は、債務の消滅行為をする前及びした後に主債務者に通知しないと、求償権が制限されることがあります（民463条）。さらには、委託を受けた保証人は、債務消滅行為をする前に主債務者に対して求償できる場合があります（民460条）。

（8）保証債務の課税関係

相続税において、保証債務を相続しても、確実な債務とはいいがたいので、債務控除の対象にはなりません。ただし、主債務者が弁済不能の状態にあるため、保証人がその債務を履行しなければならず、かつ、主債務者に求償しても返還を受ける見込みがない場合には、主債務者が弁済不能の部分の金額は、保証人の確実な債務として債務控除の対象になります（相基通14-3(1)）。

本節の冒頭で紹介した試験問題では、この点の理解が問われています。

2 連帯保証債務

　連帯保証債務とは、債権者と保証人が保証契約を締結するだけでなく、さらに連帯の特約をすることによって成立する債務です。保証人は、主債務者と連帯して債務を負担することになります。実務でみられる保証は、ほとんどが連帯保証です。

　連帯保証債務の特徴として、補充的な責任ではないので、催告の抗弁及び検索の抗弁が認められず（民454条）、連帯保証人は、債権者に対して主債務者と同様に責任を負います。また、保証人が複数いる場合（共同保証）であっても、連帯保証人は債務全額について保証債務を負担します（分別の利益なし。本節のCOLUMN1）。

COLUMN 1　共同保証

［1］　共同保証とは？

　共同保証とは、1個の債務について複数の保証人がいることです。

［2］　分別の利益

　共同保証人は、原則として、分別の利益を有します（民456条）。各共同保証人は、主債務額を保証人の頭数で割った額についてのみ、保証債務を負担します。

　例えば、主債務が貸金債務（1000万円）である場合において、保証人が2名いるときは、各保証人は500万円についてのみ保証債務を負担します。

◎共同保証債務

債権者	━	主債務（1000万円）	➡	主債務者
	━	保証債務（500万円）	➡	（単純）保証人A
	━	保証債務（500万円）	➡	（単純）保証人B

　ただし、保証が（単純保証ではなく）連帯保証であるときは、（連帯）保証人は分別の利益を有しません。

［3］　奨学金の保証人による不当利得返還請求訴訟

　日本学生支援機構から奨学金を借りる場合において、機関保証ではないとき

は、連帯保証人1名と保証人1名が必要であり、共同保証となります。

日本学生支援機構（旧：日本育英会）から奨学金を借り受けた元奨学生の（連帯保証人ではなく単純）保証人が、日本学生支援機構の請求により、分別の利益を前提とした自己の保証債務額を超える金額の支払いを余儀なくされたと主張して、金銭の返還を求めた事件がありました。

札幌地裁令和3（2021）年5月13日判決・裁判所Webは、日本学生支援機構が、「保証人が分別の利益を援用しない限り、主たる債務の全額に相当する保証債務を負担しており、原告らが分別の利益を援用せずにした弁済は、原告らの負担部分を超える部分についても、自らの保証債務を履行したに過ぎないから、当然に有効であると主張」したのに対し、「金銭債務などの可分債務は、民法427条により、債務者の特段の権利主張を要することなく当然に分割債務になる」、「民法456条が保証人に分別の利益を認めた趣旨は、保証人の保護と法律関係の簡明のためであるが、かかる趣旨に照らしても、主たる債務が可分債務である場合には、各保証人は平等の割合をもって分割された額についてのみ保証債務を負担すると解するのが相当である」と判示しました。

そのうえで、「保証人が、分別の利益を有していることを知らずに、自己の負担を超える部分を自己の保証債務と誤信して債権者に対して弁済した場合には」非債弁済（民707条1項）として「保証人による自己の負担を超える部分に対する弁済は無効であって、保証人は、債権者に対し、当該超過部分相当額の不当利得返還請求権を有するというべきである」と判示しました。

COLUMN 2 　根保証

［1］　根保証とは？

継続的債権関係から生じる不特定の債権を担保するための保証を「根保証」といいます。

［2］　個人根保証

個人根保証契約とは、一定の範囲に属する不特定の債務を主債務とする保証契約であって保証人が法人ではないものをいいます（民465条の2第1項）。

個人根保証契約については、極度額を定めなければならず（同条2項。包括根保証の禁止）、保証人の責任が量的に限定されています。また、元本の確定

事由が規定されており（民465条の４第１項）、主債務の範囲が時間的に限定されています。

　個人根保証契約のうち個人貸金等根保証契約については、さらに、元本確定期日の規制があります（民465条の３）。

［3］　不動産賃借人の債務の保証

　不動産賃借人の債務の保証は、賃料債務や不動産の滅失・損傷による損害賠償債務などを保証するものです。保証人が個人の場合、上記［2］の規定が適用されます。

　借地借家法により不動産賃貸借契約の更新が原則とされており（1-8☞62頁）、不動産賃借人の保証人は、原則として、更新後の不動産賃借人の債務も保証します。

［4］　身元保証

　身元保証とは、被用者の雇用によって使用者に生じる損害の担保を目的とした保証です。身元保証法により身元保証人の責任が軽減されています。

　身元保証には、保証の性質をもつものと、損害担保契約としての性質（被用者に免責事由がある場合であっても使用者の損害を賠償するという内容）をもつものとがあります。前者の場合において、個人が保証人であるときは、上記［2］の規定が適用されます。

COLUMN 3　保証人らの救済のための非課税

　（連帯）保証人として債務の弁済、連帯債務者として他の連帯債務者の負担部分の債務の弁済、身元保証人として債務の弁済のために、個人が不動産などを売却した場合、下記要件を充たすと、譲渡所得（所得税）が非課税となります（所税64条２項、所基通64-4）。

①　本来の債務者が既に債務を弁済できない状態であるときに、債務の保証などをしたものでないこと
②　保証債務を履行するなどのために不動産などを売却したこと
③　履行をした債務額が、本来の債務者から回収できなくなったこと

本来、譲渡による所得を何に消費するかは、所得計算に影響を与えませんが、保証人などの救済のため非課税となっています。

POINT

- 保証債務とは、主債務の履行を担保することを目的として、債権者と保証人との間で締結される保証契約により成立する債務である。
- 保証契約は、書面でしなければ効力が生じない。
- 主債務が弁済などによって消滅すると、保証債務も当然に消滅する。また、主債務の履行がない場合に、保証人は補充的に履行する責任を負う。
- 主債務者から委託を受けた保証人は、保証債務を弁済するなど自己の財産をもって主債務を消滅させたときは、主債務者に対し、支出した財産額を求償請求することができる。
- 連帯保証債務とは、債権者と保証人が保証契約を締結するだけでなく、さらに連帯の特約をすることによって成立する債務である。
- 連帯保証債務の場合、催告の抗弁、検索の抗弁、分別の利益が認められない。

3-8 代物弁済
―代わりの物で勘弁して

> 令和2（2020）年度税理士試験の相続税法の理論問題において、「**代物弁済**が行われたことにより、贈与税の課税が問題となる場合について、関連する条文とその趣旨に触れつつ説明しなさい」と出題されています。
> 本節では、代物弁済（民法）について解説します。

1 代物弁済とは？

債務者が、債権者との間で、債務者の負担した給付に代えて他の給付をすることにより債務を消滅させる旨の契約（代物弁済契約）をし、他の給付をすることを「代物弁済」といいます（民482条）。代わりの物による弁済であり、金銭の支払いに代えて物などを譲渡することが多いです。あくまでも契約ですので、債務者が、債権者との合意なく、一方的に代わりの物で弁済することはできません。

国税は金銭で納付することが原則であるところ、相続税に限って一定の場合に認められている物納も一種の代物弁済です。

> **民法482条（代物弁済）**
> 　弁済をすることができる者（略）が、債権者との間で、債務者の負担した給付に代えて他の給付をすることにより債務を消滅させる旨の契約をした場合において、その弁済者が当該他の給付をしたときは、その給付は、弁済と同一の効力を有する。

2 債務消滅までの道筋

金銭の支払いに代えて土地を譲渡して代物弁済する場合の債務消滅までの道

筋は、以下のとおりです。

　まず、金銭の支払いに代えて土地を譲渡する代物弁済契約の締結によって、債権者に土地の所有権が移転します（民176条）。この段階では、金銭債務はまだ消滅しません。

　その後、債権者が、土地の所有権移転登記を完了し、第三者に対する対抗要件を具備したときに（民177条。1-3☞37頁）、金銭債務は消滅します。

❸　代物弁済の課税関係

　個人間の代物弁済を前提として、課税関係を説明します。

　債務者（譲渡人）には、他の給付により資産を移転するため、原則として譲渡所得が発生します。

　消滅する債務額が代物の時価よりも著しく低い場合、代物時価と消滅債務額の差額について贈与とみなされ（相税7条）、債権者には、贈与税が発生することがあります。また、代物時価が消滅債務額よりも著しく低い場合、消滅債務額と代物時価との差額について贈与とみなされ（相税8条）、債務者には、贈与税が発生することがあります。これらの贈与税は、本節の冒頭の税理士試験で出題されている点です。

◎個人間の代物弁済の課税関係

	個人債権者（譲受人）	個人債務者（譲渡人）
消滅債務額が代物時価よりも著しく低い	差額について贈与税	消滅債務額（法人に対する譲渡ではないので所税59条1項2号の適用なし）を譲渡対価として所得税
代物時価が消滅債務額よりも著しく低い	－	代物時価を譲渡対価として所得税 差額について贈与税

COLUMN　遺留分侵害額請求と代物弁済の合意

　民法改正前は、遺留分（3-23☞277頁）の権利者は、減殺対象となった財産に対して持分権または所有権を有することとされていました（遺留分減殺請求権）。ただし、減殺相手方は、価額による弁償での解決（金銭解決）を選択す

ることができました。

　これに対して、民法改正により令和元（2019）年7月1日以後に開始した相続については、遺留分権利者は、（最初から）侵害額に相当する金銭の支払請求権（遺留分侵害額請求権）を取得することになりました。現物返還から金銭給付へと変更されました。

　もっとも、遺留分侵害額請求権の当事者は、合意により、金銭の支払いに代えて現物を提供することができます。この合意は代物弁済です。課税上、原則として、現物提供により消滅した債務額に相当する価額により現物を譲渡したことになります（所基通33-1の6）。

　現物は、相続財産である場合と遺留分義務者固有の財産である場合とがあります。遺留分権利者は、仮に遺留分義務者から代物弁済により相続財産である土地を取得したとしても、相続または遺贈により取得したのではないので、相続税の小規模宅地等の特例の適用を受けることはできません。なお、遺留分義務者は、相続財産である土地を代物弁済したとしても、他の要件を充たせば小規模宅地等の特例の適用を受けることができます。

POINT 💡

- 代物弁済とは、債務者が、債権者との間で、債務者の負担した給付に代えて他の給付をすることにより債務を消滅させる旨の契約をし、他の給付をすることをいう。
- 金銭の支払いに代えて土地を譲渡する代物弁済契約の締結によって、債権者に土地の所有権が移転する。その後、債権者が、土地の所有権移転登記を完了したときに、金銭債務は消滅する。

3-9 負担付贈与と負担付遺贈
—タダではなく負担あり

　「贈与契約」と「遺贈」は、多くの場合、無償で財産を取得できることになりますが、「負担」が付いていることがあります。負担が付くと、課税関係が複雑になります。

　令和3（2021）年度税理士試験の相続税法の計算問題では、「被相続人甲は、この（生前）贈与するための条件として、養子Aが養子Cに対する貸付金100万円を免除することとしており、養子Aは養子Cに対するその貸付金の全額を免除し、この株式の贈与を受けている」と記述されています。これは、**負担付贈与**でしょうか。

　負担付遺贈は、令和2（2020）年度の相続税法の計算問題に出題されています。「孫Fが遺贈により取得した家屋Nに係る預かり保証金16万円については、上記3の遺言に基づき、孫Fが負担する」と記述されています。

　本節では、負担付贈与と負担付遺贈（民法）について解説します。

1　負担付贈与

（1）負担付贈与とは？

　負担付贈与とは、受贈者に一定の義務を負担させることを内容とした贈与です。例えば、贈与者の身の回りの世話をすることを受贈者の義務として贈与することが挙げられます。

　負担が履行されることによる受益者は、贈与者である場合と第三者である場合とがあります。

　負担付贈与の場合、負担の履行の有無にかかわらず、契約の成立によって贈与の効力が生じます。これに対して、（先に）負担を履行したら効力が生じる贈与を「停止条件付贈与」といいます。停止条件とは、法律行為の効力の発生

が、将来において発生不確実な事実にかかっていることをいいます。

本節の冒頭で紹介した令和3（2021）年度の試験問題の贈与は、第三者に対する貸付金の免除を停止条件としており、負担付贈与ではありません。

なお、停止条件と対比されるものとして、解除条件があります。解除条件は、2-2のCOLUMN 1（☞123頁）で解説しています。

◎負担付贈与

贈与者 ➡ 受贈者（負担による受益者は、贈与者または第三者）

（2）債務不履行を理由とする契約の解除

受贈者がその負担である義務の履行を怠るときは、贈与者は、贈与契約を解除することができます（民553条、541条、542条）。

（3）負担付贈与の課税関係

負担付贈与の場合、受贈者は、負担がないものとした場合における贈与財産の価額から負担額を控除した価額を贈与によって取得したことになります（相基通21の2-4）。

これに対して、贈与者は、負担を対価とする資産の譲渡として所得税（譲渡所得）が課されます。また、受贈者の負担が第三者の利益に帰すときは、第三者は、負担額相当額を贈与によって取得したものとして贈与税が課されます（相基通9-11）。

2 負担付遺贈

（1）負担付遺贈とは？

負担付遺贈とは、受遺者に一定の義務を負担させることを内容とした遺贈（3-22☞274頁）です。例えば、遺贈者の配偶者に対する扶養義務を負担することを受遺者の義務として遺贈することが挙げられます。

負担付贈与の場合は、受贈者は負担の内容に同意して契約を締結しているのに対し、遺贈は契約ではなく単独行為であるため、負担付遺贈の場合は、受遺者は一方的に負担を押し付けられることがあります。

受遺者は、負担が加重だと考えたときなどは、遺贈を放棄することができま

す。放棄した場合、相続人に負担付きの遺産が帰属するのではなく、負担が履行されることによる受益者が原則として受遺者となることができます（民1002条2項本文）。

◎負担付遺贈

遺贈者　➡　受遺者（負担による受益者は、相続人または第三者）

（2）遺贈額と負担額

　負担付遺贈の受遺者は、遺贈の目的の価額を超えない限度においてのみ、負担した義務を履行する責任を負います（同条1項）。例えば、1000万円の遺贈を受けた場合、1000万円を超えない限度においてのみ、義務を履行する責任を負います。

（3）遺言の取消し

　負担付遺贈を受けた者がその負担した義務を履行しないときは、相続人は、相当の期間を定めてその履行の催告をすることができます。そして、その期間内に履行がないときは、相続人は、家庭裁判所に対し、その負担付遺贈に係る遺言の取消しを請求することができます（民1027条）。令和元（2019）年における、負担付遺贈に係る遺言の取消事件の新受件数は8件です（司法統計）。

　取消しを家庭裁判所の審判にかからせたのは、遺言者が受遺者の負担をどこまで重視していたかなどの遺言者の真意の探求が必要であるからです。

　この遺言の取消しは、負担付贈与の場合に債務不履行による解除ができること（本節の■（2））に対応するものです。

　負担付遺贈が取り消された場合、遺贈は遡及的に効力を失うので、遺贈の目的は原則として相続人に帰属します（民995条）。この場合、相続人は、負担を履行すべき義務があると解されています。

（4）負担付遺贈の課税関係

　負担付遺贈により取得した財産の価額は、負担がないものとした場合における財産の価額から負担額（遺贈のあった時において確実と認められる金額に限る）を控除した価額によるものとされています（相基通11の2-7）。

　これに対して、受遺者の負担により利益を得る第三者（相続人を含む）は、

負担額相当額を遺贈によって取得したことになります（相基通9-11）。

COLUMN 停止条件付遺贈

　遺言に停止条件を付けることができます（民985条２項）。例えば、Ｘに子が生まれたら、Ｘに建物を遺贈するとした場合、Ｘの子の誕生が停止条件です。

　負担付遺贈は、負担の履行がなくても遺贈の効力が生じるのに対し、停止条件付遺贈は、条件が成就してはじめて遺贈の効力が生じます。条件が成就しないときは、遺贈の目的は相続人に帰属することになります。

　課税関係として、停止条件付遺贈があった場合において、条件成就前に相続税の申告書を提出するときは、遺贈の目的となった財産については、未分割遺産として課税価格を計算します（相基通11の2-8）。

POINT❗

● 負担付贈与とは、受贈者に一定の義務を負担させることを内容とした贈与である。

● 負担付贈与の場合、受贈者がその負担である義務の履行を怠るときは、贈与者は、贈与契約を解除することができる。

● 負担付遺贈とは、受遺者に一定の義務を負担させることを内容とした遺贈である。

● 負担付遺贈を受けた者がその負担した義務を履行しないときは、相続人は、相当の期間を定めてその履行の催告をすることができる。そして、その期間内に履行がないときは、相続人は、家庭裁判所に対し、その負担付遺贈に係る遺言の取消しを請求することができる。

● 負担付遺贈が取り消された場合、遺贈の目的は、原則として相続人に帰属する。

3-10 使用貸借契約
―タダによる使用

賃貸借と対比される契約として、**使用貸借契約**があります。親族間などで利用されますが、詳細については知られていないことが多いです。

使用貸借契約は、税理士試験にもよく出題されています。平成27(2015)年度の相続税法の計算問題では、宅地には「使用貸借契約に基づく権利（使用借権）による敷地利用権が設定されている」と記述されています。

本節では、使用貸借契約（民法）について解説します。

1 使用貸借契約とは？

使用貸借契約とは、貸主がある物（目的物）を引き渡すことを約束し、借主が目的物を無償で使用収益をして、契約終了時に返還することを約束することによって成立する契約です（民593条）。

借主から貸主に対して、通常の賃料よりも著しく低い金額や固定資産税相当額の支払いがある場合に、賃貸借ではなく使用貸借と認定されることがあります。目的物が不動産の場合、賃貸借であれば借地借家法の適用の可能性があり、借主は保護されるため（1-7☞55頁、1-8☞62頁）、賃貸借なのか使用貸借なのかは当事者にとって重要です。

2 当事者の義務

（1）貸主の義務

貸主は、借主に対して、目的物を使用収益させる義務を負います。もっとも、賃貸借契約とは異なり、使用収益するのに適した状態に置くという作為義務までは負わず、使用収益を妨げないという不作為義務に止まります。

（2）借主の義務

ア　用法遵守義務

　　借主は、契約またはその目的物の性質によって定まった用法に従い、目的物を使用収益しなければなりません（民594条1項。用法遵守義務）。

　　借主は、用法遵守義務として、貸主の承諾なしに第三者に目的物を使用収益させること（例. 無断転貸）はできません（同条2項）。

　　借主が用法遵守義務に違反して使用収益をしたときは、貸主は、使用貸借契約を解除することができます（同条3項）。解除に催告（2-2☞121頁）は不要です。また、貸主は、用法遵守義務に違反した借主に対して、債務不履行による損害賠償請求をすることもできます（民415条。1-9☞67頁）。

イ　通常の必要費の負担義務

　　借主は、目的物の通常の必要費（例. 現状維持のための小修繕費）を負担しなければなりません（民595条1項）。なお、賃貸借の場合は、貸主が通常の必要費を負担します（民608条1項参照）。

　　これに対して、特別の必要費（例. 災害により建物が損傷した場合の修繕費）及び有益費は、貸主の負担となります（民595条2項が準用する583条2項）。借主は、貸主に対する費用償還請求権を被担保債権として、目的物について留置権（民295条1項。4-1☞284頁）を主張することができます。

ウ　原状回復義務

　　借主は、使用貸借契約が終了した場合において、受け取った後に生じた損傷が目的物にあるときは、損傷を原状に復する義務を負います（民599条3項本文。原状回復義務）。賃貸借（民621条）とは異なり、借主は、通常損耗及び経年変化についても、契約の趣旨によっては原状回復義務を負うことがあります。

　　ただし、目的物の損傷が借主の帰責事由によるものでないときは、借主は原状回復義務を負いません（民599条3項但書）。

エ　収去義務

　　借主は、使用貸借契約が終了した場合において、目的物を受け取った後に目的物に附属させた物があるときは、その附属物を収去する義務を負います（同条1項。2-1☞114頁）。収去は、借主の権利でもあります（同条2項）。

　　ただし、分離することができない物または分離するのに過分の費用を要す

る物については、収去義務を負いません（同条1項但書）。この場合、借主は、貸主に対して、附属物費用の償還請求をすることができます（民595条2項参照）。

3 使用貸借契約の終了

（1）使用貸借期間の満了など

使用貸借は、使用貸借期間を定めたときは、期間満了時に終了します（民597条1項）。

また、使用貸借期間を定めなかった場合において、使用収益の目的を定めたときは、使用貸借は、借主が目的に従い使用収益を終えた時に終了します（同条2項）。

（2）使用貸借契約の解除

ア　貸主

貸主は、借主が目的物を受け取るまで、使用貸借契約を解除することができます。軽率に契約を締結した貸主を保護するためです。ただし、書面によって契約締結したときは、この解除は認められません（民593条の2）。

また、貸主は、使用貸借期間を定めなかったが使用収益の目的を定めた場合において、目的に従い借主が使用収益をするのに足りる期間を経過したときは、使用貸借契約を解除することができます（民598条1項）。催告は不要です。

さらに、貸主は、使用貸借期間及び使用収益の目的を定めなかったときは、いつでも使用貸借契約を解除することができます（同条2項）。催告は不要です。

イ　借主

一方、借主は、いつでも使用貸借契約を解除することができます（同条3項）。

（3）借主の死亡

使用貸借は、特約がなければ、借主の死亡によって終了します（民597条3項）。借主自身に対する信頼関係に基づいて無償とされているからです。相続されない点で、賃貸借（賃借権）とは異なります。

これに対して、貸主が死亡した場合は、特約がなければ、使用貸借は存続し

ます。

4 請求権の期間制限

（1）借主の費用償還請求

　借主が貸主に対して、目的物について支出した費用（通常の必要費以外の費用）を償還請求する場合（民595条2項が準用する583条2項。本節の**2**（2）イ）は、民法166条1項の消滅時効（3-2☞168頁）が適用されます。

　もっとも、借主は、貸主が目的物の返還を受けた時から1年以内に償還請求をしなければなりません（民600条1項。除斥期間）。使用貸借契約の終了に伴う契約関係の清算を早期に行わせるためです。

（2）貸主の損害賠償請求

　貸主が借主に対して、用法遵守義務違反によって生じた損害の賠償請求をする場合（本節の**2**（2）ア）は、民法166条1項の消滅時効が適用されます。

　もっとも、この損害賠償請求権については、貸主が目的物の返還を受けた時から1年を経過するまでの間は、時効は完成しません（民600条2項。時効の完成猶予）。使用貸借の存続中は、貸主が目的物の状況を把握することが困難なことが多く、貸主が用法遵守義務違反の事実を知らないうちに消滅時効が完成することを防ぐためです。

　そのうえで、貸主は、上記の消滅時効が完成していなくても、目的物の返還を受けた時から1年以内に賠償請求しなければなりません（同条1項。除斥期間）。

5 使用貸借契約の課税関係

　個人間または法人間で土地の使用貸借契約を締結した場合の課税関係を解説します。なお、個人・法人間の契約については、解説を省略します。

（1）個人間の使用貸借契約

　個人間で土地の使用貸借契約を締結しても、借地権相当額（権利金相当額）について贈与があったものとして、借主に対して贈与税が課されることはありません。（賃貸借による）借地権の設定の対価として権利金などを支払う取引上の慣行がある地域においても、土地の使用貸借に係る使用権の価額は、ゼロとして取り扱われます。

もっとも、借主は、地代相当額を贈与により取得したものとみなされ（相税9条）、贈与税が課されることはあります。ただし、親族間における使用貸借であり、地代相当額が少額である場合などには、課税されません（相基通9-10）。

　なお、土地の貸主が死亡し、使用貸借に係る土地を相続により取得した場合における相続税の課税価格に算入すべき価額は、自用地としての価額となります。冒頭の試験問題において問われている点です。

（2）法人間の使用貸借契約

　法人間の土地の使用貸借の場合、法人が無償で貸し付けることはないと考えて、原則として、借地権の認定課税がされます（法税22条2項）。

　法人貸主は、通常収受すべき権利金（認定権利金）の額を益金とし、同額を寄付金として処理します。また、認定権利金の額が土地価額の50%以上の場合、土地の一部が譲渡されたものとして、土地の簿価の一部を損金に算入します（法税令138条）。

　これに対して、法人借主は、借地権を資産計上し、同額の受贈益を益金に算入します。

　もっとも、法人貸主が使用貸借契約により他人に土地を使用させた場合において、契約書において将来借主が土地を無償で返還することが定められており、かつ、その旨を借主との連名の書面により遅滞なく所轄税務署長に届け出たとき（無償返還の届出）は、借地権の認定課税は行われないと定められています（法基通13-1-7）。

　無償返還の届出に対しては、法律に基づかない届出によって課税関係が大きく異なるのは公正ではないという批判があります。

◎法人間の土地の使用貸借

1　無償返還の届出なし（借地権の認定課税あり）

（1）　法人貸主

　　寄付金（損金算入制限あり）　／　権利金収入（益金算入）

　　寄付金（損金算入制限あり）　／　受取地代（益金算入）

　　〜認定権利金の額が土地価額の50%以上の場合〜

　　譲渡原価（損金算入）　／　土地

（2）　法人借主

　　借地権（資産計上）　／　受贈益（益金算入）

```
          支払地代（損金算入）            ／  受贈益（益金算入）
  2   無償返還の届出あり（借地権の認定課税なし）
（1）法人貸主
          寄付金（損金算入制限あり）  ／  受取地代（益金算入）
（2）法人借主
          支払地代（損金算入）        ／  受贈益（益金算入）
```

POINT

- 使用貸借契約とは、貸主が目的物を引き渡すことを約束し、借主が目的物を無償で使用収益をして、契約終了時に返還することを約束することによって成立する契約である。
- 借主は、契約またはその目的物の性質によって定まった用法に従い、目的物を使用収益しなければならない。
- 借主は、目的物の通常の必要費を負担しなければならない。
- 借主は、使用貸借契約が終了した場合において、受け取った後に生じた損傷が目的物にあるときは、損傷を原状に復する義務を負う。
- 借主は、使用貸借契約が終了した場合において、目的物を受け取った後に目的物に附属させた物があるときは、その附属物を収去する義務を負う。ただし、分離することができない物などについては、収去義務を負わない。
- 使用貸借は、特約がなければ、借主の死亡によって終了する。

3-11 成年後見制度
─支援の輪

　日本における65歳以上の認知症の人の数は約600万人（令和2〔2020〕年現在）と推計され、令和7（2025）年には約700万人になると予測されています。

　認知機能が低下するなどして、判断能力が不十分となり、日常生活に支障が出ている人を保護・支援する制度として、**成年後見制度**があります。

　成年後見は、税理士試験にも出題されています。平成27（2015）年度の相続税法の計算問題では、障害者控除の適用に関する資料として、相続人である「子Bは、以前より精神上の障害により事理を弁識する能力を欠く常況にあり、平成24年1月14日に家庭裁判所から後見開始の審判を受け、B´が成年後見人に選任された」という記述があります。

　本節では、成年後見制度（民法）について解説します。

1 成年後見制度

　認知症や知的障害などにより事理を弁識する能力が不十分な場合、自己の財産の管理や、介護サービスや施設への入所に関する契約の締結を1人で行うのが難しいことがあります。また、悪質商法の被害にあうおそれもあります。

　事理弁識能力（自分の行為の法的な意味を理解する能力）の不十分な人を保護し、支援するのが「成年後見制度」です。成年後見制度には、法定後見（法律による後見）と任意後見（契約による後見）があります。法定後見には、本人の事理弁識能力に応じて、（成年）後見、保佐、補助の3類型があります。

　令和2（2020）年12月末日時点における成年後見制度の利用者数は合計23万2287人、そのうち成年後見の利用者数は17万4680人、任意後見の利用者数（現に効力が生じている数）は2655人となっています（最高裁判所 事務総局家庭局「成年後見関係事件の概況 令和2年1月～12月」、以下「概況」）。

本節の冒頭で紹介した65歳以上の認知症の人の推計数、及び令和3（2021）年10月時点の65歳以上の人口が3631万人であること（総務省統計局人口推計）からすると、成年後見制度があまり利用されていないことがわかります。

　なお、認知症の人の預金について、成年後見制度を利用していない場合に、一定の親族が認知症の人の代理人として引き出すことを認めるのか、どのような条件で認めるのかは、金融機関によって対応が異なります。

◎成年後見制度

・法定後見　➡　（成年）後見、保佐、補助
・任意後見

---

② 成年後見

（1）成年後見の概要

　精神上の障害により事理弁識能力を欠く常況にある者については、家庭裁判所は、親族らの請求（申立て）により、後見開始の審判をすることができます（民7条）。

　なお、家庭裁判所は、事理弁識能力が著しく不十分な場合には保佐開始の審判（民11条）を、事理弁識能力が不十分な場合には補助開始の審判（民15条1項）をすることができます。

（2）成年後見の申立て

　成年後見を利用するには、適切に申立てをしてくれる親族などや、手続費用などを負担する本人の資力が必要となります。もっとも、市区町村長が申し立てることもでき（老人福祉法32条など）、市区町村が費用を助成する制度があります。

　なお、令和2（2020）年における後見開始、保佐開始、補助開始及び任意後見監督人選任事件の終局事件について、申立人の内訳は、市区町村長が全体の約23.9％、本人の子が約21.3％、本人が約20.2％となっています（「概況」）。

（3）後見登記

　後見開始の審判がされると、法務局は後見登記ファイルに記録しますが、官報や戸籍に記載されて公示されることはありません。

3 成年後見人

（1）成年後見人の選任

　家庭裁判所は、後見開始の審判をするときは、職権で保護者として成年後見人を選任します（民843条1項）。なお、後見開始の審判を受けた者を「成年被後見人」といいます。

　令和2（2020）年において開始と同時に選任された成年後見人、保佐人及び補助人は、本人の親族が約19.7％、専門職（例．司法書士、弁護士）が約80.3％となっています（「概況」）。

　専門職後見人に対しては、①報酬を支払っているにもかかわらず、成年被後見人にほとんど会いに来ない、②成年被後見人の財産や収支を情報開示してくれないと、成年被後見人の親族から批判されることがあります。②については、成年被後見人のための職務であり、親族のためではないので、法的に親族に対する開示義務はないとされています。親族は家庭裁判所において閲覧謄写することで内容を知ることができます。

（2）成年後見人の職務内容

　成年後見人は、成年被後見人の生活、療養看護及び財産管理に関する事務を行います（民858条）。

　生活、療養看護に関する事務とは、施設への入所や医療などに関する契約を締結することをいいます。現実の介護を行うことは、成年後見人の義務ではありません。また、成年被後見人が自分が受ける医療について判断能力を欠いている場合に、成年後見人が本人に代わって同意できるかどうか（医療侵襲行為に対する代行決定権の有無）が問題となっています。

　財産管理に関する事務とは、財産に関する法律行為について代理権を行使したり、成年被後見人の行った法律行為について取消権（民120条1項）や追認権（民122条）を行使することなどです。

　成年後見人が、成年被後見人に代わって、その居住用不動産について、売却などの処分をするには、家庭裁判所の許可を得なければなりません（民859条の3）。居住環境の変化が成年被後見人の心身などに重大な影響を与えるおそれがあるからです。

　成年後見人が上記各事務を行うにあたっては、成年被後見人の意思を尊重し、

かつ、その心身の状態及び生活の状況に配慮しなければなりません（民858条）。

（3）成年後見人の職務の終了

　成年後見人の職務は、成年被後見人が死亡したときに終了します。ただし、下記のとおり、死後事務に関する規定があります（民873条の2）。

　成年後見人は、必要があるときは、成年被後見人の相続人の意思に反することが明らかなときを除き、相続人が相続財産を管理することができるに至るまで、①相続財産に属する特定の財産の保存に必要な行為、②相続財産に属する債務（弁済期が到来しているものに限る）の弁済、及び③その死体の火葬または埋葬に関する契約の締結その他相続財産の保存に必要な行為（①②を除く）をすることができます。ただし、③をするには、家庭裁判所の許可を得なければなりません。

（4）成年後見人の報酬

　家庭裁判所は、成年後見人及び成年被後見人の資力その他の事情によって、成年被後見人の財産の中から、相当な報酬を成年後見人に対して与えることができます（民862条）。家庭裁判所への報酬の申立てが必要です。

　成年後見人が受け取ることができる基本報酬の目安は、月額2万円です。管理財産額が高額である場合には、増額されることがあります。親族が成年後見人の場合には、報酬の申立てがなされず、報酬が支払われないことが多いです。

　最高裁判所は、成年後見人の報酬について、管理財産額に応じて増額される方法から、生活支援の実施状況により増減される方法に変更することを検討しています。

4　成年後見監督人

　家庭裁判所は、必要があると認めるときは、成年後見監督人を選任することができます（民849条）。成年後見監督人の主たる職務は、成年後見人の事務の監督です（民851条）。

　成年後見監督人は、管理する財産が多額・複雑など専門職の知見が必要なときや、成年後見人と成年被後見人の利益が相反するとき（例．遺産分割）などに選任されます。

5 任意後見

（1）任意後見契約

本人に判断能力があるときに、受任者に対して、将来、事理弁識能力が不十分な状況となった場合における財産管理などの事務を委託し、代理権を付与する委任契約を「任意後見契約」といいます。公正証書で締結します（任意後見契約に関する法律3条）。

任意後見契約締結後に、本人の事理弁識能力が不十分となった場合、親族や任意後見受任者などが任意後見監督人の選任を請求し、家庭裁判所がこれを選任すると（同法4条）、任意後見契約の効力が発生し、受任者が任意後見人になります（同法2条1号）。

任意後見契約と同時に、事理弁識能力が十分な状況である現時点から財産管理を委任する契約を締結することがあります。この場合、事理弁識能力が不十分な状況となっても、任意後見監督人の選任請求がなされずに財産管理が継続されることがあるという問題点があります。

（2）任意後見契約の登記

任意後見契約の公正証書が作成されると、公証人から登記所への嘱託により、任意後見契約が登記されます。

（3）任意後見人

任意後見人は、本人の親族が圧倒的に多いです。

任意後見人には、契約に定められた委任事務の代理権は付与されますが、本人の法律行為についての取消権や同意権は与えられません。

（4）法定後見との関係

任意後見契約が登記されている場合には、家庭裁判所は、本人の利益のため特に必要があると認めるときに限り、（法定）後見開始の審判などをすることができます（同法10条1項）。

COLUMN 1 成年被後見人の欠格

平成25（2013）年の法改正により、成年被後見人となっても、選挙権及び被選挙権を有することになりました。

成年後見制度と選挙制度はその趣旨目的が全く異なるものであり、後見開始

の審判がされたからといって、選挙権を行使するに足る能力が欠けると判断されたことにはならない、また、成年被後見人が一定の法律行為を有効に行う能力が一時回復することを制度として予定しているのであるから、成年被後見人とされた者の中にも、選挙権を行使するために必要な判断能力を有する者が少なからず含まれていることが理由です。

　また、令和元（2019）年の「成年被後見人等の権利の制限に係る措置の適正化等を図るための関係法律の整備に関する法律」の成立により、成年被後見人等となった場合に、一定の資格や職種など（例．公務員、警備員）から一律に排除する欠格条項を改め、個別的・実質的に能力の有無を審査・判断されることになりました。これまで欠格条項の存在が成年後見制度の利用を躊躇させる原因の１つとなっていました。

COLUMN 2 成年後見人などによる不正

　成年後見人、保佐人、補助人、任意後見人、未成年後見人及び各監督人による不正があり、家庭裁判所が対応を終えたと最高裁判所に報告した件数及び被害金額は、下記のとおりです（最高裁判所 事務総局家庭局 実情調査）。不正報告件数及び被害額は、平成26年以降、減少しています。

	不正報告件数 （うち専門職による件数）	被害額 （うち専門職による額）
平成26（2014）年	831件（22件）	約56.7億円 （約5.6億円）
平成29（2017）年	294件（11件）	約14.4億円 （約0.5億円）
令和２（2020）年	186件（30件）	約7.9億円 （約1.5億円）

　未成年者に対して親権を行う者がないときなどには、未成年後見が開始します（民838条1号）。成年後見とは異なり、審判を経ずに当然に後見が開始します。

　最後に親権を行う者は遺言で未成年後見人を指定することができ（民839条1項）、指定がない場合には、家庭裁判所が未成年後見人を選任します（民840条1項）。実務では、親戚などが未成年者を引き取って面倒を見ていることが少なくはなく、必ずしも未成年後見人が選任されているわけではありません。

POINT❗

- 成年後見制度には、法定後見と任意後見がある。法定後見には、本人の事理弁識能力に応じて、（成年）後見、保佐、補助の3類型がある。
- 精神上の障害により事理弁識能力を欠く常況にある者については、家庭裁判所は、親族らの請求により、後見開始の審判をすることができる。
- 成年後見人は、成年被後見人の生活、療養看護及び財産管理に関する事務を行う。
- 任意後見契約とは、本人に判断能力があるときに、受任者に対して、将来、事理弁識能力が不十分な状況となった場合における財産管理などの事務を委託し、代理権を付与する委任契約をいう。

3-12 認知
―あなたは私の子

> **認知**は、相続人としての地位の有無に影響するため、税理士試験の相続税法の計算問題によく出題されています。
>
> 平成27（2015）年度において、「子Xは嫡出でない子であり、被相続人甲は生前に認知している」、平成24（2012）年度においては、「子Xは非嫡出子であり、被相続人甲は生前に認知している」と出題されています。
>
> 本節では、認知（民法）について解説します。

1 任意認知

（1）認知とは？

父または母は、"嫡出（ちゃくしゅつ）でない子"を認知することができます（民779条）。

嫡出でない子というのは、婚姻関係にない男女から生まれた子のことであり、「婚外子（こんがいし）」や「非嫡出子（ひちゃくしゅつし）」と呼んだりします。

認知は、婚外子との間に法律上の親子関係を発生させる法律行為です。認知されない場合、自然的血縁関係があったとしても、相続権を有しないなどの不利益が生じます。

（2）母子関係

法律上の母子関係は、原則として、母の認知を待たずに、分娩の事実により当然に発生するので、母の認知は問題とはなりません。ＤＮＡ型鑑定などによって証明された血縁上の母子関係は、分娩の事実を基礎づけることになります。

平成28（2016）年度税理士試験の相続税法の計算問題では、被相続人（女）の「子Hは嫡出でない子である」としか記載されておらず、本節の冒頭で紹介した試験問題とは異なり、認知の有無については触れられていません。しかしながら、法律上の母子関係は、分娩の事実により当然に発生するので、子Hは（被相続人である母の）相続人となります。

（3）父子関係

　認知は、婚外子との間に法律上の父子関係を成立させます。

　民法の考え方として、原則として、自然的血縁関係に基礎をおいて法律上の父子関係を定立するものとしていますが、例外的に、血縁上の父子関係と法律上の父子関係に差異が生ずる場合を認めています。例外的な場合として、父が認知せず、子も認知の訴えをしない場合や、子や母の承諾が得られない場合（下記（4））、死後懐胎子の場合（本節のCOLUMN2）などが挙げられます。

（4）認知の要件

　認知は、戸籍法の定めるところにより届け出ることによって行います（民781条1項）。届出が受理されることにより、認知の効力が生じます。また、認知は、遺言によっても行うことができます（同条2項）。

　認知が有効であるためには、血縁上の父子関係がある子を認知する必要がありますが、届出のときには、父子関係の証明までは求められません。

　成年の子を認知するには、その子の承諾を得なければなりません（民782条）。成年するまで放置された子が意に沿わない扶養義務を押し付けられることを防ぐためです。また、胎児を認知するには、その母の承諾を得なければなりません（民783条1項）。認知が真実であることを確保するためです。

　一方、未成年の子を認知するときは、父は一方的に行うことができます。これに対して、自然的血縁関係がない場合、子などは認知の無効を主張することができます（民786条）。

2　強制認知

（1）強制認知とは？

　子などは、任意に認知しない父に対して、認知の訴えを提起することができます（民787条。強制認知）。判決によって法律上の父子関係が発生することになります。

　父が死亡した場合には、検察官を被告として、認知の訴えを提起することができます。

（2）父子関係の証明

　認知の訴えにおいて、自然的血縁関係があることを証明する責任は、子など（原告）にあります。当事者双方が同意してＤＮＡ型鑑定が行われることも多

いですが、鑑定を拒否する当事者に鑑定を強制させる規定はありません。

3 認知の効果

　認知によって、法律上の父子関係が子の出生時に遡って生じます（民784条）。父子間に相続権や扶養義務などが生じます。

4 相続開始後に認知された者の価額支払請求権

　父の相続開始後に、父子関係についての認知によって相続人になった者がいる場合において、その者を除いて既に父の遺産分割が成立しているときは、相続人を1人欠いて行われたことになるので、本来であれば遺産分割は無効となるはずです。

　しかしながら、遺産分割は有効のまま、認知により相続人になった者が、他の共同相続人に対して、相続分に応じた価額支払請求権を有することを認めています（民910条）。法律関係の安定と認知された者の保護が図られています。

　ただし、民法910条は、認知の遡及効にもかかわらず、他の共同相続人らが相続権を失わないことが前提です。認知の遡及効により相続権を有しなかった者が遺産分割協議を行っていた場合には、遺産分割は無効となります。

　なお、法律上の母子関係については、分娩の事実により当然に発生するので、被相続人である母の婚外子の存在が遺産分割後に判明した場合には、遺産の再分割をすることになると解されています。

COLUMN 1 　認知された婚外子の法定相続分

　嫡出子と認知された婚外子がいる場合、現在では両者の法定相続分は等しいことになっていますが、平成25（2013）年12月までは、婚外子の法定相続分は嫡出子の1／2であるという規定が民法にありました。

　本節の冒頭で紹介した平成24（2012）年度の試験問題では、当該規定を前提として問題を解くことが求められていました。

　民法が改正されたのは、最高裁判所が、当該規定は、憲法14条1項（法の下の平等）に違反すると判断したからです。

　最高裁平成25（2013）年9月4日判決・裁判所Webは、「昭和22年民法改正時から現在に至るまでの間の社会の動向、我が国における家族形態の多様化や

これに伴う国民の意識の変化、諸外国の立法のすう勢及び我が国が批准した条約の内容とこれに基づき設置された委員会からの指摘、嫡出子と嫡出でない子の区別に関わる法制等の変化、更にはこれまでの当審判例における度重なる問題の指摘等を総合的に考察すれば、家族という共同体の中における個人の尊重がより明確に認識されてきたことは明らかであるといえる。そして、法律婚という制度自体は我が国に定着しているとしても、上記のような認識の変化に伴い、上記制度の下で父母が婚姻関係になかったという、子にとっては自ら選択ないし修正する余地のない事柄を理由としてその子に不利益を及ぼすことは許されず、子を個人として尊重し、その権利を保障すべきであるという考えが確立されてきているものということができる。

　以上を総合すれば、遅くともＡの相続が開始した平成13年7月当時においては、立法府の裁量権を考慮しても、嫡出子と嫡出でない子の法定相続分を区別する合理的な根拠は失われていたというべきである」と判示しました。

　なお、被相続人の兄弟姉妹が相続人である場合において、相続人に全血兄弟姉妹と半血兄弟姉妹がいるときは、半血兄弟姉妹の法定相続分は、全血兄弟姉妹の1/2であるという民法の規定（民900条4号但書）は存続しています。半血兄弟姉妹は、平成23年度税理士試験の相続税法の計算問題に出題されています。

COLUMN 2　死後懐胎子による認知の訴え

　冷凍保存していた夫の精子を夫の死亡後に用いてされた体外受精により懐胎した妻が出産した子が、死亡した父の子であることについて死後認知を求めた事件があります。

　最高裁平成18（2006）年9月4日判決・裁判所Webは、「民法の実親子に関する法制は、血縁上の親子関係を基礎に置いて、嫡出子については出生により当然に、非嫡出子については認知を要件として、その親との間に法律上の親子関係を形成するものとし、この関係にある親子について民法に定める親子、親族等の法律関係を認めるものである。

　ところで、現在では、生殖補助医療技術を用いた人工生殖は、自然生殖の過程の一部を代替するものにとどまらず、およそ自然生殖では不可能な懐胎も可能とするまでになっており、死後懐胎子はこのような人工生殖により出生した

子に当たるところ、上記法制は、少なくとも死後懐胎子と死亡した父との間の親子関係を想定していないことは、明らかである。すなわち、死後懐胎子については、その父は懐胎前に死亡しているため、親権に関しては、父が死後懐胎子の親権者になり得る余地はなく、扶養等に関しては、死後懐胎子が父から監護、養育、扶養を受けることはあり得ず、相続に関しては、死後懐胎子は父の相続人になり得ないものである。」「そうすると、その両者の間の法律上の親子関係の形成に関する問題は、本来的には、死亡した者の保存精子を用いる人工生殖に関する生命倫理、生まれてくる子の福祉、親子関係や親族関係を形成されることになる関係者の意識、更にはこれらに関する社会一般の考え方等多角的な観点からの検討を行った上、親子関係を認めるか否か、認めるとした場合の要件や効果を定める立法によって解決されるべき問題であるといわなければならず、そのような立法がない以上、死後懐胎子と死亡した父との間の法律上の親子関係の形成は認められないというべきである」と判示しました。死後懐胎子は、法律上の父が存在しえない子となります。

　自然生殖では生まれることのない死後懐胎子について、民法の枠内において法の欠缺の場合の解釈問題として法律上の父子関係を考えるのではなく、民法が想定しておらず立法がない以上、法律上の父子関係は認められないと、上記判例は判断しています。

POINT❗

- 認知は、婚外子との間に法律上の父子関係を成立させるものである。
- 子などは、認知しない父に対して、認知の訴えを提起することができる。
- 認知によって、法律上の父子関係が子の出生時に遡って生じる。

養子
—今日から私の子

相続税や遺留分の対策として、**養子縁組**が利用されることがあります。

養子は、税理士試験の相続税法において、ほぼ毎回のように出題されています。令和3（2021）年度の計算問題では、4名が養子であることになっています。また、平成23（2011）年度の理論問題では、養子縁組後に離縁したことになっています。

本節では、養子（民法）について解説します。

1 養子制度とは？

養子制度は、自然的親子関係のない者の間に、人為的に嫡出親子関係を創設する制度です。普通養子と特別養子があります。

2 普通養子

（1）養子縁組の成立

普通養子縁組は、養親となる者と養子となる者との間の契約です。縁組届を提出し受理されることによって、養子縁組が成立します（民799条が準用する739条）。

令和元（2019）年度の養子縁組の届出件数は7万2737件です（e-Stat）。

（2）養親・養子の資格

養親となる者は、20歳以上であればよく（民792条）、養子となる者は、年齢による制約はありません。

尊属や年長者を養子とすることはできません（民793条）。養子は親子関係を形成する制度であるからです。

（3）配偶者のある者の縁組

配偶者のある者が未成年者を養子とするには、原則として、夫婦共同縁組を

しなければなりません（民795条）。夫婦がともに養親となることが子の養育の
ためには望ましいからです。

　また、配偶者のある者が成年者を縁組するには、原則として、配偶者の同意
を得なければなりません（民796条）。姻族関係、相続、扶養などに影響を及ぼ
すからです。

（4）未成年養子

　成年者が養子となる場合は、原則として、当事者間の合意と届出によって縁
組が成立しますが、未成年者が養子となる場合には、特則が設けられています。

　15歳未満の者を養子とする場合には、法定代理人（例．親権者）が代わって
縁組の承諾をします（民797条1項）。15歳未満の者は、自ら縁組をする能力が
ないとされています。これに対して、15歳以上の者は、未成年者であっても、
意思能力を有していれば、法定代理人の同意なしに養子縁組をすることができ
ます。

　未成年者を養子とするには、原則として、家庭裁判所の許可を得なければな
りません（民798条）。裁判所が養子が適切であるかどうかを後見的に判断する
ことによって未成年者の保護を図っています。

（5）養子縁組の意思

　縁組を行うには、当事者間に縁組をする意思があることが要件となります（民
802条1号参照）。

　相続税の節税のために養子縁組をする場合の縁組意思の有無が問題となった
事件において、最高裁平成29（2017）年1月31日判決・裁判所Webは、「相続
税の節税の動機と縁組をする意思とは、併存し得るものである。したがって、
専ら相続税の節税のために養子縁組をする場合であっても、直ちに当該養子縁
組について民法802条1号にいう「当事者間に縁組をする意思がないとき」に
当たるとすることはできない」と判示しました。

　もっとも、相続税の節税のための養子縁組が無効とならないとしても、相続
税法63条（相続人の数に算入される養子の数の否認。本節の**4**）によって、節
税効果が得られない可能性はあります。

（6）普通養子縁組の効果

　養子は、縁組の日から、養親の嫡出子の身分を取得します（民809条）。養親
に相続が発生した場合には、第1順位の血族相続人になります（民887条1項）。

養子は実親との関係も存続するため、二重の親子関係が成立します。

また、養子と養親の血族との間にも、縁組の日から親族関係が生じます（民727条）。なお、養親と養子の血族との間には、親族関係は生じません。

養子は、原則として養親の氏を称することになります（民810条）。

（7）離縁

縁組の当事者は、協議によって離縁をすることができます（民811条1項）。届出によって離縁は成立します（民812条が準用する739条）。協議離縁のほかに、調停離縁、審判離縁及び裁判離縁（民814条1項）があります。

離縁によって、養子縁組によりつくられた親族関係は終了します（民729条）。

3 特別養子

（1）特別養子縁組とは？

特別養子縁組とは、縁組の日から実方の血族との親子関係を終了させる縁組です（民817条の2第1項）。

民法には、親権の喪失（民834条）などの規定はありますが、実親子関係を終了させる規定は他にありません。

父母による子の監護が著しく困難または不適当であること、その他特別の事情がある場合において、子の利益のため特に必要があると認めるときであることが特別養子縁組の要件となっています（民817条の7）。また、養子となる者の父母の同意も、原則として要件となっています（民817条の6）

（2）家庭裁判所の審判

特別養子縁組は、養親となる者の申立てに基づき家庭裁判所の審判により成立します（民817条の2）。当事者間の合意によって成立するのではありません。

令和2（2020）年度の特別養子縁組の成立認容件数は693件です（司法統計）。

（3）養親・養子の資格

特別養子縁組の養親となる者は、配偶者のある者であることが要件となり、原則として夫婦共同縁組でなければなりません（民817条の3）。また、原則として25歳以上でなければなりません（民817条の4）。一般的な親子関係に近い関係を可能な限り、つくり出すという趣旨による制限です。

特別養子縁組の養子となる者は、原則として15歳未満でなければなりません（民817条の5）。

（4）特別養子縁組の効果

養子と実方の父母及びその血族との親族関係は、原則として特別養子縁組によって終了します（民817条の9）。

その他は、普通養子と同じ効果（本節の**2**（6））が生じます。

（5）離縁

特別養子縁組の離縁は、原則として認められません。

例外的に、養親による虐待、悪意の遺棄その他養子の利益を著しく害する事由があり、かつ実父母が相当の監護をすることができる場合において、養子の利益のため特に必要があると認めるときは、家庭裁判所は、養子らの請求により、特別養子縁組の当事者を離縁させることができます（民817条の10）。なお、養親は、離縁を請求することができません。

令和2（2020）年度の離縁認容件数は0件です（司法統計）。

4 養子の課税関係

相続税の遺産に係る基礎控除額を計算する場合において、被相続人に養子があるときは、相続人の数に算入する被相続人の養子の数は、次の区分に応じそれぞれ定める養子の数に限られます（相税15条）。ただし、特別養子縁組によって被相続人の養子となった者や、被相続人の配偶者の実子で被相続人の養子となった者などは、実子とみなされます。

① 被相続人に実子がある場合…1人まで
② 被相続人に実子がない場合…2人まで

上記に関する理解が、税理士試験の相続税法の計算問題において、ほぼ毎回のように問われています。

ただし、養子の数を上記のとおりに相続人の数に算入することが、相続税の負担を不当に減少させる結果となると認められる場合においては、税務署長は、相続税についての更正または決定に際し、養子の数を相続人の数に算入しないで相続税の課税価格及び相続税額を計算することができます（相税63条）。

なお、養子縁組によって被相続人の（推定）相続人を増やすことにより、対立する（推定）相続人の（個別的）遺留分（3-23☞277頁）を減らすことがで

きますが、遺留分を計算するにあたり、相続税法のような形式的な人数制限の規定はありません。

COLUMN **里親制度**

　里親制度は、実親に代わって一時的に家庭内で子を預かって養育する制度です。里親と子に法律上の親子関係はなく、子の親権者は実親のままです。里親には、里親手当や養育費が自治体から支給されるという点でも、養子縁組とは異なります。

POINT❗

- 養子制度は、自然的親子関係のない者の間に、人為的に嫡出親子関係を創設する制度である。普通養子と特別養子がある。
- 普通養子縁組は、養親となる者と養子となる者との間の契約である。
- 縁組を行うには、当事者間に縁組をする意思があることが要件となる。
- 養子は、縁組の日から、養親の嫡出子の身分を取得する。
- 特別養子縁組とは、縁組の日から実方の血族との親子関係を終了させる縁組である。
- 特別養子縁組は、養親となる者の申立てに基づき家庭裁判所の審判により成立する。
- 養子と実方の父母及びその血族との親族関係は、原則として特別養子縁組によって終了する。

相続欠格と相続廃除
―相続人から外す

> **相続欠格**と**相続廃除**は、相続税法を学習する際に、相続開始以前の死亡と並ぶ、代襲相続の発生原因として登場します（民887条2項）。
>
> 本節では、相続欠格と相続廃除（民法）について解説します。

1 相続権の剥奪

相続欠格と相続廃除は、（推定）相続人から相続権を剥奪する制度です。

2 相続欠格

（1）相続欠格とは？

相続欠格とは、相続による財産取得の秩序を侵害する行為を行った場合に、家族関係の適正な秩序を維持するという公益的理由から、被相続人の意思にかかわらずに民事上の制裁として相続資格を当然に喪失させる制度です（民891条）。

（2）欠格事由

ア　1号事由

まず、「故意に被相続人又は相続について先順位若しくは同順位にある者を死亡するに至らせ、又は至らせようとしたために、刑に処せられた者」は、相続人となることができません。

「故意に」と規定されており、殺人についての故意（殺意）が必要です。過失致死や傷害致死の場合は、死の結果が生じていても殺意が認められないので、欠格事由には該当しません。殺意だけでなく、相続による利益を受けることについての故意も必要なのかについては、見解が分かれています。

また、「刑に処せられた者」と規定されています。有罪となっても執行猶予付きの判決を受けた者は、取り消されること（刑26条、26条の2）なく執行猶予期間が経過すれば、刑の言渡しが効力を失うため（刑27条）、「刑に処

せられた者」に該当しません。

イ　5号事由

また、「相続に関する被相続人の遺言書を偽造し、変造し、破棄し、又は隠匿した者」は、相続人となることができません。相続に関して不当な利益を得ることを目的として、破棄などをすることが要件となります。

遺言書の存在と内容を公表しないことは隠匿に当たりますが、公表しなくても遺言書の発見が困難でないときは、隠匿には該当しません。

（3）相続欠格の効果

欠格事由に該当すると、当然に相続権を失います。

欠格者に子（被相続人の直系卑属に限る）がいたときは、子が代襲相続人になります（民887条2項）。

3　相続廃除

（1）相続廃除とは？

相続廃除とは、被相続人（または遺言執行者）の請求により、家庭裁判所が推定相続人の相続資格を喪失させる制度です（民892条、893条）。家庭裁判所は、後見的見地から廃除事由に該当するかどうかを決定します。

令和2（2020）年度において、家庭裁判所において認容されたのは43件であり、相続廃除が認められることは少ないです（司法統計）。

（2）廃除対象者

廃除対象者は、遺留分（3-23☞277頁）を有する推定相続人です（民892条）。被相続人の兄弟姉妹は、遺留分を有しておらず（民1042条）、廃除対象にはなりません。被相続人は、遺言によって兄弟姉妹に遺産を与えないとすることによって廃除と同じ効果を得ることができます。

（3）廃除事由

廃除事由は、被相続人に対する虐待・重大な侮辱、または推定相続人のその他の著しい非行です（民892条）。客観的かつ社会通念に照らし、推定相続人の遺留分を否定することが正当であると判断される程度に重大であり、人的信頼関係（相続的協同関係）を破壊するものです。

著しい非行とは、虐待・重大な侮辱に類する行為のことであり、被相続人の財産の浪費や素行不良などが問題となります。

（4）相続廃除の効果

　相続廃除を求める審判が確定することによって、廃除対象者は相続権を失います。

　廃除対象者に子（被相続人の直系卑属に限る）がいたときは、子が代襲相続人になります（民887条2項）。

COLUMN 1 　『カラマーゾフの兄弟』と欠格・廃除

　ドストエフスキーの『カラマーゾフの兄弟』は、父殺しがテーマとなっています。"日本の現在の相続欠格と相続廃除の規定を適用すると、どうなるのか？"を考えてみたいと思います。

　父フョードル・カラマーゾフがグルーシェニカと再婚し、グルーシェニカが父フョードルの全財産を自分のものにしてしまうことを阻止するために、子が父フョードルを殺害したのであれば、欠格事由に該当し、子は相続権を失います。

　また、長男ドミートリー・カラマーゾフは、突然実家に帰ってきて、父フョードルを床に投げ飛ばし、倒れた父フョードルの顔を踵で2、3回蹴りつけ、「くたばらなかったら、また殺しに来てやる」とわめきちらします。父フョードルは、長男ドミートリーに遺産を渡したくないのであれば、自己に対する虐待に該当するとして、相続廃除を請求するという方法があります。

COLUMN 2 　江戸時代の勘当

　勘当とは、親子関係を断つことであり、昔の日本では勘当されると相続権が剥奪されました。奉行所に届け出て関係を断つのが本来のあり方ですが、公にせず懲戒的な意味を持たせるだけの内証勘当も行われました。

　現在の日本の法制度においては、実親子関係を切断して相続権を剥奪する制度はありません（特別養子縁組〔3-13☞233頁〕は除く）。

POINT ❗

● 相続欠格とは、被相続人の意思にかかわらずに民事上の制裁として相続資格

を当然に喪失させる制度である。

- 「故意に被相続人又は相続について先順位若しくは同順位にある者を死亡するに至らせ、又は至らせようとしたために、刑に処せられた者」や、「相続に関する被相続人の遺言書を偽造し、変造し、破棄し、又は隠匿した者」は、相続人となることができない。
- 相続廃除とは、被相続人などの請求により、家庭裁判所が推定相続人の相続資格を喪失させる制度である。
- 廃除事由は、被相続人に対する虐待・重大な侮辱、または推定相続人のその他の著しい非行である。

3-15 限定承認と相続放棄
―相続する不安

　限定承認と**相続放棄**は、税理士試験の相続税法の計算問題において出題されています。

　令和2（2020）年度の試験問題では、「長女Bは、被相続人甲に係る相続について、適法に相続の放棄をしている」という記述があります。また、令和元（2019）年度の試験問題では、亡子「の相続に関し、相続人について相続を放棄した者あるいは限定承認をした者はいない」という記述があります。

　国税徴収法でも出題されており、平成28（2016）年度の試験問題において、「甲の相続人は、乙のみであり、乙は相続について限定承認をしている」とされています。

　本節では、限定承認と相続放棄（民法）について解説します。

1　相続人の3つの選択肢

　相続人は、相続開始の時から、被相続人の財産に属した一切の権利義務を承継しますが（民896条）、単純承認、限定承認及び相続放棄という3つの選択肢があります。

　単純承認とは、不確定的にしか帰属していなかった相続の効果を確定的に帰属させる意思表示です。被相続人の権利義務を無限に承継します（民920条）。何もせずに熟慮期間が経過すると、単純承認とみなされます（本節の**3**）。積極的に選択したのではなく、よくわからないうちに承認したものとみなされている方がいるのが現状です。

　限定承認とは、被相続人の残した債務などを相続財産の限度で支払うことを条件にして相続を承認する意思表示です（民922条）。相続人全員が共同で行わなければならず（民923条）、また、相続財産目録を作成して提出しなければな

らないこともあり（民924条）、限定承認はあまり利用されていません。

　相続放棄とは、不確定的に帰属していた相続の効果を消滅させる意思表示です（民939条）。

　令和2（2020）年度の申述受理件数は、限定承認が675件であるのに対し、相続放棄は23万4732件となっています（司法統計）。なお、令和2（2020）年の日本における日本人の年間死者数は約137万人です（厚生労働省　人口動態統計）。

2 熟慮期間

　相続人は、3つの選択肢のいずれにするかを、相続が発生し、自分が相続人であることを知った時から3ヵ月以内（熟慮期間内）に決めなければなりません（民915条1項本文）。熟慮期間は、相続人ごとに進行し、請求によって家庭裁判所において伸長することもできます（同条1項但書）。なお、平成23(2011)年の東日本大震災のときは、被災者の熟慮期間が同年11月30日まで一律に延長されました。

　熟慮期間の起算点は、「自己のために」相続の開始があったことを知った時なので、被相続人の死亡だけでなく、自分が相続人であることも知った時です。

　例外として、相続財産（積極＋消極）が全く存在しないと信じており、信じることについて相当な理由があるときは、相続財産の全部または一部の存在を認識した時または通常認識すべき時が熟慮期間の起算点になります（判例）。この例外は、あくまでも相続財産が全く存在しないと信じていたことが前提となっており、相続財産があることは認識していたが、3ヵ月経過後に多額の相続債務が発覚した場合の起算点については、見解が分かれています。

> **民法915条（相続の承認又は放棄をすべき期間）**
> 　**1項**　相続人は、自己のために相続の開始があったことを知った時から3箇月以内に、相続について、単純若しくは限定の承認又は放棄をしなければならない。ただし、この期間は、利害関係人又は検察官の請求によって、家庭裁判所において伸長することができる。

❸ 法定単純承認

　相続人が熟慮期間内に相続放棄も限定承認もしなかったときは、単純承認したものとみなされます（民921条2号）。

　また、相続人が相続財産の処分をしたときも、単純承認とみなされます（同条1号）。相続財産の処分により黙示の単純承認があるものと推認できるのみならず、第三者からみても単純承認があったと信じるのが当然であると認められるからです。もっとも、経済的な価値のないものの形見分けや、社会的に相当な葬儀の費用に充てるための被相続人名義の預金の解約は、相続財産の処分にはあたらず、単純承認にはならないとされています。

　相続財産の保存行為は単純承認とみなされませんが（同条1号但書）、被相続人の負債を遺産の現預金で弁済することが保存行為に該当するかどうかについては、見解が分かれています。

❹ 限定承認

（1）限定承認の手続

　限定承認をするには、家庭裁判所への申述が必要です（民924条）。

　限定承認の申述受理後の手続は、一種の清算手続です。相続人が複数いる場合には、相続人の中から選任された相続財産管理人が清算手続を進めます（民936条）。家庭裁判所は、原則として清算手続には関与しません。

　相続財産管理人は、公告期間が満了した後に、相続財産をもって、相続債権者に対して弁済しなければなりません（民929条）。弁済をするために相続財産の売却が必要であるときは、任意の方法によって換価することは原則としてできず、競売に付さなければなりません（民932条）。

（2）限定承認の効果

　限定承認をすると、相続財産と相続人の固有財産が分離されます。

　被相続人の債務は、相続人にすべて承継されますが、相続人は、相続財産を限度として責任を負います（民922条）。

（3）限定承認の課税関係

　限定承認にかかる相続があったときは、被相続人に対して、所得税（譲渡所得）が課されます（所税59条1項1号）。相続人に対して時価による譲渡があ

ったものとみなされ、被相続人の資産の増加益について課税されます。

　相続人が被相続人から申告納税義務を承継し、所得税の準確定申告を行うことになりますが、相続人は、相続財産の限度で納税すればよく、自身の固有財産から納税する必要はありません。

5　相続放棄

（1）相続放棄の手続

　相続放棄をするには、家庭裁判所への申述が必要です（民938条）。申述すれば必ず受理されるわけではなく、家庭裁判所は、相続人の真意に基づくものなのかどうかなどを調査したうえで、受理するかを決定します。

　申述が受理されても、相続放棄が有効であることが終局的に確定するわけではありません。有効であるかどうかは民事訴訟による裁判によって決まります。

　遺産を受け取らないことを他の相続人へ伝えたことを「放棄」と表現する方がいますが、家庭裁判所へ申述しない限り、相続放棄には該当しません。相続放棄をしないと、被相続人の債務を負担しなければならないことがあります（本節のCOLUMN）。

（2）相続放棄の効果

　相続放棄の効果として、初めから相続人にならなかったものとみなされます（民939条）。放棄者の子が代襲して相続人になることはありません。また、相続放棄しても、位牌や仏壇などの祭祀財産を承継することはできます（3-18☞255頁）。

　相続放棄する場合、後順位の血族相続人への影響に注意が必要です。被相続人の子が相続放棄して第1順位の血族相続人がいなくなると、第2順位の血族相続人（被相続人の父母など）が相続人になります。そして、第2順位の血族相続人がいなくなると、第3順位の血族相続人（被相続人の兄弟姉妹）が相続人になりますので、後順位の血族相続人も相続放棄をするかどうかの判断が必要になります。熟慮期間の起算点は、先順位の相続人が相続放棄するなどしたため自分が相続人であることを知った時です。ある日突然、相続債権者や（固定資産税が滞納されているなどの場合は）市区町村から連絡を受けて、相続人になったことを知ることがあります。なお、相続人になったことを知らせる通知が家庭裁判所から届くことはありません。

（3）放棄後の財産管理義務

　相続放棄をした者は、その放棄によって相続人となった者が相続財産の管理を始めることができるまで、自己の財産におけるのと同一の注意をもって、その財産の管理を継続しなければなりません（民940条1項）。放棄によって相続財産の管理義務が直ちに消滅するわけではありません。

　相続財産を誰も管理しない状態となった場合において、遺産建物が倒壊するなどして第三者に損害が生じたときに、上記管理義務の規定を根拠として、相続放棄者が第三者に対して損害賠償責任を負うことがあるのかについては争いがあります。

COLUMN　相続分の放棄

［1］相続分の放棄とは？

　（共同）相続人がその相続分を放棄することを「相続分の放棄」といいます。（家庭裁判所で申述することなく）他の相続人に対して遺産は要らないと述べることは、相続分の放棄に該当します。

　相続分の放棄は、相続放棄とは異なり、相続開始後から遺産分割までの間であればいつでも可能であり、家庭裁判所への申述は不要です。

［2］相続分の放棄の効果

　相続分の放棄をしても、相続人としての地位を失うことはなく、相続債務についての負担義務は免れません。

　相続分の放棄をすると、放棄者の相続分が他の相続人に対して相続分（元の相続割合）に応じて帰属します。他の相続人全員の相続分が変動することになります。例えば、相続人が配偶者（A）と子2人（B、C）の場合において、Cが相続分の放棄したときは、法定相続分はAが2／3（＝1／2＋1／4×2／3）、Bが1／3（＝1／4＋1／4×1／3）となります。

　なお、上記の事例において、Cが相続放棄したときは、法定相続分はAが1／2、Bが1／2となります（民900条1号）。Cは最初から相続人とならなかったものとみなされますので、第1順位の血族相続人はBだけとなります。Aの法定相続分は、Cの相続放棄によって変動しません。

◎相続分の放棄と相続放棄の比較

	相続分の放棄	相続放棄
手続	相続開始後から遺産分割までの間であれば、いつでも可能である。	自己のために相続の開始があったことを知った時から３ヵ月以内に、家庭裁判所に申述しなければならない。
効果	相続人としての地位は失わない。相続債務は引き続き負担する。 他の相続人全員の相続分が変動する。	相続人としての地位を失う。権利も義務も承継しない。

POINT❗

● 相続人は、単純承認、限定承認及び相続放棄の３つの選択肢のいずれにするかを、相続が発生し、自分が相続人であることを知った時から３ヵ月以内に決めなければならない。

● 相続人が熟慮期間内に相続放棄も限定承認もしなかったときは、単純承認したものとみなされる。

● 相続放棄の効果として、はじめから相続人にならなかったものとみなされる。

特別縁故者に対する相続財産の分与
―誰もいないなら私が…

令和元（2019）年度税理士試験の相続税法の理論問題において、災害があった場合に適用が可能とされている相続税の課税価格の計算の特例についての説明が求められており、「民法958条の3に規定する**特別縁故者に対する相続財産の分与**についての記載は要しない」とされています。

特別縁故者に対する相続財産の分与が相続制度において、どのように位置づけられているのかは気になるところです。

本節では、特別縁故者への相続財産の分与（民法）について解説します。

1 相続人のあることが明らかでない場合

被相続人が死亡して、相続人のあることが明らかでない場合（例. 戸籍上相続人がいない場合、戸籍上の相続人全員が相続放棄（3-15☞243頁）した場合）には、相続財産の管理及び清算をするために、相続財産それ自体を法人とします（民951条）。なお、法人としての設立登記などの手続は不要です。

そして、利害関係人などの請求によって、家庭裁判所は、相続財産法人の管理人として相続財産管理人を選任します（民952条）。相続財産管理人は、相続人を（念のために）捜索したり、相続財産を保全したり、相続債権者などに弁済をしたりします（民953条～958条）。

令和2（2020）年度においては、相続財産管理人選任など（相続人不分明）の申立て（新受）は2万3617件でした（司法統計）。

相続財産管理人が民法に定める手続を行った後、相続人の不存在が確定し、相続財産が残った場合には、特別縁故者に分与する制度（本節の**2**）があります。

最終的に残った相続財産は国庫に帰属します（民959条。本節のCOLUMN1）。相続人が相続放棄などをすると直ちに国庫に帰属するわけではなく、上記手続

を経たうえで国庫に帰属します。

2 特別縁故者に対する相続財産の分与

相続人の不存在が確定し、（清算後）相続財産が残った場合には、特別縁故者が相続人捜索期間の満了後3ヵ月以内に家庭裁判所に請求することにより、相続財産の全部または一部が分与されます（民958条の3）。被相続人の合理的意思を推測探求し、遺贈（3-22☞274頁）や死因贈与制度を補充するという趣旨です。

特別縁故者とは、被相続人と生計を同じくしていた者、被相続人の療養看護に努めた者、被相続人に資金援助してきた者などです。被相続人が入所していた施設を運営する法人が特別縁故者として認められることもあります。一方で、親族関係にあるというだけでは、特別縁故者に該当しません。

特別縁故者に相続財産を分与するかどうか、分与する場合に残った相続財産の全部なのか一部なのかは、家庭裁判所の裁量により決められます。家庭裁判所の審判によって分与される場合、相続財産法人から特別縁故者に財産が移転することになります。

令和2（2020）年度においては、特別縁故者に対する相続財産の分与の申立て（新受）が1113件あり、認容件数は909件でした（司法統計）。

課税関係として、相続財産の分与を受けた特別縁故者は、遺贈により取得したものとみなされ、相続税が課されます（相税4条）。所得税（一時所得）が課されるのではありません。

COLUMN 1 国庫帰属

相続財産が国庫に帰属すると聞くと、国の財政が豊かになるように思えます。確かに、令和2（2020）年度に国庫に帰属した相続財産は603億円でした（産経新聞Web 令和3〔2021〕年2月4日）。しかしながら、負担になることもあります。例えば、老朽化した建物が国庫に帰属しても解体費用がかかるだけです。

最近の例として、兵庫県の淡路島にある通称「世界平和大観音像」が令和2（2020）年3月30日に国庫に帰属することになりました。観音像は約100mの高さの巨大なものであり、所有者（被相続人）が死亡した平成18（2006）年以降

閉鎖されていましたが、老朽化により近隣住民などに不安が生じていました。国は8.8億円をかけて観音像の解体撤去工事を進めています。

COLUMN 2 所有者不明土地

　不動産登記簿謄本などにより調査しても所有者が判明しない、または判明しても連絡がつかない土地の存在が社会問題になっています。土砂崩れの危険のある土地が放置されていたり、震災後の復興の障害になったりします。

　所有者不明土地の発生予防と利用円滑化のため、令和3（2021）年4月21日、「民法等の一部を改正する法律」及び「相続等により取得した土地所有権の国庫への帰属に関する法律」が成立しました。原則として、令和5（2023）年4月27日までに施行されます。

　①不動産を取得した相続人は、その取得を知った日から3年以内に相続登記の申請を行うことが義務づけられます。正当な理由のない申請漏れには、過料の罰則があります。

　②相続または遺贈（相続人に対する遺贈に限る）により取得した土地を手放して、国庫に帰属させることが可能となります。ただし、管理コストの国への転嫁や土地の管理をおろそかにするモラルハザードが発生するおそれを考慮して、一定の要件を設定し、法務大臣が審査します。審査手数料のほか、承認された場合には、土地の性質に応じた標準的な管理費用を考慮して算出した10年分の土地管理費相当額の負担金の支払いが必要になります。

　③相続開始から10年を経過したときは、具体的相続分（3-20☞261頁）による遺産分割の利益を消滅させ、画一的な法定相続分で遺産分割を行う仕組みが創設されます。

COLUMN 3 空き家

　総務省の住宅・土地統計調査（平成30〔2018〕年）によると、全国の空き家のうち半数以上（52.2％）が相続・贈与により取得したものになっています。

　適切な管理が行われていない空き家が防災、衛生、景観などの地域住民の生活環境に深刻な影響を及ぼしているため、「空家等対策の推進に関する特別措

置法」が平成27（2015）年に施行されました。所有権は排他的な支配権なので、本来は所有者の同意なく建物を壊すことはできませんが、市町村長は、同法により、放置すれば著しく保安上危険となるおそれのある状態などにあると認められる空家などについては、一定の手続を経たうえで代執行により解体することができます。同法施行後、令和元（2019）年10月１日までの４年半の間に累計196件の代執行が行われました。

分譲マンションの場合、解体するには原則として所有者全員の同意が必要になるので、１人でも反対すると解体できません（3-5☞182頁）。解体できないまま老朽化し、行政代執行により解体された事例もあります。

POINT❗

- 相続人のあることが明らかでない場合には、利害関係人などの請求によって、家庭裁判所は、相続財産管理人を選任する。
- 相続財産管理人が民法に定める手続を行った後、相続人の不存在が確定し、相続財産が残った場合には、特別縁故者に分与する制度がある。
- 特別縁故者とは、被相続人と生計を同じくしていた者、療養看護に努めた者などである。特別縁故者に相続財産を分与するかどうか、分与する場合に残った相続財産の全部なのか一部なのかは、家庭裁判所の裁量により決められる。
- 最終的に残った相続財産は国庫に帰属する。

3-17 遺産分割の対象
─何を分けるのか？

> **遺産分割の対象**となるのは、被相続人の相続開始時のすべての財産ではありません。
>
> 本節では、誤解されることが多い遺産分割の対象（民法）について解説します。

1 遺産分割の対象

遺産分割の対象となるのは、①相続開始時に存在し、かつ②遺産分割時にも存在する③未分割の遺産です。

①だけでなく、②（及び③）も充たすものが対象となります。

2 相続開始後・遺産分割前に処分された遺産

従来、相続開始後・遺産分割前に相続人などによって処分された遺産は、共同相続人全員の同意がない場合には、遺産分割の対象から除外され、遺産分割手続外で、処分者に対して、不当利得または不法行為に基づく金銭債権の請求をするほかないとされてきました。

しかしながら、民法改正により、令和元（2019）年7月1日以降に開始した相続については、共同相続人の全員の同意があれば（ただし、処分したのが共同相続人であるときは、その共同相続人の同意は不要）、処分された財産が遺産分割時に遺産として存在するものとみなすことができるようになりました（民906条の2）。

処分された財産が遺産として存在するものとみなすのであり、処分による代償財産（例．遺産を売却した代金）を遺産として扱うのではないことに注意が必要です。

3 遺産の代償財産

遺産の代償財産（例．遺産を売却した代金、遺産建物が焼失したことによって受け取った損害保険金）は、各共同相続人が固有の権利として取得するので、遺産分割の対象とはなりません。

ただし、共同相続人全員の同意がある場合（処分をした相続人の同意も必要）には、遺産分割の対象となります。

なお、代償財産を遺産分割の対象とする場合、民法906条の2（本節の**2**）に基づき、処分した遺産を存在しているものとして扱うことはできません。

4 可分債権

可分債権（例．貸付金）は、法律上当然に分割され（民427条）、各共同相続人が法定相続分に応じて権利を承継するので、遺産分割の対象とはなりません。

ただし、共同相続人全員の同意があれば、遺産分割の対象とすることができます。

なお、預貯金債権は可分債権ですが、例外的に、同意の有無にかかわらず、遺産分割の対象となります。

5 相続開始前に払い戻された預貯金

相続開始前に被相続人以外の者によって払い戻された被相続人の預貯金は、相続開始時に存在しないので、遺産分割の対象にはなりません。仮に、被相続人が払い戻した者に対して不当利得または不法行為に基づく金銭債権を有していたとしても、金銭債権は相続開始と同時に法定相続分に応じて当然に分割されるので（本節の**4**）、遺産分割の対象にはなりません。

ただし、相続開始前に払い戻された預貯金は、共同相続人全員の同意があれば、遺産分割の対象とすることができます。

6 遺産不動産から生じた賃料

遺産である賃貸不動産から（遺産分割までの間に）生じた賃料は、遺産とは別個の財産であるため、遺産分割の対象とはなりません。各共同相続人が法定相続分に応じて分割単独債権として確定的に取得します。つまり、賃料は賃貸

不動産とは独立した財産であり、各共同相続人は法定相続分に応じて賃料を取得できます。

ただし、共同相続人全員が同意した場合には、遺産分割の対象とすることができます。

税理士試験の所得税法の令和元（2019）年度の計算問題では、（相続開始後）遺産分割協議が成立するまでに遺産不動産から生じた賃料（不動産所得）の帰属が問われています。

また、平成26(2014）年度の計算問題では、「相続財産に賃貸中のアパート（以下「Ｂ建物」という。）があったが、相続財産による遺産分割が確定したのは、本年７月１日である。Ｂ建物は、遺産分割により乙が100％取得している」、「法定相続人は妹と乙の２名である」、「本年分のＢ建物に関する損益計算書は、次のとおりである。この損益計算は、遺産分割確定前の損益も含まれる」と記述されています。

7　可分債務

相続債務は、可分である限り（例．借入金）、相続開始と同時に各相続人に法定相続分（または指定相続分）に応じて分割承継されるので（民427条。分割主義）、遺産分割の対象にはなりません。

ただし、共同相続人全員の同意があるときは、家庭裁判所の遺産分割調停において遺産分割の対象として取り扱うことができます。同意があっても、遺産分割審判では取り扱うことができません。

なお、共同相続人間で協議して相続債務の負担について合意することはできますが、相続債権者にはその合意の効力は及びません（民902条の２類推）。相続債権者は、各共同相続人に対して法定相続分に応じた金額の請求をすることができます。

COLUMN 1　相続税申告書の管轄税務署と遺産分割調停の管轄裁判所

相続税申告書の提出先（管轄）は、被相続人の死亡時における住所が日本国内にある場合は、被相続人の住所地を所轄する税務署です。

これに対して、遺産分割調停の申立書の提出先（管轄）は、原則として、相手方相続人の住所地を管轄する家庭裁判所となります。

生命保険金と死亡退職金（前編）

　生命保険契約者（被相続人）が自己を被保険者とし、相続人のなかの特定の者を保険金受取人と指定した場合、指定された者は固有の権利として保険金請求権を取得するので、生命保険金は、相続財産ではありません。また、死亡退職金も、受取人の固有財産であり、相続財産ではありません。

　これに対し、相続税法上は、生命保険金と死亡退職金は、みなし相続財産となります（相税3条）。

POINT

● 遺産分割の対象となるのは、①相続開始時に存在し、かつ②遺産分割時にも存在する③未分割の遺産である。

● 令和元（2019）年7月1日以降に開始した相続については、共同相続人の全員の同意があれば（ただし、処分したのが共同相続人であるときは、その共同相続人の同意は不要）、相続開始後に処分された財産が遺産分割時に遺産として存在するものとみなすことができる。

● 遺産の代償財産、可分債権（預貯金債権は除く）、相続開始前に払い戻された預貯金、遺産不動産から生じた賃料及び可分債務は、原則として、遺産分割の対象とはならない。ただし、共同相続人全員の同意があるときは、遺産分割の対象となる。

3-18 祭祀財産と葬式費用
―千の風になって…

　税理士試験の相続税法の計算問題には、**祭祀財産**や**葬式費用**が出題されています。

　令和3（2021）年度の試験問題では、配偶者が取得する家庭用財産には日常礼拝の用に供している仏壇60万円が含まれています。令和2（2020）年度の試験問題では、遺産に墓地300万円が含まれています。

　また、令和3（2021）年度の試験問題では、被相続人の通夜及び葬式に要した費用は、すべて養子Aが負担したとされています。

　試験問題では、祭祀財産の取得者や葬式費用の負担者は既に決まっていますが、実務においては、取得者や負担者をめぐり争いとなることがあります。

　本節では、祭祀財産と葬式費用（民法）について解説します。

1 祭祀財産

　祭祀財産とは、系譜（例. 家系図）、祭具（例. 位牌、仏壇）及び墳墓（例. 墓石）をいいます。墓地は、墳墓そのものではありませんが、墳墓に準じて取り扱われます。

　祭祀財産は、祭祀主宰者が承継します（民897条）。祭祀主宰者は、第1に被相続人の指定、第2に（被相続人の指定がないときは）慣習、第3に（被相続人の指定がなく慣習が明らかでないときは）家庭裁判所の審判によって決まります。

　もっとも、被相続人から祭祀主宰者に指定されても、祭祀を行う法律上の義務は負いません。

　家庭裁判所の審判では、「承継候補者と被相続人との間の身分関係や事実上の生活関係、承継候補者と祭具等との間の場所的関係、祭具等の取得の目的や

管理等の経緯、承継候補者の祭祀主宰の意思や能力、その他一切の事情（例えば利害関係人全員の生活状況及び意見等）を総合して判断すべきであるが、祖先の祭祀は今日もはや義務ではなく、死者に対する慕情、愛情、感謝の気持ちといった心情により行われるものであるから、被相続人と緊密な生活関係・親和関係にあって、被相続人に対し上記のような心情を最も強く持ち、他方、被相続人からみれば、同人が生存していたのであれば、おそらく指定したであろう者をその承継者と定めるのが相当である」（東京高裁平成18〔2006〕年4月19日決定・判タ1239号289頁）と考えられています。

　祭祀財産は相続財産と切り離されるので、相続放棄（3-15☞243頁）をしても、祭祀財産を承継することはできます。また、承継について争いとなった場合には、家庭裁判所においては、遺産分割事件とは別事件として扱われます。

② 葬式費用

　葬儀費用は、相続開始後（被相続人の死亡後）に生じた債務であり、支出金額や分担について争いがあっても、家庭裁判所の遺産分割調停の中で調整を図ることができなければ、民事訴訟手続で解決するしかありません。

　民事訴訟手続では、合意や慣習が認められない限り、葬式に係る関係者と契約を締結して葬式を取り仕切った喪主（葬式主宰者）が葬儀費用の負担者であると考えられています。

　なお、香典は、遺族への贈与であり、相続財産には含まれません。

③ 祭祀財産と葬式費用の課税関係

（1）祭祀財産

　墓所、霊廟及び祭具並びにこれらに準ずるものは、相続税の非課税財産となります（相税12条1項2号）。

　本節の冒頭で紹介した試験問題に出題された、日常礼拝の用に供している仏壇及び墓地は、相続税の非課税財産となります。

（2）葬儀費用

　相続人（包括受遺者などを含む）が被相続人の葬式費用を負担したときは、相続税の課税価格から負担額を控除することができます（相税13条1項2号）。

POINT❗

- 祭祀財産とは、系譜、祭具及び墳墓である。
- 祭祀財産は、祭祀主宰者が承継する。祭祀主宰者は、第1に被相続人の指定、第2に慣習、第3に家庭裁判所の審判によって決まる。
- 葬儀費用の負担者は、合意や慣習が認められない限り、葬式に係る関係者と契約を締結して葬式を取り仕切った喪主（葬式主宰者）である。

不動産の遺産分割
―不動産を切り分ける!?

> **不動産の遺産分割**は争いになることが多いです。長年にわたり相続人の生活の本拠である場合には思い入れがあること、不動産の評価が難しいこと、預金債権であれば金額によって容易に分割できるのに対して不動産の現物分割は困難であること、遺産総額に占める不動産評価額の割合が高く、相続人にとって重要な遺産であることなどが争いの原因になっています。
>
> 税理士試験の相続税法の計算問題において、不動産の評価は毎回出題され、不動産の取得者は既に決まっています。しかしながら、実務においては、遺産分割協議において誰がどのように取得するのか争いが生じることが多くあります。
>
> 本節では、不動産の遺産分割（民法）について解説します。

1 遺産不動産の評価額

　遺産に不動産がある場合、まず、その評価額について相続人間で合意できるかが争点になります。

　不動産の評価額について協議する際に基準になるのが、①固定資産税評価額、②相続税評価額及び③不動産業者による査定価格などです。実務上、③の査定書がよく提出され、家庭裁判所の調停委員から提出を促されることもありますが、この査定書の価格が遺産分割調停において重視されすぎているのではないかと感じることもあります。

　不動産を取得したい相続人はできる限り低い評価額にしたいと考えますし、反対に、取得希望のない相続人は高額にしたいと考えますので、思惑が異なる相続人間で合意できない場合もあります。

　その場合、遺産分割調停では、不動産鑑定士による鑑定を行うことになりま

す。不動産鑑定では、取引事例比較法、原価法及び収益還元法を併用しながら算定します。鑑定費用は通常1物件当たり50万円以上かかり、相続人が負担しなければなりませんし、鑑定結果が出るまでに時間がかかります。鑑定を実施する場合の費用及び時間を考慮して、評価額についてどこまで譲歩できるのかを各相続人が検討することになります。

2 遺産不動産の分割方法

不動産の遺産分割には、4つの方法あります。

まず、「現物分割」です。原則的な分割方法であり、個々の遺産を各相続人に取得させる方法です。例えば、遺産土地としてAとBがある場合に、AとBを別の相続人が取得する方法です。また、Aを分筆して別の相続人がそれぞれ取得するという方法もあります。現物分割を採用する多くの場合、過不足を調整するため、代償分割も併用されます。

2つ目は「代償分割」です。相続分を超える遺産を取得させる代わりに、他の相続人に対して代償金を支払わせるという方法です。代償金を支払う資力があることが代償分割が認められる要件となります。現物分割ができない場合や相当ではない場合、または相続人間において合意が成立している場合などに、代償分割は採用されます。

税理士試験の平成24（2012）年度の相続税法の計算問題では、「子Xと子X以外の他の相続人間で遺産分割協議がまとまらなかったため、子Xは家庭裁判所に遺産分割の調停を申立てた。その後、相続税の申告期限までに、遺産分割調停において、子Xは遺産を取得しない代償として、配偶者乙が500万円、子Aが1000万円をそれぞれ子Xに支払うこと」で調停が成立したと記述されており、代償分割が出題されています。

また、平成26（2014）年度の所得税法の計算問題では、「乙は、父の相続に伴う遺産分割の際に、乙の所有する土地を共同相続人である妹に代償財産として交付する遺産分割を行った」、その「土地の取得費は4200万円だが、代償分割時の時価は、6000万円である」と記述されています。

3つ目は「換価分割」です。遺産を売却してその売却代金を相続人が分割する方法です。現物分割が不可能または相当でなく、かつ代償分割ができない場合に選択されます。

最後の４つ目は共有によって取得する「共有分割」です。共有分割は、上記３つの分割方法が困難な状況にある場合などに限定されるべきと考えられています。

遺産共有状態（民898条）にあった不動産は、共有分割によって、物権法上の共有状態（民249〜262条）になります（3-4☞176頁）。共有状態であると、不動産全体について共有持分を有し、全体を利用することができます。物権法上の共有関係を解消する手続として、共有物の分割請求（民256条）があります。

◎遺産不動産の分割方法
①現物分割（原則）　②代償分割　③換価分割　④共有分割

3　不動産の遺産分割の課税関係

（1）代償分割

代償分割の課税関係として、相続税の課税価格は、代償財産の交付を受けた者については、相続または遺贈により取得した相続財産の価額に、交付を受けた代償財産の価額を加算します。一方、代償財産の交付をした者については、相続または遺贈により取得した相続財産の価額から、交付をした代償財産の価額を控除します（相基通11の2-9）。

また、代償分割により負担した債務（代償金）が（金銭以外の）資産の移転を要するものである場合において、資産の移転があったときは、履行をした者は、履行時において履行時の価額により資産を譲渡したものとして所得税（譲渡所得）が課されます（所基通33-1の5）。

（2）換価分割

換価分割の課税関係として、相続税だけでなく所得税（譲渡所得）も課されます。

換価時に相続人間で換価代金の取得割合が確定しておらず、後日遺産分割される場合、換価代金のうち法定相続分に応じた金額を譲渡所得として申告します。申告後に、換価代金を法定相続分とは異なる割合で遺産分割することになっても、原則として所得税の申告について更正の請求などはできません（国税庁HP「質疑応答事例」〔https://www.nta.go.jp/law/shitsugi/joto/09/01.htm〕）。

COLUMN 非弁行為と税理士

　資格もなく、なんらの規律にも服しない者が、自らの利益のため、他人の法律事件に介入することを放置すると、当事者らの利益を損ね、法律生活の公正かつ円滑な営みを妨げ、法律秩序を害することになるため、弁護士法72条は、非弁護士が報酬を得る目的で一般の法律事件に関して法律事務を取り扱うことを業とすることを禁止しています。違反すると、2年以下の懲役または300万円以下の罰金に処せられます（弁護77条3号）。

　「法律事件」とは、法律上の権利義務に関して争いや疑義があり、または新たな権利義務関係の発生する案件をいうと解されています。また、「業とする」とは、反復的に、または反復継続の意思をもって法律事務の取り扱いなどをし、それが業務性を帯びるに至ったことをいうと解されています。

　（相続税申告の依頼を受けた）税理士が遺産分割協議に関与することは弁護士法72条に抵触することがあります。

　行政書士の事例ですが、相続財産、相続人の調査、相続分なきことの証明書や遺産分割協議書などの書類の作成、各書類の内容について他の相続人に説明することは、行政書士の業務の範囲内であるが、遺産分割につき紛争が生じ争訟性を帯びてきたにもかかわらず、他の相続人と折衝するのは、行政書士の業務の範囲外であるというばかりでなく非弁活動になるとして、他の相続人との折衝についての報酬を請求できないとした裁判例（東京地裁平成5〔1993〕年4月22日判決・判タ829号227頁）があります。

POINT

● 不動産の評価額について協議する際に基準になるのが、①固定資産税評価額、②相続税評価額及び③不動産業者による査定価格などである。

● 不動産の評価額について相続人間で合意できない場合、家庭裁判所の遺産分割調停では、不動産鑑定士による鑑定を行う

● 遺産不動産の分割方法として、現物分割、代償分割、換価分割及び共有分割がある。

3-20
特別受益
―遺産の前渡し

　遺産分割においては、相続人全員の合意があれば、相続人の1人にすべての相続財産を取得させるという相続分と異なる割合で分割することもできます。一方で、相続人間で争いが生じた場合には、（法定相続分や指定相続分ではなく）「具体的相続分」が分割の基準となります。具体的相続分の算定にあたっては、**「特別受益の持戻し」**が重要です。

　令和2（2020）年度税理士試験の相続税法の計算問題では、相続税の課税価格に加算される財産の範囲と贈与税額控除に関する資料として、「被相続人から生計の資本として生前に贈与を受けた状況」が記述されています。

　試験問題では、相続財産の取得者が既に決まっていますが、争いが生じた場合には、被相続人から生計の資本として生前贈与を受けたことは、特別受益の持戻しにより具体的相続分に影響します。

　本節では、特別受益（民法）について解説します。

1 特別受益の持戻し

　相続人の中に、被相続人から遺贈（3-22☞274頁）を受けたり、生前に贈与を受けたりした者がいた場合に、遺産分割において、その相続人が法定相続分に基づいて相続財産をさらに取得するとなると、不公平になります。

　そこで、遺贈または一定の贈与による特別な受益を相続分の前渡しとみて、次のとおり具体的相続分額を算定します（民903条）。

　特別受益である贈与財産の価額を相続財産の価額に持ち戻して（加算して）、みなし相続財産額を算定します。そして、みなし相続財産額を法定相続分（または指定相続分）に応じて各相続人に分配します。そのうえで、特別な受益を受けた相続人については、その受益額を控除した残額をもって、具体的相続分

額とします。

```
民法903条（特別受益者の相続分）

  1項　共同相続人中に、被相続人から、遺贈を受け、又は婚姻若しくは
      養子縁組のため若しくは生計の資本として贈与を受けた者があると
      きは、被相続人が相続開始の時において有した財産の価額にその贈
      与の価額を加えたものを相続財産とみなし、第900条から第902条ま
      での規定により算定した相続分の中からその遺贈又は贈与の価額を
      控除した残額をもってその者の相続分とする。
```

```
◎具体的相続分額の算定
①  みなし相続財産額
    相続開始時の相続財産（遺贈財産を含む）の価額
     ＋ 特別受益となる贈与の価額
②  特別受益者の具体的相続分額
    上記① × 法定相続分（または指定相続分）
     － 特別受益となる遺贈・贈与の価額
```

2 　特別受益の種類

（1）遺贈

　遺贈は、常に特別受益となります（民903条1項）。

　特定の遺産を特定の相続人に相続させる旨の遺言は、原則として、遺贈ではなく遺産分割方法の指定ですが、特別受益の持戻しにおいては、遺贈と同様に扱われます。

（2）生前贈与

ア　概要

　生前贈与のうち、婚姻・養子縁組のため、または生計の資本としてなされたものが特別受益となります（同条1項）。特別受益に該当するかは、相続財産の前渡しとみられるか否かを基準として判断します。

　なお、遺留分（3-23☞277頁）を算定するための財産の価額の計算上、加算される贈与は、受贈者が相続人であるものに限られず、また贈与の内容も問われません。ただし、加算対象となる贈与には期間制限があり、受贈者が

相続人である場合には、原則として相続開始前の10年間にしたものに限られます（民1044条3項）。これに対して、特別受益の持戻しの対象となる贈与は、相続人に対するものに限られ、贈与の内容による制限もありますが、期間制限はありません。

イ　婚姻・養子縁組のための贈与

特別受益となる婚姻のための贈与とは、持参金などです。これに対して、挙式費用の贈与は、相続財産の前渡しとはみられないため、特別受益には該当しません。

ウ　生計の資本としての贈与

特別受益となる生計の資本としての贈与とは、生計の基礎として有用な財産上の給付をいいます。

高校卒業後の教育（例．大学）の学資の支払いは、扶養義務の履行に基づく支出とみることができるため、一般的には特別受益には該当しません。

居住用不動産の贈与やその取得のための金銭の贈与は、特別受益となります。

遺産である土地の上に相続人が被相続人の許諾を得て建物を建て、その土地を無償使用している場合、土地使用借権の生前贈与があったものとして、土地使用借権相当額（更地価格の1〜3割程度）の特別受益を受けたものとされます。

これに対して、相続人が被相続人所有の建物に無償で居住していたとしても、建物使用借権・賃料相当額は特別受益になりません。相続財産の前渡しという性格が定型的に薄いことなどが理由です。

3 　特別受益の評価

（1）特別受益の評価基準時

生前贈与が特別受益に該当する場合、みなし相続財産額の計算にあたり、贈与財産の相続開始時の評価額を加算します。

具体的には、贈与財産が金銭の場合、贈与時から相続開始時までの貨幣価値の変動を考慮する必要があり、消費者物価指数などを参考にして評価換えをしたうえで加算します。

贈与財産が建物の場合は、贈与時の建材や設備を用いて、相続開始時に新築

すると仮定して算定した価額を加算します。相続開始時の中古建物として交換価値を加算するのではありません。

（2）贈与財産の滅失など

　贈与財産が受贈者の行為により滅失または価格の増減があったときは、相続開始時に原状のまま存在するものとみなして、相続開始時の評価額を加算します（民904条）。

　他方、贈与財産が不可抗力によって滅失した場合（例．贈与建物の地震による倒壊）には、特別受益の持戻しにおいては、相続人は贈与を受けなかったものとみなされます（同条の反対解釈）。

4　相続税における生前贈与の課税関係

　特別受益の持戻しと期間制限及び評価基準時の点で混同されやすいのが、相続税の計算における課税価格への贈与財産の価額の加算です。

　暦年贈与課税の場合は、相続開始前3年以内の被相続人からの贈与について（相税19条1項）、相続時精算課税の場合は、精算課税の選択時以降の被相続人からの贈与について（相税21条の15）、贈与財産の贈与時の価額を、相続税の課税価格に加算します（相基通19-1、21の15-2）。

5　超過特別受益者

　特別受益が相続分を超過する場合（具体的相続分額がマイナスとなる場合）には、超過分を他の相続人に返還する必要はなく、相続財産（遺贈財産を除く）から新たに財産を取得することができないに止まります（民903条2項）。

6　持戻しの免除

　被相続人は、（明示または黙示の）意思表示によって特別受益者の受益分の持戻しを免除することができます（同条3項）。

　例えば、独立した生計を営むことが困難な相続人に対して、生活保障を目的としてなされた贈与の場合、黙示の持戻し免除の意思があると認められることがあります。

　婚姻期間が20年以上の夫婦の一方である被相続人が、他の一方に対し、居住用不動産を遺贈または贈与したときは、被相続人は、その遺贈または贈与につ

いて、特別受益の持戻しを免除する旨の意思を表示したものと推定されます（同条4項）。

COLUMN 生命保険金と死亡退職金（後編）

　生命保険金は、受取人が保険契約上の固有の権利として取得するものであり、相続財産ではありません（3-17のCOLUMN2☞253頁）。しかしながら、他の相続人との間に生ずる不公平が民法903条の趣旨に照らし到底是認することができないほどに著しいものであると評価すべき特段の事情が存する場合には、同条の類推適用により、生命保険金は特別受益に準じて持戻しの対象となります（判例）。

　特段の事情の有無については、保険金の額、この額の遺産総額に対する比率のほか、被相続人との同居の有無、被相続人の介護などに対する貢献の度合いなどを考慮して判断します。

　これに対し、死亡退職金については、受給権者の生活保障を目的とするものであるから特別受益の持戻しの対象にするべきではないという見解と、賃金の後払的性質を有するものであるから持戻しの対象にするべきであるという見解があります。

POINT ❗

- 遺贈または一定の贈与による特別受益を相続分の前渡しとみて、具体的相続分額を算定する。
- 遺贈は、常に特別受益となる。
- 生前贈与のうち、婚姻・養子縁組のため、または生計の資本としてなされたものが特別受益となる。特別受益に該当するかは、相続財産の前渡しとみられるか否かを基準として判断する。
- 生前贈与が特別受益に該当する場合、みなし相続財産額の計算にあたり、贈与財産の相続開始時の評価額を加算する。
- 被相続人は、特別受益者の受益分の持戻しを免除することができる。

寄与分
―私の貢献

令和2（2020）年度税理士試験の相続税法の理論問題では、「相続税の申告期限までに遺産分割協議が調わなかったことから、相続人は相続税法55条の規定に基づき相続税の期限内申告を共同で行った」という記述があります。

相続税法55条は、未分割遺産に対する課税の規定であり、分割されていない財産については、相続人らが民法（904条の2〔**寄与分**〕を除く）の規定による相続分などに従って財産を取得したものとしてその課税価格を計算するとします。

「寄与分」が登場します。実務において、被相続人のためにこれだけのことを生前に行ったのであるから、他の相続人よりも遺産を多く取得できるはずだと相続人が主張することがありますが、これは寄与分の主張です。

本節では、特別受益と同じく、具体的相続分を算定するための一要素である寄与分（民法）について解説します。

■1 寄与分とは？

寄与分とは、被相続人の財産の維持または増加に特別の寄与をした相続人に対して（法定相続分または指定相続分に上乗せして）与えられる相続財産への持分です。特別受益（3-20☞261頁）と同じく、法定（・指定）相続分を修正して具体的相続分を算定するための一要素です（民904条の2）。

> **民法904条の2（寄与分）**
> **1項** 共同相続人中に、被相続人の事業に関する労務の提供又は財産上の給付、被相続人の療養看護その他の方法により被相続人の財産の

維持又は増加について特別の寄与をした者があるときは、被相続人が相続開始の時において有した財産の価額から共同相続人の協議で定めたその者の寄与分を控除したものを相続財産とみなし、第900条から第902条までの規定により算定した相続分に寄与分を加えた額をもってその者の相続分とする。

◎具体的相続分額の算定

① **みなし相続財産額**
　相続開始時の相続財産の価額 － 寄与分
② **寄与者の具体的相続分額**
　上記① × 法定相続分（または指定相続分）＋ 寄与分

2 寄与分の要件

　まず、寄与分が認められるための要件は、相続人であることです。相続人の配偶者や子の寄与は、相続人の寄与ではないから、寄与分は認められません。もっとも、相続人の補助者と考え、相続人の寄与分として考慮する余地はあります。

　なお、相続人でない親族による寄与については、平成30（2018）年7月の改正民法の施行により、特別寄与料の支払請求が認められるようになりました（本節のCOLUMN）。

　次に、相続開始前の特別の寄与であることが要件です。特別の寄与といえるためには、通常期待される程度を超える貢献である必要があるため、夫婦間の協力扶助義務（民752条）や親族間の扶養義務（民877条）の範囲内の行為では、寄与分は認められません。また、他の相続人との間で療養看護や扶養の程度に著しい差異があるというだけでは、寄与分は認められません。加えて、被相続人から対価を受けている場合も、寄与分は認められません。

　さらには、寄与行為により、被相続人の財産を維持または増加させることも要件です。被相続人に対する精神的な支援だけでは、寄与分は認められません。

3 寄与行為の態様

　寄与行為はいくつかの類型に分けることができます。

まず、「家業従事型」です。無報酬またはこれに近い状態で、被相続人の自営業に従事する場合です。被相続人が経営する法人への労務提供は、法人に対する貢献であって、原則として、寄与分は認められません。ただし、実質的には被相続人の個人事業に近い場合には、寄与分が認められる余地があります。

　家業従事型の場合、寄与分は、「寄与した相続人が通常得られたであろう給付額×（1－生活費控除割合）×寄与期間×裁量割合」によって算定されます。生活費相当額を控除するのは、通常、寄与した相続人の生活費が家業収入から支出されているからです。

　2つ目は、「金銭等出資型」です。被相続人に対して財産上の給付を行う場合です。

　3つ目は、「療養看護型」です。無報酬またはこれに近い状態で、被相続人の療養看護を行った場合です。寄与分が認められるためには、被相続人が要介護2（歩行や起き上がりなど起居移動が一人でできないことが多く、食事・着替えはなんとか自分でできるが、排泄は一部手助けが必要な状態）以上の状態にあることが1つの目安となります。

　療養看護型の場合、寄与分は、「療養看護行為の報酬相当額（日当）×看護日数×裁量割合（0.7程度）」によって算定されます。

　4つ目は、「扶養型」です。無報酬またはこれに近い状態で、被相続人を継続的に扶養した場合です。

　5つ目は、「財産管理型」です。無報酬またはこれに近い状態で、被相続人の財産を管理した場合です。

4　遺贈との関係

　寄与分は、被相続人が相続開始時において有した財産の価額から遺贈（3-22 ☞274頁）の価額を控除した残額が上限となります（民904条の2第3項）。寄与分は、被相続人の意思（遺贈）に反しない限りで保障されるにすぎません。

　相続開始時や遺贈後の遺産が少額であるときは、寄与分は少額しか認められないことになります。

COLUMN 特別寄与料

［１］ 税理士試験の出題

　令和２（2020）年度税理士試験の相続税法の理論問題では、「（相続人）Ａの配偶者Ｄは、被相続人甲と同居し、その療養看護を務めていたことから、相続開始後、相続人であるＢ及びＣに対し寄与に応じた額の特別寄与料の支払いを請求し、700万円の特別寄与料の支払いを受けることとなった」と記述されています。特別寄与料に関する知識が問われています。

［２］ 特別寄与料とは？

　被相続人に対して無償で療養看護その他の労務の提供をしたことにより被相続人の財産の維持または増加について特別の寄与をした被相続人の親族は、相続の開始後、相続人に対し、自己の寄与に応じた額の金銭（特別寄与料）の支払いを請求することができます（民1050条１項）。

［３］ 特別寄与料の要件

　特別寄与料が認められるための要件として、まず、請求権者は、被相続人の親族（相続人などを除く）に限定されます。親族ではない内縁配偶者などは請求できません。

　また、無償で労務を提供することも要件です。被相続人から対価を得ていたときは、認められません。金銭等出資型の寄与は、労務の提供ではないので、特別寄与料は認められません。

　さらには、被相続人の財産の維持または増加について、特別の寄与をしたことが要件です。

［４］ 特別寄与料の請求額と負担額

　特別寄与料の支払いについて、当事者間に協議が調わないときなどは、特別寄与者は、家庭裁判所に対して協議に代わる処分を請求することができます。家庭裁判所は、寄与の時期、方法及び程度、相続財産の額その他一切の事情を考慮して、特別寄与料の額を定めます（同条３項）。

　特別寄与料の額は、被相続人が相続開始時において有した財産の価額から遺贈の価額を控除した残額が上限となります（同条４項。本節の**4**）。

　各相続人は、特別寄与料の額に（法定・指定）相続分を乗じた額を負担します（同条５項）。

［5］　特別寄与料の請求期間の制限

　特別寄与者が相続開始及び相続人を知った時から６ヵ月を経過したとき、または相続開始時から１年を経過したときは、特別寄与者は、家庭裁判所に対して協議に代わる処分を請求することができません（同条２項但書）。

［6］　特別寄与料の課税関係

　特別寄与料の額が確定した場合、特別寄与者は、特別寄与料の額に相当する金額を被相続人から遺贈により取得したものとみなされます（相税４条２項）。

　一方、特別寄与料を支払うべき相続人については、相続税の課税価格に算入すべき価額の計算上、負担する特別寄与料の額を控除します（相税13条４項）。

POINT❗

● 寄与分とは、被相続人の財産の維持または増加に特別の寄与をした相続人に対して与えられる相続財産への持分である。具体的相続分を算定するための一要素である。

● 寄与分が認められるための要件は、相続人であること、相続開始前の特別の寄与であること及び寄与行為により被相続人の財産を維持または増加させることである。

3-22 遺言と遺贈
―私が死んだら

　税理士試験の相続税法の計算問題では、**遺言**及び**遺贈**がよく出題されています。

　令和3（2021）年度の試験問題では、「被相続人甲の遺産のうち（1）〜（8）及び（11）については、甲が適法な手続により作成した公正証書遺言により、それぞれ次のとおり受遺者に遺贈されており、受遺者はいずれも遺贈の放棄をしていない。（10）及び（12）については、共同相続人間で、適法に分割協議が行われた」と記述されています。

　本節では、遺言及び遺贈（民法）について解説します。

1 遺言

（1）遺言とは？
　遺言とは、自分の死後に一定の効果を発生させる個人の意思表示です。遺言者が死亡して、はじめて効力が生じます（民985条1項）。

（2）遺言の基準年齢
　15歳以上であれば遺言をすることができます（民961条）。もっとも、15歳以上の者の遺言であれば、必ず効力が認められるわけではありません。高齢者などについて意思能力がなく、遺言が無効と判断されることがあります。

（3）遺言の撤回
　遺言者は、遺言には契約のような拘束力はないので、いつでも撤回することができます（民1022条）。撤回する場合、遺言書にその旨を明記する必要はなく、前の遺言書と抵触する内容の遺言書を作成すれば、撤回したことになります（民1023条1項）。また、撤回は同一の方式である必要はなく、公正証書遺言を自筆証書遺言で撤回することも可能です。

（4）方式

　遺言としてよく利用されているのは、自筆証書遺言と公正証書遺言です。両者の特徴をまとめると下記表のとおりです。

　税理士試験の相続税法の計算問題では、令和元（2019）年度、令和2（2020）年度、令和3（2021）年度はいずれも公正証書遺言が作成されているという前提の出題となっています。

	自筆証書遺言	公正証書遺言
証　人	不　要	2人以上必要
印　鑑	認印可	実印
保　管	遺言者など（保管制度が新設）	原本は公証役場正本・謄本は遺言者など
検　認	必　要（保管制度利用の場合は不要）	不　要
件　数	令和元（2019）年度の検認の申立件数は1万8625件（司法統計）	令和元（2019）年の作成件数は11万3137件（日本公証人連合会HP）

2　自筆証書遺言

（1）自筆証書遺言とは？

　自筆証書遺言とは、遺言者が遺言書の全文、日付及び氏名を自分で書き、押印して作成する方式です（民968条1項）。

　長所として、遺言書作成の費用があまりかかりません。一方、短所として、作成ルールが守られておらず遺言が無効とされるおそれがあります。また、遺言書が隠匿などされるおそれがあります。さらには、遺言者の死亡後に家庭裁判所による検認が必要です。遺言能力をめぐって争いにもなりやすいです。

（2）自筆証書遺言の方式要件

　遺言の効力が生じるときには遺言者が生存しておらず、遺言者の真意を確認できないため、遺言の作成ルールは厳格になっています。

　まず、遺言者は、本人が作成したことがわかるように、全文を自分で書かなければなりません。ワープロ打ちは自書にあたりません。もっとも、民法が改

正され、財産目録は自書でなくてもよいことになりました（同条２項）。

　次に、作成年月日を記載しなければなりません。遺言能力の存否や複数ある場合における遺言書作成の先後を判断するためです。

　さらに、押印が必要です。実印である必要はなく指印でも可です。押印が必要とされるのは、日本には重要な文書については作成者が署名後に押印することによって文書の作成を完結させるという慣行があるからです。

　遺言書の変更を行うときは、民法968条３項のルールに基づきます。単なる誤記の訂正については、このルールは適用されません。

（３）検認

　家庭裁判所に請求し、遺言書の原状を保全する手続を「検認」といいます。遺言書の形状、加除訂正の状態など検認日現在における遺言書の内容を明確にして、その後の遺言書の偽造・変造を防止するための手続です。検認を受けたからといって、遺言が有効であると裁判所が認めたことにはなりません。

　遺言書の保管者は、相続開始を知った後、遅滞なく、検認の請求をしなければなりません（民1004条１項）。また、封印のある遺言書は、家庭裁判所で開封しなければなりません（同条３項）。検認を経ないで遺言を執行したり、裁判所外で開封した場合は、５万円以下の過料になります（民1005条）。もっとも、家庭裁判所外で開封したからといって遺言が無効になるわけではありません。

　検認の請求がされると、家庭裁判所は、検認期日を定め、相続人に呼出状を送ります。検認期日では、出席した相続人などの立会いのもと、裁判官が（封印のある遺言書の場合は）開封したうえで遺言書を検認します。検認後、検認済みの証印を付した遺言書は、申立人（保管者）に返還されます。検認期日に欠席しても、後日、家庭裁判所で検認調書と遺言書写しを謄写することができます。

　令和２（2020）年７月から、法務局（遺言書保管所）に自筆の遺言書の保管を任せることができるようになりました。保管申請費用は１件につき3900円です。保管所で保管されている遺言書は検認が不要です。

3　公正証書遺言
. . . .

（１）公正証書遺言とは？

　公正証書遺言は、遺言者から遺言の趣旨を伝えられた公証人が筆記して公正

証書によって作成する方式です。公証人というのは、実務経験を有する法律実務家の中から法務大臣が任命する公務員で、公証役場で執務しています。

　公正証書遺言の長所として、公証人が関与するので、作成ルールが守られておらず、遺言が無効となるおそれが低いです。また、遺言書は公証役場に保管されるので、偽造などのおそれが少ないです。さらには、検認手続が不要です（民1004条2項）。一方、短所として、公証人手数料の支払いと2人以上の証人が必要になります。また、公正証書遺言であっても、遺言者に遺言能力がなかったことにより、遺言が無効になることがあります。

（2）公正証書遺言の作成方式

　公正証書遺言の作成方式は、民法969条に定められています。もっとも、実際には、遺言者（またはその代理人）から遺言の内容を事前に聴取した公証人があらかじめ証書を作成し、これを遺言者に読み聞かせ、遺言者がこれを承認する形で「口授」を行ったこととし、署名及び捺印をして完成させることも多いです。

　作成場所は、原則として公証役場になりますが、遺言者が病気や高齢などのために公証役場に赴くことができない場合には、病院や自宅などで作成することもできます。

4　遺贈

（1）遺贈とは？

　遺言者が遺言によって財産を与える行為を「遺贈」といいます。遺贈を受ける者（受遺者）は、相続人である場合と第三者である場合とがあります。

　遺贈には、「特定遺贈」と「包括遺贈」があります。特定遺贈とは、特定の財産を与える遺贈であり、権利のみが与えられます。他方、包括遺贈とは、遺産の全部または一定割合を与える遺贈であり、権利のみではなく、義務（負債）も承継されます。

　本節の冒頭で紹介した試験問題では、各財産を特定遺贈したことが前提となっています。

（2）特定財産承継遺言など

　特定の相続人にすべての遺産を相続させるという内容の遺言は、原則として、包括遺贈ではなく、（相続分の指定を含む）遺産分割方法の指定です。

また、特定の相続人に特定の遺産を相続させるという内容の遺言（特定財産承継遺言）は、原則として、特定遺贈ではなく、（相続分の指定を含む）遺産分割方法の指定です。遺産分割手続を要することなく被相続人の死亡時に直ちに相続により承継されます。

（3）遺贈の放棄

　遺言により指定された財産の取得を望まない場合、特定遺贈であれば、受遺者は、いつでも遺贈を放棄することができます（民986条1項）。そのうえで他の遺産を相続することもできます。なお、特定財産承継遺言のときは、相続なので指定された財産のみを放棄することはできず、相続放棄（3-15☞243頁）をしない限りは指定された財産を取得することになります。

　これに対して、包括遺贈の場合は、受遺者は、相続人と同一の権利義務を有するため（民990条）、相続人と同じく、相続の放棄・承認の規定（民915条〜919条）が適用され、熟慮期間の制約があります。いつでも遺贈の放棄をすることができるわけではありません。

　本節の冒頭で紹介した試験問題では、「受遺者はいずれも遺贈の放棄をしていない」という前提となっていますが、仮に特定遺贈を放棄しても、相続人は、他の遺産を相続することができます。

（4）受遺者の死亡

　遺言者が死亡する以前に受遺者が死亡したときは、遺贈は無効になります（民994条1項）。なお、特定財産承継遺言の場合も、遺言者が死亡する以前に承継者が死亡したときは、原則として無効となります。代襲して受遺者の子などが遺贈を受けることができるわけではありません。

　そこで、実務では、「遺言者の死亡以前に受遺者Aが死亡したときは、Bに遺贈する」という補充遺贈の条項が設けられることが多いです。

COLUMN　遺言書の内容と異なる遺産分割

　特定の相続人に遺産のすべてを与える旨の遺言書がある場合であっても、受遺者である相続人が遺贈を事実上放棄し、相続人全員で遺言書の内容と異なった遺産分割をすることができます。

　遺言書の内容と異なる遺産分割を行ったとしても、受遺者である相続人から他の相続人に対して贈与があったものとして贈与税が課されることにはなりま

せん。

- 自筆証書遺言とは、遺言者が遺言書の全文、日付及び氏名を自分で書き、押印して作成する方式である。原則として、相続開始後に家庭裁判所での検認が必要である。
- 公正証書遺言は、遺言者から遺言の趣旨を伝えられた公証人が筆記して公正証書によって作成する方式である。検認は不要である。
- 遺言者が遺言によって財産を与える行為を遺贈という。特定遺贈と包括遺贈がある。

遺留分
—最低限の取り分

　遺言書を作成するにあたって知っておくべき事項として**遺留分**(いりゅうぶん)があります。

　遺産のすべてを相続人の1人に相続させるという内容の遺言書を作成すると、他の相続人の遺留分を侵害し、被相続人の死後に争いが生じるおそれがあります。そこで、各相続人の遺留分を侵害しない内容の遺言書を作成することも多いです。

　本節では、遺留分（民法）について解説します。

1　遺留分とは？

　被相続人の財産の中で一定の相続人に留保（最低限保障）されている持分的利益を「遺留分」といいます。別の言い方をすると、遺留分とは、一定の相続人に対して認められる、遺言などによっても奪われることのない、遺産の中の一定割合の持分的利益のことをいいます。被相続人からすると、贈与や遺贈（3-22☞274頁参照）などによって自分の財産を自由に処分することに対して制限を加えられることになります。

　遺留分権利者となるのは、相続人（兄弟姉妹を除く）です（民1042条1項）。そして、各遺留分権利者に留保された持分的割合（個別的遺留分）は、直系尊属のみが相続人である場合は1／3×法定相続分、それ以外の場合は1／2×法定相続分です。

2　遺留分侵害額

(1) 遺留分額

　遺留分額は、遺留分を算定するための財産の価額に個別的遺留分を乗じて算定します。

遺留分を算定するための財産の価額は、被相続人が相続開始時において有した財産（遺贈財産を含む）の価額に、被相続人が贈与した財産の価額を加え、相続債務の全額を控除した額です（民1043条1項）。

　加算対象となる被相続人の贈与は限定されています（民1044条）。①相続開始前の1年間になされた贈与、②当事者双方が遺留分権利者に損害を加えることを知ってなされた贈与、③相続開始前の10年間になされた、相続人に対する、婚姻もしくは養子縁組のためまたは生計の資本としてなされた贈与（特別受益に該当する贈与。3-20☞262頁）などです。

　①と②は、相続人に対する贈与に限定されません。①の1年間の限定は、遺留分侵害額を負担する立場になる受贈者の保護（取引の安全）のためです。②は、受贈者を保護する必要がないため、贈与時期による限定はありません。③は、実質的に相続財産の前渡しといえるので10年間の贈与が対象となります。

（2）遺留分侵害額

　遺留分侵害額は、遺留分額から、「遺留分権利者が受けた遺贈及び特別受益である贈与の価額」及び「具体的相続分（寄与分は考慮しない）に応じて遺留分権利者が取得すべき遺産の価額」を控除し、「遺留分権利者が承継する相続債務の額」を加算して算定します（民1046条2項）。

　控除される「遺留分権利者が受けた特別受益である贈与」とは、内容が特別受益に該当するものに限定されますが、贈与時期による限定はありません。上記（1）③の贈与との違いに注意が必要です。

◎遺留分侵害額

① **遺留分を算定するための財産の価額**
相続開始時の相続財産（遺贈財産を含む）の価額 ＋ 被相続人が贈与した財産の価額（限定あり） － 相続債務の全額

② **（具体的）遺留分額**
上記① × 個別的遺留分

③ **遺留分侵害額**
上記② －「遺留分権利者が受けた遺贈及び特別受益である贈与の価額」
－「具体的相続分（寄与分は考慮しない）に応じて遺留分権利者が取得すべき遺産の価額」＋「遺留分権利者が承継する相続債務の額」

3　遺留分侵害額の請求

　遺留分を侵害する遺贈や贈与などの行為は無効とはなりませんが、侵害された遺留分権利者は、受遺者（特定財産承継遺言〔3-22☞274頁〕により財産を承継し、または相続分の指定を受けた相続人を含む）または受贈者に対して金銭債権を取得し、遺留分侵害額に相当する金銭の支払いを請求することができます（民1046条1項。遺留分侵害額請求権）。

　なお、令和元（2019）年7月1日前に開始した相続については、金銭債権の取得ではなく、遺留分減殺請求権として、個々の相続財産（例．不動産）について（準）共有関係が発生することになっていました（3-8のCOLUMN☞207頁）。遺留分義務者が価額弁償を選択しない限り、共有関係を解消するには共有物分割を行う必要がありました。改正により民法から「減殺」という文言は削除されました。

4　遺留分侵害額の負担

　受遺者または受贈者は、遺贈（特定財産承継遺言による財産の承継または相続分の指定による遺産の取得を含む）または贈与（遺留分を算定するための財産の価額に算入されるものに限る）の目的の価額を上限として、下記のとおり、遺留分侵害額を負担します（民1047条1項）。

① 　受遺者と受贈者とがあるときは、受遺者が先に負担する。
② 　受遺者が複数あるとき、または受贈者が複数ある場合においてその贈与が同時にされたものであるときは、受遺者または受贈者がその目的の価額の割合に応じて負担する。
③ 　受贈者が複数あるとき（同時にされた贈与の場合を除く）は、後の贈与に係る受贈者から順次前の贈与に係る受贈者が負担する。

　ただし、受遺者または受贈者が相続人である場合に負担する遺留分侵害額は、遺贈または贈与の目的の価額から自らの遺留分（法定相続分ではない）を控除した額が上限となります。

5 遺留分侵害額請求権の期間制限

遺留分侵害額請求権は、遺留分権利者が相続の開始及び遺留分の侵害を知った時から1年間行使しないときは、時効によって消滅します。法律関係の早期安定のため、短期の消滅時効期間となっています。

相続開始時から10年を経過したときも消滅します（民1048条。除斥期間）。

6 遺留分の放棄

相続開始前における遺留分の放棄は、家庭裁判所の許可を受けたときに限り、その効力を生じます（民1049条1項）。被相続人らによって放棄を強要され、濫用されるおそれがあるため、家庭裁判所による許可制となっています。

一方、相続開始後においては、遺留分の放棄や遺留分侵害額請求権の放棄は、自由に行うことができます。家庭裁判所の許可は不要です。

遺留分を放棄しても、相続人としての地位は失いませんし、他の相続人の遺留分に影響を及ぼしません（同条2項）。

7 遺留分の課税関係

遺留分義務者は、遺留分侵害額の請求に基づき支払うべき金銭の額が確定したことにより、申告書を提出した相続税または贈与税について税額が過大となったときは、確定したことを知った日の翌日から4ヵ月以内に限り、更正の請求をすることができます（相税32条1項3号）。

一方、遺留分権利者は、遺留分侵害額の請求に基づき支払いを受ける金銭の額が確定したため、相続税申告書の提出期限後に、新たに申告書を提出すべき要件に該当することとなったときは、期限後申告書を提出することができます（相税30条1項）。また、相続税申告書の提出後に、既に確定した相続税額に不足を生じた場合には、修正申告書を提出することができます（相税31条1項）。

遺留分権利者の上記申告は、義務ではありません。なぜなら、遺留分侵害額の請求に基づき支払いを受ける金銭の額が確定しても、相続税の総額は変わらないからです。もっとも、遺留分義務者が更正の請求をしたときは、税務署長が増額の更正または決定をするため、遺留分権利者に相続税の納付義務が生じます。

なお、遺留分侵害額請求について代物弁済の合意をした場合の課税関係については、3-8のCOLUMN（☞207頁）で解説しています。

POINT

- 被相続人の財産の中で一定の相続人に留保（最低限保障）されている持分的利益を「遺留分」という。
- 侵害された遺留分権利者は、受遺者または受贈者に対して金銭債権を取得し、遺留分侵害額に相当する金銭の支払いを請求することができる。
- 遺留分侵害額請求権は、遺留分権利者が相続の開始及び遺留分の侵害を知った時から1年間行使しないときは、時効によって消滅する。相続開始時から10年を経過したときも消滅する。

第 4 章

国税の徴収に関連する
実務のために
知っておきたい法律知識

4-1 留置権
―物は手放さないぞ

平成29（2017）年度税理士試験の国税徴収法第２問では、**留置権**に関する知識が問われています。

「滞納者Ａは、所有する自家用車が故障したため、平成28年９月１日、Ｐ株式会社に修理を依頼した。Ｐ株式会社が修理中の滞納者Ａの自動車をＸ税務署長が差し押さえ、その後、修理は完了したものの、滞納者Ａが修理代金（100万円）を支払わないため、Ｐ株式会社が引き続き自動車（評価額800万円）を占有している」と記述されています。

本節では、留置権（民法）について解説します。

1 留置権とは？

留置権とは、他人の物の占有者がその物に関して生じた債権を有するときに、債権の弁済を受けるまで、その物を留め置くことができる権利です（民295条１項本文）。債務の弁済を心理的・間接的に強制するものです。

本節の冒頭で紹介した試験問題では、滞納者Ａの自動車を占有しているＰ株式会社は、自動車に関して生じた修理代金債権の弁済を受けるまで、自動車を留置することができます。

留置権は、法律の定める一定の要件を充たせば当然に発生する法定担保物権です。抵当権（1-3☞30頁）や譲渡担保（1-4☞42頁）のような、当事者の合意により成立する約定担保物権とは異なります。

2 留置権の成立要件

（1）他人の物の占有

留置権が成立するには、他人の物を占有していることが要件となります。目的物は、債務者が所有する物に限定されません。また、占有は成立要件である

だけでなく存続要件でもあり、留置物の占有を失うと、留置権は原則として消滅します（民302条本文）。

（2）牽連性

留置権が成立するには、目的物に関して生じた債権を有すること、すなわち被担保債権と目的物との間に牽連性が認められることが要件となります。

例えば、賃借人が有する有益費償還請求権（民608条2項）と賃借目的物との間（2-1☞113頁）や、物の欠陥を原因として占有者が損害を被った場合の損害賠償請求権とその物との間には、牽連性が認められます。

（3）被担保債権が履行期にあること

留置権が成立するには、被担保債権の履行期が到来していることが要件となります（民295条1項但書）。

3 留置権の効力

（1）留置的効力

留置権の効力として、留置物を占有し続けることができます。被担保債権の弁済と留置物の引渡しは引換えとなります。

（2）対世的効力

留置権は（債権ではなく）物権なので、（債務者に限らず）すべての人に対して主張することができます。

本節の冒頭で紹介した試験問題では、P株式会社は、X税務署長（国）に対しても、滞納者Aの自動車に対する留置権を主張することができます（本節のCOLUMN1）。

（3）留置物の使用権

留置権者は、債務者の承諾を得なければ、留置物を使用などすることはできません（民298条2項本文）。

本節の冒頭で紹介した試験問題では、P株式会社は、滞納者Aの承諾がなければ自動車を使用することはできません。

（4）優先弁済的効力

留置権には、抵当権などとは異なり、原則として、目的物の換価代金から優先弁済を受ける権能はありません（本節のCOLUMN1）。しかしながら、留置権者には、下記のとおり、事実上の優先的地位が認められています。

目的物が動産の場合には、留置権者が目的動産を執行官に提出しない限り、（目的動産所有者に対する）他の債権者は、差押え（及び競売）ができません（民執124条、190条）。

　また、目的物が不動産の場合には、他の債権者は、目的不動産を差し押さえて競売することはできますが、競売によって留置権は消滅せず、目的不動産の買受人は、留置権者の被担保債権に係る債務を弁済する責任を負います（民執59条4項、188条）。

■COLUMN 1■ 滞納処分における引渡命令と留置権者への優先弁済

［1］　引渡命令

　滞納処分の第1段階として滞納者の財産の差押えが必要となりますが（1-14☞94頁）、滞納者の動産で第三者が占有しているものは、第三者が引渡しを拒むときは、差し押さえることができません（税徴58条1項）。

　しかしながら、第三者が滞納者の動産の引渡しを拒む場合において、滞納者が他に換価が容易であり、かつ、滞納に係る国税全額を徴収することができる財産を有しないと認められるときは、税務署長は、第三者に対し、期限を指定して、動産の引渡命令をすることができます（同条2項）。

　そして、引渡命令に係る動産が引き渡されたとき、または引渡命令を受けた第三者が指定された期限までに引渡しをしないときは、徴収職員は動産を差し押さえることができます（同条3項）。

　本節の冒頭で紹介した試験問題では、P株式会社は、滞納者Aの自動車を占有しています。P株式会社は、自動車の引渡しを拒んでも、その後に引渡命令を受けると、徴収職員によって自動車を差し押さえられてしまいます。

［2］　優先弁済

　第三者が留置権に基づいて動産を占有していても、上記［1］のとおり、引渡命令によって差し押さえられてしまいます。その代わりに、留置権者は、動産の換価代金から優先的に配当を受けることができます。

　留置権が納税者の財産上にある場合において、滞納処分により財産を換価したときは、留置権の被担保債権は、国税よりも優先して配当を受けることができます（税徴21条1項）。留置権の優先弁済的効力は、滞納処分によって換価される場合においてのみ認められます（徴基通21-6）。

また、留置権の被担保債権は、留置権の成立時期が国税の法定納期限後であっても、国税に優先して配当を受けることができます（徴基通21-2）。

　本節の冒頭で紹介した試験問題では、Ｐ株式会社は、修理代金（100万円）について、滞納者Ａの自動車の換価代金から、国税に優先して配当を受けることができます。

COLUMN 2　商事留置権

　本節で解説したのは民法に定められた留置権です。この他、商法に定められた商事留置権（商法521条）などがあります。

　商事留置権は、継続的な取引が行われる商人間においては、債権を保全するには、流動的に担保を取得させることが便利であるという理由で認められています。

　商事留置権の成立要件は、①被担保債権が、商人間において双方にとって商行為となる行為から生じたものであり、かつ弁済期が到来していること、②目的物は、債務者との間における商行為によって自己の占有に属した債務者の所有する物であることです。

　民法の留置権との相違点は、被担保債権は、目的物との牽連性は不要ですが、上記①のとおり限定されること、目的物が債務者の所有する物に限定されることです。

COLUMN 3　同時履行の抗弁権

　本節の冒頭で紹介した試験問題では、自動車の修理という請負契約であり、双務契約（当事者の双方に対価的な関係のある債務が発生する契約）であるため、Ｐ株式会社は滞納者Ａに対して同時履行の抗弁権（民533条）を主張することもできます。

　同時履行の抗弁権とは、双務契約の当事者の一方は、相手方が債務の履行を提供するまでは、自己の債務の履行を拒むことができるというものです。契約当事者間でのみ認められる効力です。留置権とは異なり、対世的効力はありません。

自分だけが履行して相手方から反対給付を受けることができないという事態の発生を防ぐことで、当事者間の公平を確保するものです。また、相手方の履行を促すという効果もあります。

　双務契約で物の引渡しが必要となる場合には、留置権と同時履行の抗弁権のいずれも行使することができます。

POINT ❗

- 留置権とは、他人の物の占有者がその物に関して生じた債権を有するときに、債権の弁済を受けるまで、その物を留め置くことができる権利である。
- 留置権は、法律の定める一定の要件を充たせば当然に発生する法定担保物権である。
- 留置権には、目的物の換価代金から優先弁済を受ける権能はない（滞納処分による換価の場合を除く）が、留置権者には、事実上の優先的地位が認められている。

詐害行為取消権
―他人への介入

平成29（2017）年度税理士試験の国税徴収法第2問では、「税務署長が滞納者Ａの国税を徴収するためにとり得る措置（**詐害行為取消権**の行使を除く）」を答えなさいと出題されています。

民法の詐害行為取消権の規定は、国税の徴収に関して準用すると国税通則法42条に定められています。

本節では、詐害行為取消権（民法）について解説します。

1 詐害行為取消権とは？

詐害行為取消権とは、債務者が債権者を害することを知ってした行為（詐害行為）の取消しを裁判所に請求することができる債権者の権利です（民424条1項本文）。債務者の財産管理権への介入を認める強力な権利です。

債務者が責任財産（担保物権を持たない債権者への弁済に充てられる債務者の財産）を減少させる行為をしたときに、その行為を取り消すことによって、責任財産の保全を図ります。

例えば、多額の負債を抱えた債務者が、唯一の財産である不動産を親族に贈与したときに、債権者は債務者の親族に対して贈与契約の取消しを請求します。

2 詐害行為取消権を行使する相手方

詐害行為取消権は、裁判上で行使しなければなりません。

債権者が詐害行為取消権を行使する場合の相手方（被告）は、受益者（債務者の行為によって利益を受けた者）または転得者（受益者に移転した財産を転得した者）です（民424条の7第1項）。

債務者は相手方となりませんが、詐害行為取消請求に係る訴えを提起したときは、債権者は、債務者に対し、遅滞なく訴訟告知をしなければなりません（同

条2項）。詐害行為取消請求を認容する確定判決は、債務者（及びそのすべての債権者）に対しても効力を有するため（民425条）、債務者の手続保障を図るためです。

3 詐害行為取消権の要件

受益者を相手方とする場合、詐害行為取消請求をするための要件は、下記のとおりです。

（1）債権者側の要件

まず、債務者に対する債権（被保全債権）が金銭債権であることです。債務者の責任財産の保全が制度趣旨であるため、金銭債権であることが要件となります。

次に、被保全債権が詐害行為前の発生原因に基づいて生じたものであることが要件です（民424条3項）。被保全債権の発生原因があった時点での債務者の責任財産を引当てとして期待することが保護に値するからです。取消権行使時に、被保全債権の履行期が到来している必要はありません。

（2）債務者側の要件

債務者が財産権を目的とする行為をしたことが要件です（同条2項）。債務者による家族法上の行為を取り消すことができるのかどうかが問題となります（本節のCOLUMN）。

次に、債務者の行為が債権者を害すること（詐害行為）、及びそのことを債務者が知っていたことが要件です（同条1項）。害するとは、行為の結果、債権者が十分な満足を得られなくなることです。詳細は本節の4で解説します。

債務者に弁済資力があれば、債権者を害することにはならないため、債務者が無資力であることが要件となります。詐害行為時だけでなく取消権行使時においても無資力でなければなりません。

（3）受益者の抗弁

受益者は、①詐害行為時において債権者を害することを知らなかった（同条1項但書）、②被保全債権は強制執行により実現することのできないもの（例.破産手続において免責された債権。2-8☞156頁）である（同条4項）という反論をすることができます。

4 詐害行為性

（1）財産を減少させる行為

　財産を減少させる行為（例. 贈与、低額譲渡、債権放棄）は、詐害行為性が認められます。

（2）相当の対価を得てした財産の処分行為

　債務者が自己所有財産を処分し、受益者から相当の対価を取得しているときは、原則として、詐害行為にはなりません。ただし、次に掲げる要件のいずれにも該当する場合には、詐害行為となります（民424条の2）。

① 　行為が、不動産の金銭への換価その他の処分による財産の種類の変更により、債務者において隠匿、無償の供与その他の債権者を害することとなる処分（隠匿等の処分）をするおそれを現に生じさせるものであること

② 　債務者が、行為当時、対価として取得した金銭などについて、隠匿等の処分をする意思を有していたこと

③ 　受益者が、行為当時、②を知っていたこと

（3）既存債務についての債務消滅または担保供与に関する行為

　債務者がした既存債務についての債務消滅または担保供与に関する行為（例. 弁済）は、原則として、詐害行為にはなりません。

　ただし、次に掲げる要件のいずれにも該当する場合には、詐害行為となります（民424条の3）。

① 行為が、債務者が支払不能の時に行われたものであること

② 行為が、債務者と受益者とが通謀して他の債権者を害する意図をもって行われたものであること

　また、上記行為が、債務者の義務に属せず、またはその時期が債務者の義務に属しないものである場合には、上記①の特則として、行為が、債務者が支払不能になる前30日以内に行われたものであること（及び上記②）を充たせば、詐害行為となります。

5 詐害行為取消権の効果

（1）詐害行為の取消しと逸出財産の取戻し

詐害行為取消権の効果は、詐害行為の取消しと逸出財産の取戻しです。逸出財産の現物返還が原則ですが、現物返還が困難であるときは、債権者は、その価額の償還を請求することができます（民424条の6）。

（2）逸出財産の返還方法

詐害行為取消権は、債務者の責任財産の保全を目的とするため、逸出財産は債務者に返還されるのが原則です。

逸出財産が不動産の場合（例．受益者への移転登記）は、移転登記が抹消され、債務者名義となります。

一方、金銭または動産の返還の場合は、取消債権者は、取立・受領権限が認められており、受益者に対して、自己に返還することを求めることができます（民424条の9）。返還を受けた取消債権者は、債務者に対する返還債務と被保全債権とを相殺することにより、債権を回収することができます。

（3）受益者の権利

受益者は、債務者がした財産の処分行為（債務の消滅行為を除く）が取り消されたときは、債務者に対し、その財産を取得するためにした反対給付の返還を請求することができます。債務者が反対給付の返還をすることが困難であるときは、価額償還を請求することができます（民425条の2）。

また、債務者がした債務の消滅行為（例．代物弁済）が取り消された場合において、受益者が債務者から受けた給付を返還するなどしたときは、受益者の債務者に対する債権は復活します（民425条の3）。

6 詐害行為取消権の出訴期間

詐害行為取消請求に係る訴えは、債務者が債権者を害することを知って行為をしたことを債権者が知った時から2年、または債務者の行為の時から10年を経過したときは、提起することができません（民426条）。

詐害行為取消権は、債務者の瑕疵のない行為を当事者ではない債権者が取り消すという重大な効果をもたらすものであり、第三者にも影響するため、法律関係を速やかに確定する必要から出訴期間が短くなっています。

7 詐害行為取消権の課税関係

　取り消されるまでは詐害行為を前提として課税されます。詐害行為取消権により取り消された場合には、更正の請求（税通23条2項）をすることができます。

COLUMN　家族法上の行為と詐害行為取消権

　債務者が行った家族法上の行為を債権者が詐害行為取消権によって取り消すことができるのかが問題となります。

　家族関係の成立・解消を目的とする行為（例. 婚姻、離婚）は、取り消すことができません。債務者の意思を尊重すべきだからです。

　離婚に伴う財産分与は、特段の事情のない限り、取消しの対象とはなりません（1-12のCOLUMN☞85頁）。

　相続放棄（3-15☞243頁）は、取り消すことができません。相続を承認するのか放棄するのかという身分行為は、他人の意思で強制すべきではないからです。これに対して、遺産分割協議は、財産権を目的とする行為といえるため、取消しの対象となります。

POINT❗

- 詐害行為取消権とは、債務者が債権者を害することを知ってした行為の取消しを裁判所に請求することができる債権者の権利である。
- 詐害行為取消権は、裁判上で行使しなければならない。
- 詐害行為取消権の効果は、詐害行為の取消しと逸出財産の取戻しである。逸出財産の現物返還が原則だが、現物返還が困難であるときは、債権者は、その価額の償還を請求することができる。
- 詐害行為取消権は、債務者の責任財産の保全を目的とするため、逸出財産は債務者に返還されるのが原則である。ただし、金銭または動産の返還の場合は、取消債権者は、自己に返還することを求めることができる。

債権譲渡
—債権を売る

令和元（2019）年度税理士試験の国税徴収法第2問では、「（譲渡人㈱甲と譲受人㈱戊の間の）**債権譲渡契約**及び**債権譲渡登記**は有効なものとする」、「（債務者）㈱丁は、平成31年2月28日、㈱戊から、「登記事項証明書」を添付した債権譲渡契約書を受け取っていた」、「譲渡禁止特約は付されていない」と記述されています。

本節では、債権譲渡（民法）について解説します。

なお、消費税法6条1項に、「国内において行われる資産の譲渡等のうち、別表第1に掲げるものには、消費税を課さない」と規定されており、同表2号に、有価証券等の譲渡が挙げられています。有価証券等には、貸付金、預金、売掛金その他の金銭債権が含まれます（消基通6-2-1(2)二）ので、（金銭）債権譲渡は、消費税が非課税です。

1 債権譲渡とは？

債権譲渡とは、譲渡人と譲受人との間の契約によって、債権の同一性を保ったまま債権を移転させることをいいます。

債権が譲渡されるのは、支払期限前に現金化するためや代物弁済（3-8☞206頁）のためなどです。

◎債権譲渡

旧債権者（譲渡人） → 債務者
新債権者（譲受人） ↗

---

2 債権の譲渡性

（1）譲渡の自由

債権は、原則として自由に譲り渡すことができます（民466条1項本文）。譲渡人と譲受人の合意で足り、譲渡契約の当事者ではない債務者の同意は必要ありません。

（2）譲渡の制限

債権の性質が譲渡を許さないときは、譲り渡すことができません（同条1項但書）。例えば、使用借権（民594条2項。3-10☞213頁）や賃借権（民612条1項。1-7☞55頁）は、債権者によって権利の行使態様が異なるため、自由に譲り渡すことができません。

また、法律で禁止されているときは、債権譲渡をすることができません。例えば、扶養請求権は、特定の債権者に対して履行されることが必要であるため、譲渡が禁止されています（民881条）。

これに対して、債権者と債務者との間で特約を結び、債権譲渡を禁止・制限することはできますが、原則として、特約に反してなされた債権譲渡も有効です（民466条2項。例外として預貯金債権についての民466条の5）。そのうえで、一定の譲受人に対しては債務の履行を拒絶できるなどとすることで、債務者の保護が図られています（同条3項）。債権譲渡の禁止・制限の特約は、債権者の固定を望む債務者（例．預金債権における銀行）が主導して付されることが多いです。

（3）将来債権の譲渡

意思表示の時に現に発生していない債権（将来債権）を譲渡することもできます（民466条の6第1項）。例えば、医師は、診療報酬支払基金から毎月支払いを受ける診療報酬債権を譲渡することができます。

3 債権譲渡の対抗要件

（1）債務者対抗要件と第三者対抗要件

債権譲渡は、譲渡人（譲受人ではない）が債務者に通知をし、または債務者が承諾をしなければ、債務者その他の第三者に対抗することができません（民467条1項）。

債務者対抗要件である通知・承諾がなければ、譲受人は、債務者に対して債務の履行を請求することができません。債務者は、債権譲渡の事実を知っていたとしても通知・承諾がなければ、譲受人からの請求を拒むことができ、譲渡人に弁済することによって債務を消滅させることができます。

　そして、通知・承諾は、確定日付のある証書（例. 内容証明郵便、公正証書）によってしなければ、債務者以外の第三者に対抗することができません（同条2項）。当事者以外の第三者に法律関係があったことを主張することができる要件を「第三者対抗要件」といい、債権譲渡の場合は、確定日付のある証書による通知・承諾が（債務者以外の）第三者対抗要件です。第三者対抗要件には、債務者が誰に弁済すればよいのかを定める役割もあります。

　二重譲渡された場合などにおける債権の帰属をめぐる第三者間の優劣について、債務者が情報センターとしての役割を果たします。債務者に債権の帰属に関する情報が集約されるので、債務者に確認すれば、帰属について把握することができます。不動産取引における法務局の登記所のような役割です（1-3☞37頁）。

（2）競合する場合の優劣

　二重譲渡された場合などにおける、第三者対抗要件を備えた債権者間の優劣は、確定日付のある証書による譲渡通知が債務者に到達した日時（確定日付の日時ではない）、または確定日付のある証書による債務者の承諾の日時の先後によって決まります。

　また、同一の債権について、（滞納者による）債権譲渡と（滞納処分による）差押えが競合した場合は、確定日付のある証書による譲渡通知が債務者に到達した日時などと、債権差押通知書が債務者に到達した日時との先後によって優劣が決まります（徴基通62-33）。

4　債権譲渡における債務者の抗弁

　債務者は、債務者対抗要件具備時までに譲渡人に対して生じた事由をもって譲受人に対抗することができます（民468条1項）。例えば、債務者は、債務者対抗要件具備時より前に取得した譲渡人に対する債権による相殺を、譲受人に対して主張することができます（民469条1項）。

COLUMN 債権譲渡登記

　譲渡人が法人の場合は、民法の対抗要件制度（本節の**3**）による債権譲渡以外に、「動産及び債権の譲渡の対抗要件に関する民法の特例等に関する法律」による債権譲渡を選択することもできます。

　この法律による債権譲渡は、債務者対抗要件と第三者対抗要件が分離されています。法務局の債権譲渡登記ファイルへ記録されれば、債務者以外の第三者については、確定日付のある通知があったものとみなされます。債務者に知られずに第三者対抗要件を具備することができます。

　債務者に対抗するためには、さらに、譲渡人または譲受人が債務者に対して登記事項証明書を交付して通知することなどが必要です。

　本節の冒頭で紹介した試験問題では、債権譲渡登記がなされ、第三者対抗要件を具備するとともに、債務者㈱丁が、譲受人㈱戊から登記事項証明書を添付した債権譲渡契約書を受け取っており、債務者対抗要件も具備しています。

POINT

- 債権譲渡とは、譲渡人と譲受人との間の契約によって、債権の同一性を保ったまま債権を移転させることをいう。
- 債権者と債務者との間で特約を結び、債権譲渡を禁止・制限することはできるが、原則として、特約に反してなされた債権譲渡は有効である。
- 債権譲渡は、譲渡人が債務者に通知をし、または債務者が承諾をしなければ、債務者その他の第三者に対抗することができない。通知・承諾は、確定日付のある証書によってしなければ、債務者以外の第三者に対抗することができない。
- 第三者対抗要件を備えた債権者間の優劣は、確定日付のある証書による譲渡通知が債務者に到達した日時、または確定日付のある証書による債務者の承諾の日時の先後によって決まる。

主な参考文献

民法

- 潮見佳男『民法（全）〔第 2 版〕』（有斐閣、平成31〔2019〕年）
- 道垣内弘人『リーガルベイシス民法入門〔第 3 版〕』（日本経済新聞出版、平成31〔2019〕年）
- 佐久間毅『民法の基礎 1 総則〔第 4 版〕』（有斐閣、平成30〔2018〕年）
- 佐久間毅『民法の基礎 2 物権〔第 2 版〕』（有斐閣、平成31〔2019〕年）
- 道垣内弘人『担保物権法〔第 4 版〕』（有斐閣、平成29〔2017〕年）
- 中田裕康『債権総論〔第 4 版〕』（岩波書店、令和 2〔2020〕年）
- 中田裕康『契約法〔新版〕』（有斐閣、令和 3〔2021〕年）
- 潮見佳男『基本講義 債権各論Ⅰ 契約法・事務管理・不当利得〔第 3 版〕』（新世社、平成29〔2017〕年）
- 潮見佳男『基本講義 債権各論Ⅱ 不法行為法〔第 4 版〕』（新世社、令和 3〔2021〕年）
- 秋武憲一『離婚調停〔第 3 版〕』（日本加除出版、平成30〔2018〕年）
- 二宮周平『家族法〔第 5 版〕』（新世社、平成31〔2019〕年）
- 潮見佳男『詳解 相続法』（弘文堂、平成30〔2018〕年）

会社法

- 江頭憲治郎『株式会社法〔第 8 版〕』（有斐閣、令和 3〔2021〕年）
- 田中亘『会社法〔第 3 版〕』（東京大学出版会、令和 3〔2021〕年）

民事執行法

- 平野哲郎『実践 民事執行法 民事保全法〔第 3 版〕』（日本評論社、令和 2〔2020〕年）

労働法

- 菅野和夫『労働法〔第12版〕』（弘文堂、令和元〔2019〕年）
- 水町勇一郎『労働法〔第 8 版〕』（有斐閣、令和 2〔2020〕年）

倒産法

- 山本和彦『倒産処理法入門〔第 5 版〕』（有斐閣、平成30〔2018〕年）
- 倉部真由美、高田賢治、上江洲純子『倒産法』（有斐閣、平成30〔2018〕年）

租税法

- 金子宏『租税法〔第24版〕』（弘文堂、令和 3〔2021〕年）
- 東京弁護士会『法律家のための税法（民法編）〔新訂第 7 版〕』（第一法規、平成26〔2014〕年）
- 三木義一監修『新 実務家のための税務相談（民法編）〔第 2 版〕』（有斐閣、令和 2〔2020〕年）
- 三木義一監修『新 実務家のための税務相談（会社法編）〔第 2 版〕』（有斐閣、令和 2〔2020〕年）

税理士試験

- 『税理士受験シリーズ 2019年度版 所得税法 過去問題集』（TAC、平成30〔2018〕年）
- 『税理士受験シリーズ 2020年度版 法人税法 過去問題集』（TAC、令和元〔2019〕年）
- 『税理士受験シリーズ 2016年度版 相続税法 過去問題集』（TAC、平成27〔2015〕年）
- 『税理士受験シリーズ 2021年度版 相続税法 過去問題集』（TAC、令和 2〔2020〕年）
- 『税理士受験シリーズ 2019年度版 国税徴収法 総合問題＋過去問題集』（TAC、平成30〔2018〕年）

索　引

森　章太（もり　しょうた）

弁護士。1981年生まれ。横浜市立大学商学部経済学科歴史経済
コース卒業。税理士法人勤務、税理士試験合格。慶應義塾大学大
学院法務研究科卒業。司法試験合格後、弁護士登録。日比谷晴海
通り法律事務所所属。横浜市立大学での市民向け講座の講師並
びに税理士団体及び企業での研修講師を務めている。
著書に『落語でわかる「民法」入門』（日本実業出版社）がある。

税理士業務で知っておきたい法律知識

2022年4月1日　初版発行

著　者　森　章太　©S.Mori 2022
発行者　杉本淳一

発行所　株式会社日本実業出版社　東京都新宿区市谷本村町3−29 〒162-0845

　　　　編集部 ☎03−3268−5651
　　　　営業部 ☎03−3268−5161　　振　替　00170−1−25349
　　　　　　　　　　　　　　　　　https://www.njg.co.jp/

　　　　　　　　　　印　刷／壮光舎　　製　本／共栄社

ISBN 978-4-534-05917-8　Printed in JAPAN

業務を革新し付加価値をアップさせる
税理士事務所の勝ち残り戦略ワークブック

激変する環境下、税理士事務所が勝ち残るために、作業や工程を根本的に「再整理」し、人・方法・順番を「組み換える」だけで生産性を劇的に向上させるメソッドがこの1冊でつかめます。

㈱名南経営コンサルティング
定価 3300円（税込）

強みを活かして成果を上げる
勝ち残る税理士事務所をつくる所長の教科書

自所の強みを活用して差別化し成果を上げていく方法を解説。クラウドやAI、コロナ禍への対応など、厳しい経営環境下で勝ち残る術を網羅した、税理士事務所の所長さん必読の教科書です。

㈱名南経営コンサルティング
定価 3300円（税込）

会計事務所の仕事がわかる本

「会計事務所のカレンダー」「決算申告・記帳代行」「給与計算」「確定申告」「相続税と贈与税」「税務調査」など、会計事務所で行なう仕事について、基本から個別の実務までを解説します。

須田邦裕
定価 1980円（税込）

落語でわかる「民法」入門

「落語の噺」を事例にして解説した改正民法の超入門書。民事訴訟法、刑法、税法など民法に関連する他の法律の知識、コロナ禍などの時事問題や最近の動向も豊富に盛り込まれています。

森　章太
定価 1760円（税込）

定価変更の場合はご了承ください。